编辑委员会

主　　任　印才英

副 主 任　秦启江

成　　员　张　渊　宗和云　蒲克玲

执行主编　宗和云

副 主 编　蒲克玲

编　　辑　陈　玲　朱薇洁　谭正洪

首届巴岳山·中国龙文化研讨会现场

重庆市铜梁区人民政府副区长张洪伟主持研讨会开幕式　摄影　唐明彬

中国非物质文化遗产保护协会副会长张雅芳女士在研讨会上讲话　摄影　唐明彬

亘古一龙腾

2016首届巴岳山·中国龙文化研讨会文集

重庆市铜梁区文化委员会
重庆市铜梁区龙文化发展研究中心　编
重庆市铜梁区巴岳山文化研究会

学苑出版社

中国著名民俗学家、中国非物质文化遗产保护专家委员会副主任乌丙安在研讨会上做重要讲话　摄影　唐明彬

重庆市文化委员会巡视员刘明华主持研讨会　摄影　唐明彬

原国家教育部全国高校中国语言文学学科教学指导委员,原西南师范大学中文系主任,西南大学教授曹廷华做主旨发言　摄影　唐明彬

重庆社会科学院、重庆市人民政府发展研究中心文史研究所所长、研究员、博士李重华做主旨发言　摄影　唐明彬

龙凤国际联合会主席、中华龙凤文化研究中心主任庞进做主旨发言　摄影　唐明彬

重庆市艺术研究院院长、一级文学创作刘德奉做主旨发言　摄影　唐明彬

加拿大加华文化交流协会副会长、博士龙牧华做主旨发言　摄影　唐明彬

华南师范大学文学院讲师、博士杜新艳做主旨发言　摄影　唐明彬

中国艺术研究院舞蹈研究所研究员、文化部民族民间文艺发展研究员、国家非物质文化遗产专家委员会委员梁力生做主旨发言　摄影　唐明彬

重庆文理学院副院长、教授、博士谭宏做主旨发言　摄影　唐明彬

上海华东师范大学传播学院教授黄佶做主旨发言　摄影　唐明彬

西安交通大学人文学院硕士生导师、文学博士、北京大学文化产业研究院陕西产学研基地副主任黎荔做主旨发言　摄影　唐明彬

中华伏羲文化研究会副会长、龙凤国际联合会副主席、中华龙文化博物馆馆长闸东山做主旨发言　摄影　唐明彬

云南省原社科联主席、研究员、博士生导师华中师范大学特聘教授、云南大学特聘教授范建华做主旨发言　摄影　唐明彬

前　言

2016年9月25日至27日，首届"巴岳山·中国龙文化研讨会"在重庆市铜梁区召开，来自国内外高校、传媒、研究、实业等机构的30余名龙文化专家学者应邀参加了本次研讨会，研讨会因会址位于铜梁区风景秀美的巴岳山下而命名。铜梁的两位老朋友，一直为铜梁龙走向国际舞台鼓与呼的两位中国龙文化专家，一是有中国龙文化研究第一人之称的庞进先生，一是中国舞蹈研究所研究员、国家非遗专家委员会委员梁力生先生，他们再次莅临铜梁，让我们感到很亲切。大部分专家是新面孔，在业界已很有影响。第一次莅临铜梁，让我们很兴奋。最令我们惊喜的是，中国著名民俗学家、中国非物质文化遗产保护专家委员会副主任乌丙安先生莅临研讨会并做了重要讲话。

本次研讨会是在重庆市铜梁区再次吹响大力弘扬中华龙文化、助推地方经济社会大发展号角的背景下召开的，是继2000年重庆·中国铜梁龙灯艺术节后铜梁举办的系列龙文化研讨会中规格较高的一次。与研讨会同步开展的活动还有"安居古城杯"首届国际舞龙争霸赛，来自中国上海、新加坡、马来西亚等国家和地区共12支舞龙队参与了竞技舞龙自选套路和规定套路金银铜牌的角逐。

本次研讨会由中国非物质文化遗产保护协会、重庆市文化委员会和重庆市铜梁区人民政府主办，重庆市铜梁区文化委员会和重庆市铜梁区巴岳山玄天湖度假区管委会承办，重庆玄天湖旅游投资开发有限公司、重庆市铜梁区文化馆、铜梁区非物质文化遗产保护中心、铜梁区龙文化发展研究中心、铜梁区图书馆等单位参与实施，中共铜梁区委宣传部、区电视台、区新闻中心、区文联等部门和单位携手多家媒体给予了大力宣传，区公安局为研讨会提供了安全保障。

研讨会当天，铜梁区人民政府举行了简短的开幕式，由分管副区长主持，区委主要领导致欢迎词。研讨会专家发言结束后，中国非物质文化遗产保护协会副会长张雅芳女士发言祝贺研讨会圆满成功，表示将大力支持铜梁弘扬中华龙文化的行动。中国非物质文化遗产保护协会、重庆市文化委和铜梁区人大、政协领导，重庆市文化委"非遗"处、公服处、重庆市艺术研究院、重庆市群众艺术馆、铜梁区区级各部门负责人，铜梁区龙文化艺术代表性传承人等近200人参加开幕式并聆听了研讨会全过程。

本次研讨会主题为"龙文化探究及其价值评估"，由重庆市文化委巡视员刘明华先生主持，专家们分别就龙文化保护、传承与创新，龙文化艺术价值，龙文化产业发展，以及龙文化体育竞技发展等内容展开研讨，上海华东师范大学传播学院黄佶教授，加拿大加华文化交流协会创会副会长龙牧华博士等12名专家学者做了主旨发言。研讨会最后讨论并通过了《巴岳山宣言》。

本次研讨会共收到专家学者论文及发言材料27篇，巧成"三九"之数。中国台湾学者廖金文先生、北大教授王东先生、广东龟壳会投资管理有限公司董毅先生向研讨会提交了论文但因故未能赴会，不免有点儿遗憾。

本次研讨会最大的惊喜与最大的遗憾都在乌老先生身上了。去年乌老87岁高龄了，组委会不太了解他的近况，开始并未把他纳入邀请专家之列。但研讨会开幕前3天，得知他正出席济南第四届中国非物质文化遗产博览会并做了主旨发言，精神好着呢！组委会便奢想请他到铜梁指导一下，但临时抱佛脚，很不礼貌，怕他拒绝，便忐忑地试探了一下。没想到乌老很是豁达，爽快答应了，并在研讨会上做了近50分钟的即兴讲话。乌老讲话流畅，语速很快，并未感觉到他自谦的"老年症状"，让人惊叹不已。不仅如此，乌老讲话主旨鲜明，思路清晰，逻辑严密。讲话中，乌老对本次研讨会给予了很高的评价，同时对下届研讨会寄予了更高的期望；对专家学者们的发言充分肯定，同时希望大家对铜梁的支持不只是停留在口头上，更要落实到具体行动上；对铜梁弘扬龙文化取得的成果大加赞赏，对下一步的工作指明了方向。在谈到如何用电影手段展示中华龙文化时，乌老具体到了形象的塑造、情节的安排。在谈到"非遗"保护工作时，乌老更是口若悬河，以风趣的语言表达严肃的观点，让与会者在愉快中得到一次有关"非遗"政策、资源、保护误区等方面的知识普及。本次组稿，我们很想将他的讲话收录到文集中，那一定会大大提高文集的分量，所以我们几个人，花了近一周的时间把他的讲话录音整理出来了，但由于方言原因，有些地方整理得不太顺畅，便请乌老审阅并提出修正。乌老很忙，正值高校开学，接了很多场讲座，匆匆看了一遍，回复说这讲话太随意了，跟学术文章还有很大的差距，不建议收录进文集。我们为乌老严谨的治学态度折服，但仍没有放弃游说。遗憾的是，最终乌老坚持不让这篇讲话材料面对读者，说只能作为研讨会的一个纪念，一篇参考资料，并承诺找机会弥补。失望中我们又憧憬着明天：抑或乌老会对铜梁弘扬龙文化拿出一个全面的、具体的、科学的规划，抑或是为铜梁龙文化带来重大的发展机遇……就让我们期待这个伟大的机会吧！

本来，在研讨会之后就应该很快将这个文集付印，一方面为研讨会画个休止符，另一方面早日将专家学者的研究成果公之于众，尽快转化成精神食粮甚至现实生产力，但囿于编者精力有限，水平所限，所以迟滞到现在，不能不说又留下一点儿遗憾。

聊以自慰的是文集现在终于出版了，也许还有不少错漏，但正如西南大学曹廷华教授给文集所荐书名"亘古一龙腾"所指，对龙文化及其艺术

亘古一龙腾

与产业的研究,永远没有止境,对这一阶段性的、局部性的成果,敬请广大有识之士批评指正,以鞭策我们把这项工作坚持下去并尽可能一届比一届做得更好。

编者

2017年9月

巴岳山宣言

2016年9月26日,我们来自海内外的中华龙文化研究者齐聚中国龙乡——重庆市铜梁区,深刻感受了当地源远流长、厚重浓烈的龙文化底蕴,在秀丽的巴岳山下深入研讨了中华龙文化,深度挖掘探究了铜梁的龙文化及其价值内涵。

我们更加清晰的认识到,"龙"作为中华民族世代崇拜的图腾,集中了中华儿女最美好的情感愿望,是中华民族团结统一、爱好和平、勤劳勇敢、自强不息精神的象征,是联系全球华人情感的精神纽带。

我们了解到,铜梁地处渝西浅丘,古为梁州之域、巴国之地,境内秀山重叠,巴水环流,民富物殷,人文兴盛。铜梁有"巴岳游龙"的胜景,出土了不少龙形文物,县志记载有大量唐代以来关于龙的传说;铜梁是国家文化部命名的中国民间文化艺术(龙灯)之乡,"龙灯会"民俗历千年而弥新;铜梁辖区内以"龙"命名的镇、村、街道、公路、广场比比皆是,龙文化经过祖祖辈辈的传承,已深深融入到铜梁人民的血脉之中。

我们还了解到,二十世纪八十年代以来,铜梁历届党委政府高度重视铜梁龙文化的传承与推广,把龙文化特别是铜梁龙舞作为铜梁的特色文化加以挖掘和弘扬,取得了显著成效。先后晋京参加了建国35周年、50周年、60周年庆典和北京奥运会开幕式、上海世博会演出,数十次出访海外。铜梁区委区政府更是将龙腾虎跃拼命干,龙飞凤舞愉快干,龙凤呈祥和谐干的"三龙"精神作为城市精神的内核加以弘扬,将龙文化定位为城市"品牌"和

亘古一龙腾

"名片"加以推广，举全区之力唱响"铜梁龙·中华龙"，打造具有文化影响力的旅游城市。

我们认为，铜梁龙是中华龙文化的杰出代表，是第一批国家级非物质文化遗产代表作名录项目，铜梁是名副其实的"中国龙乡"，是弘扬中华龙文化成就最为显著之地。

我们郑重倡议，传承优秀的中华龙文化，是我们中华儿女共同的责任，弘扬铜梁龙文化，是推动中华龙文化发展的务实之举。当今时代，更需要我们与时俱进地弘扬博大精深的中华龙文化，加强挖掘研究、普及传承、弘扬发展，为全面建成小康社会、实现中华民族伟大复兴的"中国梦"凝聚起强大的精神力量。

我们坚信，在全球华人的关注下，在社会各界的积极参与下，铜梁龙文化必将得到更好地弘扬和发展，铜梁将建成中华龙文化研究、保护、传承、展示的重要高地，打造成全球华人旅游的目的地，中华龙文化将在铜梁更加发扬光大！

2016 巴岳山·中国龙文化首届研讨会
二〇一六年九月二十六日

目 录

前言 ·· /1
巴岳山宣言 ·· /1

理论篇 ·· /1

龙文化生成及其意向创造 ································ 曹廷华 /2

结晶智慧　彰显精神　承载信仰　推进文明
　　——中华龙文化研究的成果与价值················ 庞　进 /9

龙再也不能与 dragon 互译了 ··························· 黄　佶 /19

龙早已回到人民的手里 ·································· 黄　佶 /35

究竟谁是中华人文始祖和精神象征
　　兼谈民族的生物、人文、精神三个祖先的关系 ······ 闻东山 /42

海外华人与龙文化 ·· 龙牧华 /51

龙之谜新探索
　　——2000 年以来龙文化研究新成果、新问题、新争论 ···· 王　东 /57

铜梁龙灯的源头及其孕育 ······························ 王万明 /72

概述中华龙与安居龙舞的起源 ························ 曾凡久 /80

艺术篇 ·· /91

苗栗熇龙：台湾客家人的民俗悸动 ···················· 廖金文 /92

铜梁打造龙文化产业应借助电影的传播效力 ············ 杜新艳 /123

电影《大龙舞》的创意构想解析 ···················· 董　毅 /131

铜梁龙的形成与形象特色 ························· 杨建国 /143

诗情画意壮心飞 ······························· 李明忠 /148

龙凤呈祥，天下安居 ···························· 田景和 /151

产业篇 ·· /161

铜梁龙文化资源保护与利用策略 ···················· 李重华 /162

中华龙文化与铜梁文化建设 ························ 范建华 /170

论铜梁龙文化资源的旅游经济价值及其利用 ············ 黎　荔 /191

让龙文化舞动铜梁旅游 ··························· 王明凯 /199

对铜梁龙文化产业发展的思考 ······················ 刘德奉 /202

"铜梁龙"品牌再培育的思考 ······················· 宗和云 /207

保护篇 ·· /221

传统龙舞的生存困境与创新发展 ···················· 梁力生 /222

新农村建设中的铜梁龙舞文化传承和发展 ·············· 谭　宏 /228

龙行天下　传承创新 ……………………………… 毕富纯 /236

铜梁龙的山海经 ………………………………… 李明忠 /243

政府主导初心不改　工匠精神终铸辉煌
　　——"铜梁龙舞艺术"保护工作经验交流 ………… 宗和云 /245

理论篇

中华龙文化博大精深

全球华人龙的情结根深蒂固

中外学人龙的奥秘千年求索

文化理论成就日新月异

龙文化生成及其意向创造

曹廷华

龙是传统纪年天干地支中十二地支之对应动物之一,即"辰"龙,于人而言,则为十二生肖之一。众所周知,十二生肖皆以各种动物为其"象",称为"属相",如子鼠、丑牛、寅虎、卯兔等,牛年生者属"牛",龙年生者属"龙"。这样的纪年和人的属相之说,在我国已流传久远,广为人知,成为"习俗",成为一种"集体无意识"。因此,当我们在谈到龙文化的时候,会自然想到十二生肖,天干地支,想到它就在我们生活之中,就是某年出生的一种"属相"。但是,这同时提出了一个问题:"属相"之说是人们的一种文化意识,而所属之"相"即对应之动物也算文化吗?

只要稍加留意,我们就会发现:十二生肖中,除"龙"以外,其他十一种动物都是实体性动物,有的已经训化为"家畜""家禽"如马牛羊鸡犬豕兔等七畜,有的则主要是自然性动物如老鼠、老虎、长蛇、猴子等。按照文化学的一种观念,文化是指与自然物相对的人的创造物,家禽家畜打上人的创造印记,可以看作是"文化"现象;而纯粹的自然动物,则只是自然物而非文化存在。那么"龙"呢?它是什么?其本身是自然物还是经驯化的文化物?或者,它压根就只是一种文化生成?简单的结论应该是:"龙"从来不是自然物,而是人的一种创造性文化生成。因此,十二生肖中的龙,只是一种文化符号,文化标识。从这个意义上,我们可以探讨龙的文化生成、意象创造及价值走向。

一、龙的文化生成

所谓龙的文化生成，是要为已经广为流行的"龙文化"寻找一个坚实的逻辑起点，即"龙"本身是否就是"文化"，是自然物转化的文化还是社会生成的文化？明确回答这个问题，其实是为龙文化寻根，找到这个根，龙文化就有了依据，有了底蕴，有了发扬光大的原始资源，谁也动摇不了。

"龙"本身就是文化吗？是的，毋庸置疑。在十二生肖中，它是唯一的非实体性动物象征，是典型的文化创造存在。为什么这样说呢？我想从两个方面说明：首先，从文化的词源学定义上看，我们知道文化在英语中叫culture，其第一个义项是文化，第二个义项是耕种；英语当中还有一个词，也叫"文化"或"文化的"，单词是cultural，其第一个义项是耕作、培植，第二个义项才是文化。因此，从词源学的角度界定文化，指的就是与自然物相对的人的创造物。龙是什么？不就是与自然物相对的人的创造物吗?!其次，这个创造不是主观臆造、随意妄为，也不是一厢情愿、杂乱凑合，它要合乎马克思曾说过的"美的规律"。马克思在《1844年——经济学、哲学手稿》中讲到："人也按照美的规律创造。"这"美的规律"有两方面含义，一是创造必须按照物种尺度，即自然物种的尺度，这叫自然尺度，即符合自然规律；第二，要按照人的内在目的性需要尺度，这叫人的尺度而符合社会规律。物种尺度讲的是"真"，人的内在需要尺度讲的是"善"，创造物如果还有满足人的情感需求的形式、风韵、意味，那就是"美"了。所以任何一种文化存在，它必须有真、善两个品质，还要有一定的美的形式格调。龙既符合人的创造物的条件，也符合物种尺度、人的内在需求的目的性尺度，所以我们说，龙在中国是一种文化存在，本身就是文化。因为龙是一种文化存在、文化符号，由此而赋予了龙以深邃丰富的文化内涵，引发了关于龙的各种各样的文化阐释，演绎出龙的丰富多彩的文化形式，从高深莫测的庙堂到流动不息的江湖，无不有龙的文化影踪。

二、龙文化的基本诠释

龙作为一种文化生成并由之演绎出的龙文化，有着什么样的基本文化内涵呢？从早期来看，它是中华民族先民的图腾。先民时期，哲学上是一种多神论，什么东西都是神，人神不分。每一个部落、每一个氏族都会寻找一种自认为可以融合相处而且增强自己生存能力、保护自己的动物来加以崇奉，这就形成了图腾。古代先民群居而生，多部落、多氏族，因而也多神灵。中国龙的形成，可以说就是多图腾、多神物亦即多动物的杂糅综合，来自多种真实的自然物元素，通过目的性需要而创造性构成。这个创造物实在了不起，根据司马迁《史记》中的《五帝本纪》，当中谈到黄帝，在战胜炎帝和蚩尤之后，蚩尤还有八大部落统率着，相当于8支不同氏族、自成门户的团队。黄帝战胜之后，相传举办了一个"釜山会盟"，协商统一大事。釜山在哪儿呢？在现在河北的徐水县，这个地方有一座山像倒扣下来的锅一样，所以叫"釜山"。黄帝在那儿召集各部落首领开会，告诉大家：你们原来都各有自己的图腾，现在我们大家统一了，整合了，需要统一的标识。这个标识各取大家分属图腾的一部分，然后形成一个新图腾，共襄盛举，这就是历史上著名的"合符釜山"。"符"是什么呢？"符"是调动军队的令牌，这个令牌上刻有文字，或者刻上该部落崇尚的图腾，现在这些令牌都收回来，各取一部分，然后汇集成龙的形象存在。由这样的历史状况，我们可以认为：龙还不是一般的文化生成，而是政治文化、军事文化的生成。政治治理的需要和军事管理的需要，直接促成了"龙"的文化存在。后人讲到龙时，不是说龙有"九似"吗？就是九个相似的东西，比如说鹿角呀、蛇身呀、鹰爪呀、虎掌呀等等，很多东西。这些东西都是原所在部落或氏族的图腾，汇集而成的龙，则已成为当时北方黄帝统一之后的权威性标志。这里的重大意义在哪儿呢？重大意义就在于黄帝实现了中华民族的第一次大融合，奠定了中华民族大一统的基业。我们现在讲中华民族大统一，海内外，或者说天下华人是一家，这样的大同思想、大融合思想来自哪儿？来自黄帝，来自黄帝塑造的龙作为中华民族的一种徽标，一种标记，一种精神象征，一种共识性对象，具有现代Logo的意义。Logo明显的标识，就是其独特的简明性和易识别性。而中国龙呢？就具有明显的易识别性，明显的中国作风、中国气派，中国龙甚至就是中国的称谓。中国龙可以说是一种完全符合"美的规律"的伟大创造，它不仅具有现代Logo的意义，还内涵着Logo发展趋势的特点。Logo的发展趋势，有学者认为：第一，它逐渐的个性化；第二，它有比较充分的人性化；第三，它将具更丰富的内涵化；第四，它逐渐完成审美化。龙是在几千年以前逐渐变成现在的形象，这个形象作为中华民族的徽标，独一无二，所以我们不得不赞叹古人很高的智慧，不能不赞叹我们作为炎黄子孙、龙的传人无上荣光。由此我们得出一个结论：龙是文化，而且龙在历史发展过程中形成了一种权威性、尊贵性、祥和性和普适性。正因为这样，帝王时代，龙为皇家所专享，被皇家所垄断，但这绝不是当年黄帝创设龙的初衷，也绝不是龙的真正文化内涵。

三、龙文化的意象性创造

龙文化在历史演进中，形成了各种影响我们思想情感、道德伦理和日常生活的意象性创造。别的姑且勿论，就以语言中形成的"成语"而言，诸如"龙凤呈祥""龙飞凤舞""龙腾虎跃""龙吟虎啸""龙马精神""龙行虎步"等，已经简明地显示着龙的祥和、进取、尊贵、卓越、力量、喜庆等丰富的意象所指，化为我们生活与思想情感的一种积极表达方式。这意味着，龙文化的意象性创造,已经在我们生活中扎根,并且似乎植入我们的无意识中。应该说,这是我们中华民族了不起的一种创造成果,与西方的"龙"即所谓"dragon"完全天壤之别,不可同日而语。在中国,龙通过物质层面、精神层面,展示出不同含义的美的形态。大致说来,在精神层面上至少可以从四个方面看到龙文化的意象性创造:首先,龙的形象及其变化,充满了哲理性,这可以说是哲理性意象,《易经》的描述可作为代表;其次,龙的意象充满了文学性,具有文学性的意象,《西游记》里小白龙化白马随唐僧取经可算一例;再次,龙的形象充满了艺术性,又是艺术性的意象,"九龙壁""盘龙柱"及不少庙宇、宫殿之壁画可以为证;最后,龙的形态还在我们工艺制作当中大量出现,这也可以叫作工艺性或者技艺性的意象。铜梁龙在很大程度上是非常精美的、工艺性、技艺性的意象打造。当然,从主体归属的范围来讲,龙在渐渐摆脱皇家的专属尊荣之后,除了仍具庙堂意象之含蕴,更大量、更广泛的是纷繁复杂的江湖意象、民俗意象。在这众多的意象创造中,我想强调的是:龙的生命力所在和龙文化意象创造的繁衍生息,其核心或根源在于它生成时的正当性和内涵的深邃哲理性,因此,龙文化的哲理性应该是探讨龙文化意象性创造的基本重点。

什么是龙文化的哲理性意象呢?作为哲理性意象的龙文化,代表着一种认识论,一种关于自然、社会、人生的认识,一种价值取向、价值判断。这里我只想略作提及的是:龙文化的哲理性意象之丰厚、充分、精到乃至如今也没有完全了解透彻的,就是《易经》中乾卦爻辞所讲的内容。《易经》被称为诸经之首,经典中之经典。《易经》的前两卦是乾卦和坤卦,乾代表天,坤代表地,乾代表纯阳至刚,坤代表纯阴至柔。乾卦有没有象?有象。因为乾亦天,天有什么功能?元、贞、利、亨。乾卦有六大变化或曰属性,称为"六爻",六爻全是"阳",《易经》用龙的六种变化来诠释。比如说第一爻叫"潜龙勿用",第二爻叫"见龙在田",第三爻没有讲到"龙"字:"君子终日乾乾，夕惕弱厉，无咎"，第四爻讲到"龙跃于渊"，第五爻讲的是"飞龙在天"，第六爻讲的是"亢龙有悔"。《易经》讲的六个阶段，表达龙的六种不同表现。这六种表现，显示人们宏观的思维，显示一种掌握世界的认识论，即代表着人们对自然、社会、人生的认知，代表着对事物发展过程的概括，当然也代表着一个人的人生怎么才能成长。特别值得注意的是这个"亢龙有悔"，或许儒家后来提倡的"中庸"处世哲学，就是受这个"亢龙有悔"的启发形成的。因为为人处世达到"飞龙在天"之境，已经应该"适可而止"，"知止而后能定"嘛。所以，"亢龙有悔"之"悔"含有两层基本意思，第一层意思就是力量过于用尽以后，后力不济，有悔；第二呢？就是过犹不及，达不到目的，它就一定会走向反面，"物极必反"而悔。这里，龙的意象创造，就是哲学意义上的创造。

由哲学的意象性创造，也在文学中创造或议论着龙的意象。例如"文起八代之衰"的韩愈，唐宋八大家之首，他就写过《龙说》。韩愈有著名的"杂说"四篇：第一篇《龙说》，第二篇《医说》，第三篇《崔山君传》，第四篇《马说》,《龙说》和《马说》是姊妹篇。韩愈的《龙说》实际是从《易经》所说"云从龙"着笔而生动描绘龙"嘘气成云"之夭矫灵动、腾挪八荒的无穷变化，是"龙腾"的形象化。宋代大家王安石则写过《龙赋》，一开始便把龙的神奇、灵性、出类拔萃写得活灵活现："龙之为物，能合能散，能潜能见，能弱能强，能微能章。惟不可见，所以莫知其乡；惟不可畜，所以异于牛羊。变而不可测，动而不可驯。"龙的文学意象，还广泛出现在诗词小说戏剧等作品中，有的形象则已人格化，如《三国演义》中的诸葛亮是"卧龙"先生，而《水浒传》中的公孙胜则别号"入云龙"，等等。

至于艺术性尤其是技艺性、民俗性的龙文化意象创造则随处可见，大至皇家"九龙壁"的雕刻、"滚龙袍"的制作，道家"龙王庙"的建筑，小至民间的剪纸、刺绣、糖艺、龙灯等，都弥散着浓烈的龙文化氛围。在技艺性、民俗性的意象创造中，也许"铜梁龙"称得上独树一帜的代表。铜梁扎龙的技巧、舞龙的水平、花色的多样、传统的承传，可以说渐臻化境精美绝伦令人叹为观止，深深地表达着铜梁人对龙文化的喜好和钟爱，也从中展示出铜梁人对传统文化的珍重和光大。

龙文化是中国传统文化宝贵的一个有机组成部分，它诞生于远古的神州大地，诞生于民族协和、团结统一的内在需要。在长期的历史传承中，它成为中华民族的一种标志，一种象征，在一定意义上凝聚着中华民族的民心和情感，让海内外华人认同。从这个意义上讲，龙文化的价值是永恒的，并且融化在世世代代中国人的血液里。

曹廷华，原国家教育部全国高校中国语言文学学科教学指导委员，原西南师范大学中文系主任、教授。

（根据会议发言整理修订）

结晶智慧 彰显精神 承载信仰 推进文明
——中华龙文化研究的成果与价值

庞 进

一、中国古代的龙文化研究

考古发现证明,龙产生于距今八千年甚至上万年的新石器时代早期,龙是中华民族、中华文明的起源和形成的参与者、见证者和标志者。

作为全方位文化,龙广泛地渗透、体现于中华文化物质器用、习俗仪规、精神观念的方方面面。融龙的理论研究,是从生活在两千四百多年前春秋时期的孔子开始的。孔子在其晚年学习、解析《周易》的过程中,提出了"龙德""龙位""龙道""龙神"等概念,成为中华龙学的创始人、奠基者。

孔子以龙喻君子,认为"龙德"就是君子之德,"龙德的本质特征是大,龙德广大,包容万千"。[①]

孔子讲的"龙位",就是出现在《周易·乾卦》中的龙的六种形态,即潜龙、见龙、跃龙、飞龙、亢龙、群龙。在孔子看来,"龙有不同时位,君子有不同处境时遇。因而,龙德、君子之德,既是一以贯之的整体品德,又有不同时位、不同境界的具体品德、具体表现"。[②]如"潜龙之位的隐忍之德,善于忍耐;见龙之位的正中之德,有利于民;跃龙之位的时动之德,应时而动；飞龙之位的举贤之德，用贤利民；亢龙之位的忧患之德，居高思民；群龙之位的谦虚之德，不强当头"。③

孔子讲的"龙道"，"就是君子之道，就是天之道，就是一阴一阳、发展变化的易之道"。④

孔子讲的"龙神"，就是龙的神能、神威、神性、神职，表现在龙能"御天""云行雨施"，从而"保合大和"，使"万国咸宁""天下平"。

当然，孔子毕竟是在研究《周易》时涉及到龙文化的，因此，其研究属于初创性质，有不够明晰、不够系统、不够全面的局限。

孔子之后，对龙文化作出理论贡献的是东汉时期的思想家王充。王充对龙文化的研究成果，集中在《论衡》一书中，包括对龙的本质的认识、对龙的神性神职的认识、对龙与帝王关系的认识和对龙字号物象的考察四个方面。

在龙是什么、其本质如何的问题上，王充已认识到了龙原型的多元性和龙作为神物的融合性。对龙原型多元性的认识体现在龙是一种虫、龙是鳞虫之长、龙是鱼鳖一类的水生动物、龙属于马蛇之类、龙是云的同类物、龙是雷的同类物等多种说法上；对龙作为神物的融合性的认识体现在言龙为"马蛇之类"——既不是马类，也不是蛇类，而是马类和蛇类的兼容、包容、综合、化合。认识到这一步是很可贵的，是龙文化研究史上第一次以哺乳动物和爬行动物相结合的方式解释龙。

只是在龙是不是神物问题上，王充有些模糊不清，好像同意龙是神物的判断，但又明言龙不是神物。之所以会出现这样的模糊不清，原因有二：

一是王充没有搞清楚动物、天象和神物的关系。动物、天象和神物的关系是这样的：动物、天象是神物的原型、取材对象和基础，神物是动物、天象的集纳、神化和升华。龙是产生在动物和天象基础上的神物，是古人对自然界中的动物和天象的集纳、神化和升华，即多元融合的结晶，龙来自动物和天象，又高于动物和天象。

二是王充没有认识到在对待龙的问题上，古人实际上运用的是原始的"模糊思维"。原始的"模糊思维"是建立在直觉把握、整体关联、神秘的非逻辑和群体意象基础上的不清晰、不唯一、不固着的思维，这样的思维，导致古人常常融将合对象和融合结果相互取代。表现在龙的问题上，就是常常把由对动物和天象合融而来的神物称龙，赋予其喜水、好飞、通天、善变、征瑞、兆祸等种种神性和司水布雨、喻人比帝等神职，又把参与合融的种种动物和天象称龙，如把蛇、鱼、鳄称龙，把马、猪、牛称龙，把云、雷电、龙卷风等等称龙。——史籍古书上记载的所谓"龙见"，实际上见的都是龙的某种合融对象，即自然界中的某种动物或天象。古人正是运用这样的模糊思维，打通了抽象的神物和具象的动物、天象之间的联系，解决了龙既能成"神"又能为"物"的问题。

在龙的神性、神职问题上，王充的考察和论述值得肯定。龙有善变、好飞、通天、征瑞、兆祸等神性和司水布雨等神职，对这些神性和神职，王充都有考察和论述，其中不乏见识独特、意味积极者，如将龙的祥瑞与人才的发现与使用相联系，所谓"天道自然，厥应偶合。圣主获瑞，亦出群贤。君明臣良，庶事以康"（《论衡·验符篇》）。其实，龙的诸多神性和神职，都是人赋予的，是人希望龙能具备的。龙文化是自然与人文相结合的文化，王充能写出"天道自然，厥应偶合"八个字，说明他已经领略到了这一层，只是没有点透而已。

在龙与帝王的关系问题上，王充显得比较矛盾：一方面说龙与帝王有关系，甚至有比较密切的关系，一方面又说有关龙与帝王的许多说法都是虚妄之言，这里，王充陷入了对神话"较真"的误区。神话都是编造的，编造龙与现实帝王的神话，是政治斗争、追逐权力、巩固统治的需要；编造龙与远古帝王的神话，是崇祖荣族、光前裕后、继往开来的需要。神话固然有因编造而呈虚妄的一面，但也有反映人们真实的心理和愿望的一面。对神话，不能用"现实中到底有没有"来较真，而应该寻找、追问、研究隐含在神话文本后面的东西。如对黄帝乘龙升天的神话，如果将黄帝定位在炎黄部落联盟的首领，一个历史人物，那黄帝就不可能乘龙升天；如果将黄帝定位在具有传说色彩的，理想化、神圣化的人文先祖，黄帝乘龙就可以理解——无非是借助龙的力量，神化、抬高黄帝而已。

二、现当代的龙文化研究

20世纪初至今，龙文化研究大体上出现了三波比较大的浪潮。

第一波浪潮，20世纪初至20世纪40年代，参与的学者有章鸿钊、史密斯、叶玉森、杨钟健、章炳麟、黄石、吴大琨、闻一多等。讨论的问题主要集中在龙的起源和本质上，代表性的著述是闻一多的《伏羲考》。观点主要有：外来物说、恐龙说、扬子鳄说、灵物说、水神说、综合图腾说等。其中闻一多先生提出的综合图腾说影响最大，而外来说因是"中华文明西来说"的产物而被学界否定。

第二波浪潮，20世纪70年代至20世纪90年代，参与的学者有刘敦愿、贾兰坡、张孟闻、祁庆富、王明达、朱天顺、赵天吏、孙守道、郭大顺、何新、徐乃湘、胡昌健、陈绶祥、阎云翔、刘志雄、杨静荣、何星亮、庞进等。讨论的问题主要集中在龙的起源、本质及民俗文化上，代表性的著述有朱天顺的《中国古代宗教初探》、王大有的《龙凤文化源流》、刘志雄、杨静荣的《龙与中国文化》、庞进的《龙的习俗》《呼风唤雨八千年——中国龙文化探秘》、何新的《龙：神话与真相》、何星亮的《苍龙腾空》、阎云翔的《试论龙的研究》等。观点主要有：蛇说、爬行动物综合想象说、闪电说、猪首说、云神说、水牛说、湾鳄说、星象说、虹说、物候参照动物说、部族徽识说、模糊集合说等。

关于龙的起源，观点可以归拢为两大类：单一原型说（单一的动物起源或单一的天象起源），综合原型说，两说基本上平分秋色。关于龙的本质，观点也可以归拢为两大类：图腾说，神物说，神物说占上风。

第三波浪潮，20世纪末至今，参与的学者有钱其琛、王大有、王东、何星亮、庞进、王维堤、吉成名、郭大顺、黄佶、冯时、蒋明智、欧清煜、胡照华、闸东山、黄益苏、廖金文、赖翅萍、杜新艳等。讨论的问题主要集中在龙的精神蕴涵、文化功能、当代意义、对外传播上；同时，对龙的民俗文化研究、龙的文化产业研究，也有进一步的涉及和深化。代表性著述有钱其琛的《深刻开掘和研究龙文化的精神内涵》、王东的《中国龙的新发现》《龙是什么》、王维堤的《龙凤文化》、庞进的《中国龙文化》《龙道文明概说》、吉成名的《中国崇龙习俗》、胡照华的《中华神龙》、郭大顺的《龙出辽河源》、蒋明智的《悦城龙母文化探秘》、廖金文的《苗栗舞龙文化之研究》等。观点主要有：团结合力说，源于图腾、超越图腾——综合创新说，多元融合——融合、福生、谐天、奋进说，龙道文明——龙道信仰说等。

2006年12月，还发生了一场"弃龙"风波，引起了广泛的争论。争论主要围绕"龙与Dragon的区别""龙与皇权专制的关系""当代中国是否还需要龙"等问题展开，争论的结果，是人们普遍认识到：龙与西方文化中的Dragon是源流、形象、性质、地位、功能都不同的两种象征物，龙已告别了皇权专制，龙的中华文化标志的地位不可动摇，龙对中华民族的团结凝聚、对当代中国文明进程有无可替代的促进意义。

从理论贡献上来看，第三波浪潮比前两波浪潮研究得更全面、更深入，成果也更丰硕、更突出。

王东先生提出龙的本质新论，认为中国龙的形成有二重性，源于图腾，更超越图腾，本质上已不是原始图腾的实物崇拜，而是综合创新的文化创造。文化内涵上,从氏族血缘关系发展到民族文化内涵;社会功能上,从氏族文化表征发展到民族文化象征。他总结了从周易到孔子开创的中国龙学,揭示出龙形象背后隐含着的中国人的四大观念:天人合一的宇宙观、仁者爱人的互主体观、阴阳交合的发展观、兼容并包的文化观。指出龙的形象反映了中国人的价值观念,即追求普遍和谐的四大主体关系:天人关系、人际关系、矛盾关系、多元文化关系。龙的精神是多元文化综合创新精神。王东认为,继承发展龙的文化内涵,有助于解决当代文明的四大危机:生态危机、战争危机、人际关系危机、文明冲突危机。

庞进,即笔者,在系统、全面研究龙文化的基础上,对龙的精神做了概括和总结,将龙文化提升为龙道文明,提出了龙道信仰的系列观点。指出,龙是中国古人对自然界中的多种动物和天象经过多元融合而创造的,具备融合、福生、谐天、奋进等精神蕴涵的一种神物,其实质是先民对宇宙力的认知、神化和升华。经过至少八千年甚至上万年的创造、演进和升华,龙已成为中华民族的广义图腾、精神象征、文化标志、智慧结晶、信仰载体和情感纽带,海内外华人大多认同自己是人文意义上的"龙的传人"。一个世纪以来,龙已完成了它的当代转型,已随着中华民族前进的脚步,告别了皇权、保守和软弱,成为自觉自信、适变图强、爱好和平、以天下人的幸福为幸福的新龙。龙文化既是根源文化,也是标志文化;既是民间文化,也是官方文化;既是物质文化,也是精神文化;既是传统文化,也是时尚文化;既是微观文化,也是宏观文化;既是中国文化,也是世界文化。

龙的精神是"容福谐奋"即"融合、福生、谐天、奋进"的精神。融合,即兼容、包容、综合、化合,是世界观、方法论;福生,即造福众生,是价值观、幸福论;谐天,即与大自然相和谐,是天人观、生态论;奋进,即奋发进取、开拓创新、适变图强,是人生观、强盛论。

三、龙文化研究及其成果的功能与价值

龙文化研究及其成果的功能与价值，概括起来是六个词十二个字：参与、见证、标志、整合、助推、引领。

参与的同义词是参加、融入、在场。中华文明起源的上限可以追溯至距今一万年到八千年的新石器时代早期，从那时候开始，直到今天，龙一直都是中华文明的参与者。龙参与了中华文明的起源、形成和强盛，也参与了中华文明的转折和再兴。在中华文明发展的全过程中，每一个时期、每一个阶段，都能看到龙的身影。

见证的同义词是证明、证据、作证。铜器、城市、文字、原始国家，是进入文明社会的四大要素。考古发现证明，在公元前 3000 年前后，即人们通常说的炎黄时代，文明的四大要素已在中华大地上出现，表明中华文明已经在地球东方初步生成。而龙，不但与中华文明的起源相伴共生，也与四大文明要素相伴共生，龙文化见证了中华文明的起源和初步生成。

标志是表明事物特征的图符、记号。龙标志着中华民族、中华文化、中华文明的起源和形成，龙标志着中华文化、中华文明的核心内容，龙标志着中华民族、中华文化、中华文明的现在和未来。龙是一个开放的、与时俱进的智慧系统，当今一些普世公认的文明理念，如自由、民主、博爱、法制、公平、正义等，龙都可以接受、吸纳、融合，龙文化不但能"承古""炼古"，而且能"开新"，完全能够随着中华民族的前进的脚步而前进。也就是说，龙文化不仅是过去完成时，还是现在进行时和将来进行时。

整合就是优化资源配置，将分散的要素组合在一起，形成一个新的更优秀更有价值的整体、体系。龙的排在第一位的精神是融合，即兼容、包容、综合、化合，融合的精神使龙文化天然地具有了整合的功能。龙文化产生于中华本土，本来就属于中华文明的一部分，广渗于中华文明的方方面面，与

中华文明的根根枝枝血脉相连，又是中华文明的见证者和标志者，故龙文化有能力，也有责任，将中华文明的诸多要素整合起来，形成与时俱进的新的文明。不仅如此，龙文化还是一个开放的系统，对中华文明之外的其他文明，一直秉持着借鉴、吸纳、消化的态度。佛教的中国化、马克思主义的中国化，就是明显的例证。笔者提出的龙道文明、龙道信仰，就是对古今中外诸多文明要素整合的结果。

助推的意思是帮助、推动，用当代流行的话说就是给力、提供正能量。如对习近平主席提出的"中国梦"，龙文化就能发挥其助推作用。首先，龙的核心的目的性精神是造福众生，简称福生；中国梦的本质内涵是实现国家富强、民族复兴、人民幸福，说得简要些，也是福生，龙的核心的目的性精神与中国梦的本质内涵具有同一性。其次，龙的显明的构成性精神是融合，龙是融合的产物，中国梦的实现也必然、必须走兼容、包容、综合、化合之路，龙的显明的构成性精神与中国梦的实现之路相吻合。最后，龙的基本的状态性精神奋进，即奋发进取、开拓创新，适变图强；中国梦的打造者，若不迎难而上、努力拼搏、顽强奋斗，中国梦的实现就是一句空话。中华龙的基本的状态性精神与中国梦打造者、实现者的应当具备的精神状态具有一致性。

引领的同义词是导引、指引。文化的高层位是精神，精神的至高点是信仰。思想决定行为，只有解决了思想问题，才能解决行为问题，而信仰则是思想的本原性、根基性、主导性因素。长期以来，一些人对龙文化抱有误解或者说认识不到位，一说龙，要么就和帝王皇权相联系，认为龙象征着专制，要么就把龙文化只看作是民俗文化。现在，我们在清理"帝王龙文化"、研究"民俗龙文化"的基础上，把龙文化升华为龙道文明，而且进一步地提出了龙道信仰，这样，我们就站在了精神的至高点、理论的制高点上，龙文化就具备了引领的能力，也有了引领的责任。

结晶智慧　彰显精神　承载信仰　推进文明

习近平主席《在哲学社会科学工作座谈会上的讲话》中有这样一段话："中华民族有着深厚文化传统，形成了富有特色的思想体系，体现了中国人几千年来积累的知识智慧和理性思辨，这是我国的独特优势。中华文明延续着我们国家和民族的精神血脉，既需要薪火相传、代代守护，也需要与时俱进、推陈出新。要加强对中华优秀传统文化的挖掘和阐发，使中华民族最基本的文化基因与当代文化相适应、与现代社会相协调，把跨越时空、超越国界、富有永恒魅力、具有当代价值的文化精神弘扬起来。要推动中华文明创造性转化、创新性发展，激活其生命力，让中华文明同各国人民创造的多彩文明一道，为人类提供正确精神指引。要围绕我国和世界发展面临的重大问题，着力提出能够体现中国立场、中国智慧、中国价值的理念、主张、方案。我们不仅要让世界知道'舌尖上的中国'，还要让世界知道'学术中的中国''理论中的中国''哲学社会科学中的中国'让世界知道'发展中的中国''开放中的中国''为人类文明作贡献的中国'。"⑥

我们的龙文化研究及其成果，与习近平主席的讲话精神完全符合，龙文化可以担当起习主席提出的"为人类提供正确的精神指引"的历史使命。可以这样讲，中华龙文化有着深厚的文化传统，形成了富有特色的思想体系，体现了中国人几千年来积累的知识智慧和理性思辨。近百年以来，尤其是进入21世纪以来，中华龙文化与时俱进、推陈出新，通过对中华优秀传统文化的挖掘和阐发，已使中华民族最基本的文化基因与当代文化相适应、与现代社会相协调，已把跨越时空、超越国界、富有永恒魅力、具有当代价值的文化精神揭示、呈现于世人。它能够推动中华文明创造性转化、创新性发展，能够让中华文明同各国人民创造的多彩文明一道，为人类提供正确的精神指引。围绕我国和世界发展面临的重大问题，龙文化已能够提出体现中国立场、中国智慧、中国价值的理念、主张、方案。简言之，龙文化可以结晶智慧、彰显精神、承载信仰、推进文明，而我们这些龙文化的研究者和践行者，也正再接再厉，努力地为"学术中的中国""理论中的中国""哲学社会科学中的中国"奋斗着，努力地让龙文化为人类文明做出更多更大的贡献！

参考文献：

①王东《龙是什么——中国符号新解密》，中央编译出版社2012年版，第106页。

②同上，第107页。

③同上，第111页。

④同上，第114页。

⑤同上，第2页至第3页。

⑥习近平《在哲学社会科学工作座谈会上的讲话》，人民出版社2016年版，第17页。

庞进　龙凤国际联合会主席，中华龙凤文化研究中心主任，西安中华龙凤文化研究院院长

龙再也不能与 dragon 互译了

黄 佶

翻译不是简单的把一种语言译为另外一种语言，不仅涉及文化，还涉及政治立场和民族情感，因此必须慎重。把龙和 dragon 互译，是一个典型的翻译错误。这一翻译在跨文化传播中传递了错误的信息，产生了政治错误，使外国人民对中国产生误解，因此必须立即纠正。

一、神话虚构动物 dragon 的主要象征意义是"邪恶"

美国韦氏大辞典（Merriam-Webster Dictionary）这样定义 dragon 这个单词（括号中为笔者译文）：

Simple Definition of DRAGON（对 dragon 一词的简洁定义）。

: an imaginary animal that can breathe out fire and looks like a very large.

lizard with wings, a long tail, and large claws（一种想象出来的动物，它会喷火，看上去像巨大的蜥蜴，有翅膀、长尾巴和大的爪子）。

Full Definition of DRAGON（对 dragon 一词的完整定义）。

1. archaic : a huge serpent（1：古语中的含义：巨大的蛇）。

2. a mythical animal usually represented as a monstrous winged and scaly serpent or saurian with a crested head and enormous claws.

（2：神话中虚构的动物，通常被描绘为丑陋的、有翅膀和鳞片的巨蛇或头上长着冠、有着巨大爪子的蜥蜴）。

3. a violent, combative, or very strict person（3：暴烈的、好斗的或非常严厉的人）。

4. capitalized：DRACO（4：大写时：星座"天龙座"）。

5. something or someone formidable or baneful（5：强大可怕的或有害、有毒的事物或人）。

由此可以看出，dragon一词的含义是很负面的。在莎士比亚创作的戏剧《罗密欧与朱丽叶》中，朱丽叶获悉爱人罗密欧杀死堂兄提伯尔特之后，非常震惊和愤怒，她在咒骂罗密欧时用dragon一词来比喻他：[①]

O serpent heart, hid with a flowering face!

Did ever dragon keep so fair a cave?

Beautiful tyrant! fiend angelical!

Dove-feather'd raven! wolvish-ravening lamb!

Despised substance of divinest show!

（啊，鲜花一般的面孔下藏着毒蛇的心！何曾有dragon住在如此温馨的巢穴里？举止优雅的暴君！扮成天使的魔鬼！伪装成白鸽的乌鸦！披着羊皮的狼！俊美的外表下是丑恶的灵魂！）

Dragon还是《圣经》中最大的恶魔，"启示录"第十二章中写道：The great dragon was thrown down, that ancient serpent, who is called the Devil and Satan, the deceiver of the whole world—he was thrown down to the earth,……（大dragon就是那古蛇，名叫魔鬼，又叫撒旦，是迷惑普天下的。……）

在西方文化中，杀死dragon是一种正义行为，古往今来，有大量的艺术品描绘了英雄们的这一事迹（图1）。与此同时，杀死dragon的人被视为"圣人"，名字前会加上一个光荣的标志"St."（Saint，圣），例如"St. George"（圣乔治）；在一些绘画作品中，杀死dragon的英雄头部后方会画有一个光环，这是西方文化中"圣者"的标志和象征，由此可见杀死dragon是多么神圣光荣的事情。

图1 绘画：St.George and Dragon（圣乔治和dragon）。作者和创作时间不详。

二、在外国时政绘画中，dragon被用来象征敌人和负面事物

英国国王乔治三世（George III）曾领导英国与入侵的法国拿破仑军队作战（法国于1793年对英国宣战）。②英国画家借用神话故事"圣乔治杀死dragon，救出人民"，利用他姓名中的George，把他比喻为杀死恶魔dragon的神话英雄圣乔治，把英国的敌人、法国的国王拿破仑描绘成恶魔dragon（图2）。

19世纪60年代，美国北方联邦画家把南方分裂势力画成dragon。图3是美国南北战争期间（1861—1865）一种信封上的装饰图，画中一个武士正在和一头dragon搏斗。武士的铠甲上画着美国国旗，dragon的身上写的是Secession

图2 海报：St. George and dragon（圣乔治和dragon）。
作者：James Gillray，1805年8月2日。

（退出，脱离。特指美国内战期间南方诸州的分裂行为）。显然，这幅图画也使用了西方神话中勇士圣乔治杀死 dragon 的典故。

图3 美国内战期间信封装饰图：Secession as a dragon（分裂如同 dragon）。
作者：Ridenburgh, William, 1860 年之后。

图 4 发布于第一次世界大战。图中"圣乔治"的武器仍然是长矛，但他的坐骑却换成了坦克。这里的"圣乔治"是英国陆军元帅道格拉斯·黑格，他指挥过很多重要的战役。画面中，黑格元帅的坦克正从一头 dragon 的身上碾过，后者头上戴的是德国元帅的帽子。

图 4 St. George out-dragons the dragon（圣乔治比 dragon 更凶猛）。
作者：Bernard Partridge, 1917 年 11 月 28 日。

在俄罗斯内战中,俄罗斯红军和白军都把对方画成 dragon。图 5 是歌颂托洛茨基的宣传画。他是俄国重要革命家之一,是苏联红军的创建者。画面中,他正在刺杀的 dragon 身上写着俄文"контрреволюция"(反革命)。画中的 dragon 戴着一顶大礼帽,苏维埃画家常用它来象征资本主义。有意思的是,布尔什维克的敌人——白军也把自己的敌人——红军画成 dragon。图 6 是白军的宣传海报,作者把布尔什维克描绘为倒在地上的红色 dragon,而把白军士兵描绘为英勇的武士。

图 5　海报:Trotsky Slaying the Dragon(托洛茨基杀死反革命 dragon)。作者不详,1918 年。

图 6　海报:For a united Russia (为了一个统一的俄罗斯)。作者:不详,1919 年。

1939 年 9 月 1 日,德国入侵波兰,第二次世界大战开始,波兰裔美国画家 Arthur Szyk 为波兰战争救助基金绘制了一幅海报(图 7)。一个网站这样介绍这幅海报:"圣乔治杀死 dragon 这个主题形象地反映了善必将战胜恶这一概念。在这张海报中,他把圣乔治画成一位战士——象征波兰,正在和纳粹 dragon 进行搏斗。"[3] 另一篇介绍文字的内容稍有不同:"Szyk(Arthur

Szyk，出生于波兰的美国籍画家）召集了波兰裔美国人建立了战争救助基金以帮助波兰，这张海报使人们回想起了国王 Krak 的传奇故事（波兰城市克拉科夫市名 Krakow 得自他的名字）。国王 Krak 曾经杀死过一头非常庞大的 dragon。在第二次世界大战中，波兰的敌人就是纳粹 dragon。"④

有趣的是，在反对德国法西斯的人把德国法西斯画成 dragon 的同时，德国法西斯的宣传机器则把德国法西斯的敌人也画成 dragon。图 8 是纳粹组织"武装党卫军"（Waffen SS）的征兵海报，双闪电符号是德国法西斯党卫军（SS）的标志。图中双闪电标志击中了一头 dragon，背景中还有一个德国军人正在向垂死的 dragon 砸手榴弹。Dragon 的脖子上挂的红色五角星中画有镰刀斧头图案，因此该 dragon 代表的是苏联——德国法西斯当时的主要敌人。红色 dragon 还挂着大卫星，意思显然是在说苏联是犹太人的盟友。

图 7 海报：Poland fights Nazi Dragon, Polish War Relief（波兰勇斗纳粹恶魔）。
作者：Arthur Szyk，1943 年。

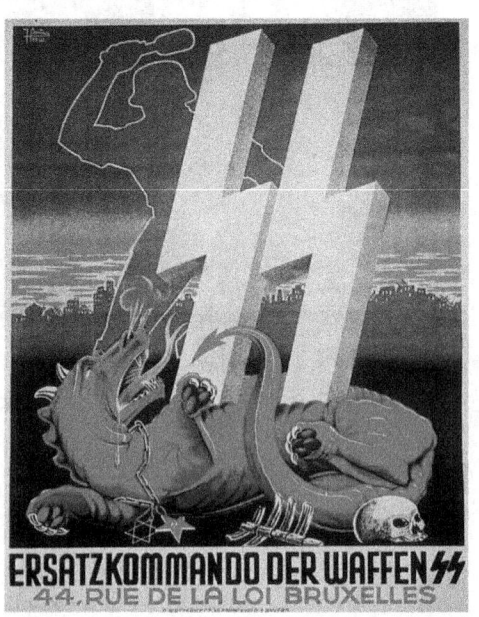

图 8 海报：Ersatzkommando der Waffen SS（武装党卫军征兵司令部）。
作者不详，1943 年。

在第二次世界大战中，美国政府发行（The United States Government Pudish）的反战宣传影片 Prelude to War（战争前奏曲）中，影片制作者利用动画技术，把日本版图演化成一条 dragon（中文字幕上译为"龙"）（图9），以此表达对日本法西斯的否定。

图9　影片"Prelude to War"中的动画连续画面。1942年5月27日。

2011年5月，基地组织头目本拉登（Bin Laden）被美国军队击毙后，描绘此事件的时政漫画，把美国总统奥巴马画成英雄圣乔治，并用 dragon 来象征恐怖主义。在图10中，奥巴马骑在马上，用长矛刺穿了 dragon 的头部（被画成了本拉登的脑袋），长矛上挂着美国国旗。漫画的含义很明显：美国杀死本拉登的行为，就和圣乔治杀死恶魔 dragon 一样，是英勇而正义的行为。

图 10　The terrorist knocked-out（恐怖主义者被击倒）。
作者：Hachfled，2011 年 5 月 2 日。

伊朗与美国和以色列势不两立，在伊朗时政漫画中，dragon 被用来象征这两个敌人。图 11 中的大 dragon 用一个友善微笑的面具遮挡住自己的恶魔面孔，它的脖子上和面具上都插着美国国旗，显然，漫画作者在用它象征美国。它的肚子上有一根管子，上面写着 Oil（石油），管子的两个分支分别插在沙特阿拉伯和伊拉克的土地上。它的尾巴上有个毒刺，上面画着蓝色的大卫星，这是以色列国旗的图案。

图 11　漫画：اژدهای واقعی...?!，Google 译文：Real Dragon...?!（真正的 dragon ?!）。
作者和创作年代不详。

在它身边还有两头小 dragon，它们的尾巴末梢都是大卫星，因此都代表以色列。漫画的标题是"اژدهای واقعی...؟!"，通过 Google 译为英文是"Real Dragon...?!"（真正的 dragon ?!）。

显然，作者想表现的意思是：美国及其附庸以色列表面上对阿拉伯人友好，实际上却是掠夺中东石油的恶魔。

在漫画家的笔下，dragon 不仅被用来象征敌人，还被用来象征地震、海啸、放射性核物质泄漏等天灾人祸。2011 年 3 月，日本发生强烈地震，地震引发了海啸，海啸损坏了核电站，导致核物质外泄。美国漫画家用一头有三个脑袋的 dragon 来象征这次大灾难（图 12），它的三个脑袋上分别写着"Quake"（地震）、"Tsunami"（海啸）和"Radiation"（核辐射）。图中这头巨大的三头 dragon 从海里冲出来，喷着火焰，扑向日本岛，房屋、车辆和船只被它的巨爪掀翻，日本国旗被连根拔起，一片惨状。

图 12　漫画：Monster terrorizing Japan（恶魔肆虐日本），作者：Dave Granlund，2011 年 3 月 14 日。

图 13 中巨大的 dragon 头部上写着 Crisis（危机），它的尖锐牙齿中死死咬着几个人，血水飞溅。这些人的身上画着五角星，代表欧盟的成员国。其中一个人已经被完全吞噬，他的手里拿着的牌子上写着 Greece（希腊），因

亘古一龙腾

为希腊是欧债危机中情况最严重的国家。其他侥幸逃出的人（代表暂时从危机中得到解脱的国家）则惊恐万状，拼命奔逃。

图 13　漫画：Dragon。作者：Petar Pismestrovic，2010 年 4 月 29 日。

图 14 中的 dragon 象征美国北卡罗来纳州的（癌症）死亡率（NC Mortality Rates）。在北卡州共和党（NC GOP）软弱无力、不能提供帮助时，格林维尔健康系统旗下的癌症研究中心（Greenville Cancer Center）又增添了新军 Vidant 非营利医疗机构，勇敢地和 dragon 作斗争。

图 14　漫画：Cancer Dragon（癌症 dragon）。作者：Dave Irwin，2015 年 3 月 1 日。

图 15 的检索关键词除了 dragon 之外，还有 prey（欺诈）、lure（引诱）、temptation（诱惑）和 bait（诱饵）等。因此图中的 dragon 象征"欺骗"，它伸出长长的舌头，舌尖化为一个美女，正在弯动食指，引诱一个男子。

图 15　漫画。作者：Paul Kinsella，创作时间不详。

笔者所著《译龙风云——文化负载词的翻译：争议及研究》一书收集了近千幅用 dragon 象征负面事物的外国时政漫画。

三、译龙为 dragon 方便了反华宣传

龙是中国的象征，西方媒介总是用龙来比喻中国。但因为龙被译为 dragon，西方记者笔下的中国往往和"邪恶"联系在一起。时政漫画和杂志封面等在西方具有重要的影响力，对中国不友好，或者不了解中国文化的作者在画中国龙时，往往将其描绘为 dragon，严重损害了中国的形象。

每年 9 月的第一个星期一是美国的劳工节（Labor Day）。图 16 发表于节日前几天，图中象征美国就业机会（US Jobs）的人正在野外烧烤（barbecue），以欢度劳工节，但突然来了一个不速之客：庞大凶暴的中国

"龙",它不是来吃烧烤的,而是要吃掉烧烤者本人。漫画的意思是:中国要夺走美国工人的就业机会。

图中"龙"有着凶恶的眼神,鼻孔里喷着火苗和袅袅余烟,尖锐的牙齿,贪婪的舌头和垂涎,巨大臃肿丑陋的身体,实际上这是一头 dragon,和龙毫无关系,但在西方人的脑海中,中国的龙就是这样的,这显然要"归功于"龙被译为 dragon。

图 16　漫画:Labor Day Barbecue(劳工节烧烤野餐)。
作者:Dave Granlund,2009 年 9 月 2 日。

仅仅在互联网上就能搜索到大量这样丑化中国形象的外国漫画。《译龙风云》一书收入和展示了数世纪以来的大量类似作品。

四、"龙"字不能再译为 dragon 了,可以音译为 Loong

综上所述,"龙"不能再和 dragon 互译了。那么"龙"应该如何翻译?在目标语言中找不到对应事物时,常见的做法是音译,例如"chocolate"进入中国时被译为“巧克力”。

“龙”的汉语拼音为 long，直接音译会和英语单词 long 混淆。中华人民共和国《汉语拼音正词法基本规则》第 5.5 条规定：“除了《汉语拼音方案》规定的符号标调法以外，在技术处理上，也可采用数字、字母等标明声调……”⑤

因此，在音译“龙”时可以根据该条规定，增加一个字母，拼写为 Loong，类似于 Shaanxi（陕西）区别于 Shanxi（山西）。

据笔者考证：早在 1814 年，《论语》的第一个英译者、英国传教士马希曼（Joshua Marshman）就已经把龙字注音为 loong（图 17）。后来 Loong 又成为“龙”字的音译，例如“Loong-wang-Miao”（龙王庙，1817 年，英国外交官游记），随后又被当作名词使用，例如“powerful yet gentle Loong”（强大且温和的龙，1961 年，海外华人撰写的书籍）。三百多年来，这一译法的使用一直没有中断过。⑥

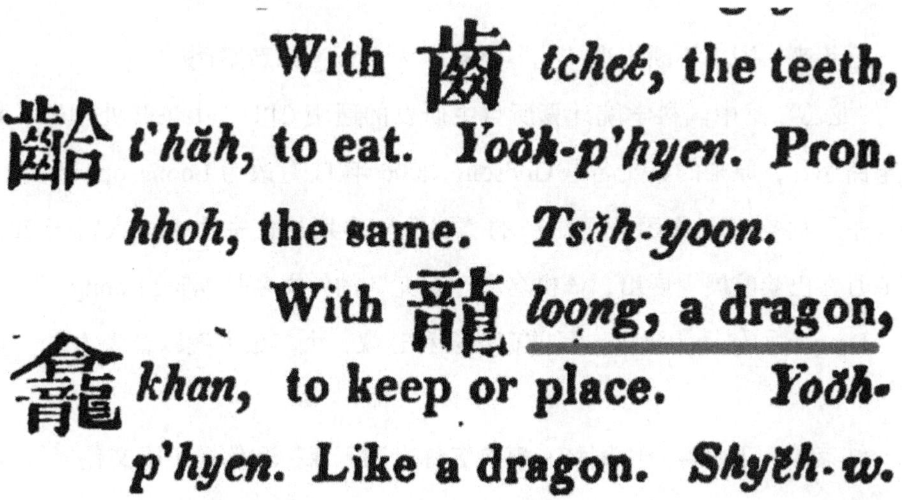
With 齒 tchet, the teeth, 齒合 t'hăh, to eat. Yoŏh-p'hyen. Pron. hhoh, the same. Tsăh-yoon. With 龍 loong, a dragon, 龕 khan, to keep or place. Yoŏh-p'hyen. Like a dragon. Shyĕh-w.

图 17　书籍内页：中国言法（Elements of Chinese Grammar），1814 年出版。Google Books

亘古一龙腾

海外华人也将姓名中的"龙"字音译为 Loong，例如武术电影明星李小龙（Lee Siu Loong，图 18）和新加坡总理李显龙（Lee Hsien Loong），等等。

图 18　书籍封面：Lee Siu Loong – Memories of the Dragon（李小龙：龙的纪念）。

近年来，国内不断出现"龙"字被译为 Loong 的新案例。

"龙芯"是中国科学院计算所自主研发的通用 CPU（中央微处理器）集成电路芯片，原来的英文名是 Godson，2006 年 11 月改为 Loongson。⑦

中国航空工业集团公司出产的"翼龙"多用途侦察攻击无人机于 2011 年 6 月在巴黎航展上展出，该机名字"翼龙"的外文名是 Wing Loong。⑧

Dragon 如何译为汉语，目前存在多种建议，大多数方案以音译为主。

结束语：正确翻译中国特有事物名称有利于保护和传播中国文化

目前，不仅"龙"字的翻译存在问题，其他大量中国特有事物的翻译也亟需改变。

中国的国粹京剧，在英语里是"Beijing Opera"，字面含义是"北京歌剧",常有外国人因此误解京剧,京剧界已经呼吁改译为"Jingju"。⑨⑩

中国饮食文化博大精深,大量传统食品携带着丰富的文化信息,例如粽子和饺子等等。但是它们和包子、馄饨、生煎等等一律被译为"Dumpling",而这是一种近似面包的欧洲甜点,文化信息丧失殆尽。因此,中国特色食品名称也都应该音译,例如 Zongzi(粽子)、Jiaozi(饺子)等等。

中国人把自己的白酒译为"White Wine",而这实际上是"白葡萄酒",颜色呈淡黄色。中国人自己不敢音译,倒是英国人主动把"白酒"音译为 Byejoe,向欧美市场推销。⑪

在文化自信方面,日本人比中国人做得好,他们很早就一律音译日本特有事物名称,使日本文化走向了全世界。

很多人担心音译后外国人看不懂,但是音译只是第一步,之后还需要用外文撰写简单或详细的解释和介绍,必要时可以配上图片或视频。外国事物进入中国后,音译其名称,例如"汉堡""比萨""寿司",中国人(包括儿童)都不存在看不懂的问题,所以也不必担心外国人看不懂。

实际上,错误的翻译导致外国人误解,还不如正确的音译使外国人暂时看不懂。因为看不懂就会去问、去查辞典或上网搜索,于是得到正确的理解。

保护中国文化、向全世界传播中国文化,都需要踏踏实实的工作,而正确翻译中国特有事物的名称,是这些工作的第一步。

参考文献：

① Shakespeare：Romeo and Juliet，Act 3，Scene 2，Capulet's orchard，http：//shakespeare.mit.edu/romeo_juliet/romeo_juliet.3.2.html.

② http：//en.wikipedia.org/wiki/George_III_of_the_United_Kingdom#French_Revolutionary_and_Napoleonic_Wars.

③ http：//www.loc.gov/rr/print/swann/szyk/szyk-ex.html.

④ http：//www.szyk.org/szykonline/polandfights.html.

⑤《汉语拼音正词法基本规则》，http：//baike.baidu.com/view/2292589.htm.

⑥ 黄佶："龙"被译为dragon和loong的详，http：//www.loong.cn/loong-1814-dragon-1815.html.

⑦ 龙芯处理器英文品牌定名Loongson，新浪网，2006年11月20日，http：//tech.sina.com.cn/it/2006-11-20/00141245061.shtml.

⑧ 中国新型攻击机参加巴黎航展，外形酷似美军战机，东方网，2011年6月21日，http：//mil.eastday.com/m/20110621/u1a5953679.html.

⑨ 将Peking Opera改为Jingju，两大京剧院欲为京剧正名，北京日报（记者：牛春梅），2011年6月9日，http：//www.bjd.com.cn/10wy/201106/t20110609_737514.html.

⑩ "Jingju"呼之欲出——三大京剧院呼吁用其代替"PekingOpera"，新闻晨报（记者：邱俪华），2011年6月16日，http：//newspaper.jfdaily.com/xwcb/html/2011-06/16/content_593337.htm.

⑪ Adam Molon：The popular alcoholic drink you've probably never heard of，CNBC，2013年8月18日，http：//www.cnbc.com/id/100968080.

黄佶　上海华东师范大学传播学院教授

龙早已回到人民的手里

黄 佶

很多人认为龙是中国封建王朝的象征，是严厉统治、落后愚昧的代表，这种认识应该纠正。实际情况是，龙至少有六千年的历史，而封建王朝只有两千多年，因此龙本来就是普通人民创造的神物，只是被皇室拿去做了自己的象征。

即使在封建时代，龙也不完全是皇帝的专利。曹雪芹在《红楼梦》第九回里写道："俗语说得好，'一龙九种，种种各别'，未免人多了就有龙蛇混杂。"就是在用"龙"形容优秀人才，而不是皇帝或皇室成员。

武汉辛亥革命博物馆介绍了中国同盟会湖北分会会长余诚，他于1906年从日本回到中国参加革命。博物馆同时还展示了他作于这一年的诗句："匣中龙光剑，一鸣四壁静，夜夜辄一鸣，负汝汝难忍。"（图1）

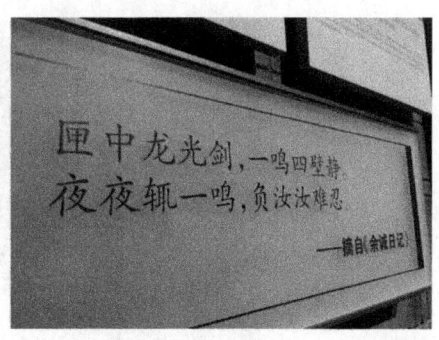

图1 余诚及其诗作。黄佶摄于 2015 年 8 月 22 日，辛亥革命博物馆，武汉。

诗句的出典可能是《滕王阁序》中的诗句"物华天宝，龙光射牛斗之墟"，其中的"龙光"指宝剑的光辉；以及南宋诗人陆游的《长歌行》："国仇

亘古一龙腾

未报壮士老,匣中宝剑夜有声"。以推翻清王朝为己任的革命者用"龙光剑"来形容自己的雄才大略,可见龙的象征意义是多方面的。

辛亥革命之后,龙回到人民手里,成为他们表达喜庆或力量的符号。1945年,日本宣布投降后,重庆民众舞龙欢庆(图2)。

图2　照片:重庆抗战胜利日大游行。摄影者不详,1945年9月3日。

中国画家常用龙象征正面的事物,例如大跃进时的炼钢炉(图3和4)、党的方针(图5)和人民公社(图6)。

图3　宣传画:用钢铁洪流淹死敌人!作者:何艳荣,创作时间不详。

龙早已回到人民的手里

图 4　宣传画：为 1959 年生产更多更好的钢而奋斗。
作者：上海人民美术出版社创作组，1958 年。

图 5　宣传画：鼓足干劲争上游。
作者：张汝济，王叔晖，邵国寰，1958 年。

37

图6 宣传画：公社如巨龙，生产显威风。作者：吴少云，1959年。

1964年，在纪念孙中山先生诞辰一百周年时，台湾民众表演了舞龙（图7）。孙中山领导了辛亥革命，是清王朝最重要的掘墓人之一，但是人们用舞龙来纪念他，可见龙早已不再仅仅是封建王朝的象征。

图7 照片：中华民国国父百年诞辰纪念典礼。
摄影者不详，1965年11月12日。武汉辛亥革命博物馆展品。

在"文革"中，极左盛行、"四旧"遭殃，但是天安门城楼上的龙仍然被保留下来了。北京晚报介绍1969年翻修天安门城楼的过程时说：

天安门城楼是木结构建筑，被拆下的木料堆满天安门的后面和端门大院，斗拱、木枋、跨空梁……正脊两端的大吻，原为龙。有人认为龙是"四旧",要改成"向阳花"。周总理坚持说:"可以搞龙嘛!龙是中华民族的象征,原主体部分不要改。"但城楼大殿棚顶的"金龙和玺"图案还是被改成"大丽花和玺"图案(1984年维修时,又恢复了原貌)。①

中国大陆改革开放之后,龙更是名正言顺地成为中国的象征(图8)。

2008年,北京举办奥运会,在开幕式时体育场中升起了三十二座龙柱,上面各盘旋着一条金色巨龙(图9)。

图8　宣传画:龙腾神州。作者:杨立群,1985年。

图9　北京奥运会开幕式上的龙柱。摄影者不详。2008年8月8日。

亘古一龙腾

2015年，中国国家主席习近平向联合国秘书长潘基文赠送和平樽，以纪念其成立七十周年。据联合国网站中文版介绍，这座一人多高的和平樽"顶部的龙饰象征着守望和平"[②]。

现在，除了在涉及封建王朝的历史时，龙已经和皇帝无关，不再代表皇权。龙现在主要是吉祥和力量的象征，是中国文化的象征，是连接海内外华人心灵的精神纽带。

在海外华人心中，龙代表着祖国。海外华人在喜庆节日举行舞龙活动，实际上是通过龙这一实物符号来表达他们对中华民族、对祖国——中国的认同。

海外华人生活在不同的文化和政治制度之下，有着不同的世界观和政治立场，我们不能脱离实际，用一个现代化的东西（如神舟火箭），或者政治符号（如五星红旗），去做中华民族的象征、去连接他们的情感，而龙能够很好地承担起这一角色。

中国经济改革能够成功的原因之一就是中国有大量热爱祖国、具有"叶落归根"传统思想的海外华人，把改革开放所需要的观念、经验和资金带回祖国，使中国能够顺利地进入市场经济。俄罗斯经济学家捷里亚金指出，中国实现第一阶段的现代化应归功于华侨的投资。

政治宣传并非只能有一种模式，亦非只能有少量的出发点。政治宣传应该根据不同的目的和对象，选择不同的切入点，使用不同的方式。

很多中国学者对龙在今日中国的意义缺乏认识，将其简单地视为普通的民间传说，或古代封建帝王的象征，甚至是可以抛弃的糟粕或累赘。这显然是错误的，实际上龙可以也应该在今天发挥重要的作用，为中国的建设和发展服务。

参考文献：

①文革天安门"秘密重建"，周恩来坚持保留龙吻，大公网，2013年10月6日，来源：北京晚报，http：//news.takungpao.com/history/redu/2013-10/1944491_3.html.

②中国向联合国赠送"和平樽"，传递和平、发展、合作、共赢理念，联合国电台（记者：程浩）。http：//www.unmultimedia.org/radio/chinese/archives/239320/.

黄佶　上海华东师范大学传播学院教授

亘古一龙腾

究竟谁是中华人文始祖和精神象征

兼谈民族的生物、人文、精神三个祖先的关系

闫东山

近几年来，世界华人有股寻根问祖的热潮：有寻家族祖先的，有寻氏族祖先的，也有寻民族祖先的。本文重点是谈民族人文祖先的问题，因为这个问题在舆论界已经形成很多分歧，如果不及时明确地做出定性表述，很可能被个别民族分裂分子所利用，这绝不是危言耸听，这也是我们要真正弄清谁是中华民族人文始祖的重要性和必要性。

一、谁是祖先？

谁是祖先？就每个自然人而言，祖先就是本人上两代以前的家族直系先辈，相对于后代来说，我们也是祖先，这里的祖先是从血缘关系上来认定的家族传承关系。就整个人类而言，作为生物种类的祖先究竟是谁，谁也说不清，科学界暂时把产生于20万年前的"智人"作为人类的祖先；那么"智人"的祖先又是谁？这更有待于科考。

谁是民族的祖先？要搞清这个问题首先要知道什么是民族。民族的概念，至今国内外没有一个标准答案，马克思主义认为，民族是"人们在历史上形成的一个有共同语言、共同地域、共同经济生活以及表现于共同文化上的共同心理素质的稳定的共同体"①。因此民族与人类种族不同，是长期历

史形成的社会统一体,是由于不同地域的各个种族(或部落、家族)在经济生活、语言文字、生活习惯和历史发展上的逐步趋同而形成的,所以民族是一个历史的范畴,有其发生、发展和消亡的过程。由此可以认定,民族不可能有具体的祖先,更不可能只有一个自然人的祖先,它最初有可能是一个种族或多个种族的一批或几批自然人而繁衍的。我们现在提出的"民族祖先"的概念,只是本民族公认的具有绝对崇拜价值的文化符号和精神象征,这个符号和象征可以是具体的某一个人,也可以是一个神,甚至也可以是一个动植物。谁是中华民族人文的祖先?这个问题似乎清楚但又很不清楚。近百年来,官方和民间公认的中华民族的人文祖先是炎黄二帝两大祖先,而现在有人提出应加上蚩尤形成三个祖先,也有的说伏羲也是一个祖先。这就出现了一祖说、二祖说、三祖说甚至多祖说的争鸣局面。我认为,之所以出现以上各种观点,是因为对"民族与祖先",对民族的"生物祖先""人文祖先"和"自然人祖先"等概念不清所致。

  按照本文开头的"什么是祖先"的概念来说,伏羲、炎黄二帝、蚩尤都是我们的上古先辈,那理所当然他们肯定都是中华民族的祖先。可是按照民族的概念和民族的历史发展脉络来讲,以上"民族祖先说"又都是不对的,因为我们的目的不是在寻找具体的诸多"生物祖先",而是为了要统一民族信仰、明确文化传承关系而确立谁是中华民族的"人文始祖"。祖先的概念好理解,古人都是祖先。生物始祖就不好找了,从生物概念讲,谁是人类第一人,谁是中华民族第一人,这都是难解之谜。我们现在通常追认的民族始祖并不是他从生物的角度诞生了本民族,而是从他身上体现了本民族从蛮荒到文明的肇端,这里就又出现了一个"民族文明"的新概念。

  什么是民族文明?文化是民族的灵魂,文明是文化的结晶和最高表现形式,文明是这个民族进步与否的根本标志。"民族文化史"是从这个民族诞生时就同步的,然而"民族文明史"则要迟到很久很久,久到千年万年。比如中华民族文化至少有几万年的历史,但是现在世界认定中华文明史只有五千年。为什么?世界惯例认定一个民族从蛮荒到文明有三条硬指标:政治上要有国家雏形(城邦等)、权力制度化;经济上要形成基本的生产、生活方式;文化上要有文字的开始,社会关系上起码要消除群婚现象。

各民族一般将第一次把本民族推向文明阶段的那个人作为本民族的始祖。我们现在常说的"中华民族"是由"华夏民族"演变过来的,华夏民族的人文始祖炎帝、黄帝也就被约定俗成为中华民族的始祖了。

二、炎黄二帝果真是中华民族的人文始祖吗?

炎黄二帝果真是中华民族的人文始祖吗?问题远不止这么简单,这最多是个约定俗成,但约定俗成并不一定是事物的本来面目。由于我们国内宣传老是提炎黄为始祖,是中华文明的开始,这样就不自觉地把中华文明定位于5000年。事实上这是大错特错的,错在因为把炎帝、黄帝作为中华民族的始祖,而使得中华文明的历史少算了整整3000年,真正中华民族的始祖是伏羲、女娲,中华民族的文明史应该是8000年。理由于下:

第一,从传说中的三皇五帝来看:在"三皇五帝"的世系表中,伏羲位居"三皇之首""百王之先"。三皇五帝有九个版本,而不管哪个版本,伏羲都在三皇之内,女娲的地位也高于炎、黄。

第二,从生产力的发展进程上看:有巢氏、燧人氏、庖牺氏最能反映古中国的文明演进过程,有巢氏解决了先民的原始居所问题,燧人氏解决了先民由吃生食到吃熟食的饮食方式问题,庖牺氏伏羲第一次实现了九大部落的融合,全面解决了生产力与生产关系问题,与此同时女娲帮助伏羲建立了新的婚姻制度。

第三,从重大历史性的变革上看:伏羲完成了人类由野蛮走向文明的

究竟谁是中华人文始祖和精神象征

三个重大过渡：母系社会向父系社会的过渡，多偶婚形式向单偶婚形式的过渡，部落形式向国家（城邦）形式的过渡。由于这三大过渡，古中国完成了第一次进入文明社会的大跨越。

据史料记载，8000多年前，"人民至质朴，卧者居居，坐者于于，群居聚处，知其母不识其父。"[②]伏羲结合当时先民们的生产、生活状况，开创了文字、音乐和八卦的功能，从而奠定了中华文化的基础。伏羲编结网罟、教人以渔、始兴嫁娶、改革政治权力体制……用文明之光，引导先民摆脱了茹毛饮血、巢穴群居、愚昧混沌的原始状态，从而带领整个民族步入了文明社会阶段。

第四，再从我们现在的国名来看：我以为探讨"中华民族的始祖问题"还是从中华民族的"华"字的来源着手比较好。有人说古代"华"通"花"，外戚把衣着华丽的民族成为华人。也有人说传说中国古代有个华胥族，伏羲就是华胥族的女人华胥氏踩了雷神的脚印而生。有人通过考证古代"胥"和"夏"通用，这就是"华夏"的来由，也是中国建立的第一个正规国家朝代叫夏朝的根源，华胥族可能就是中华民族的发源地。中国人尽管经历了很多朝代，但始终认为自己是华人。伏羲为什么以龙为图腾？因为龙的形象最初可能来源于云层中的闪电，闪电也就是雷的形象。传说中的伏羲是人首龙身，这与伏羲是华胥氏踩了雷神的脚印而生的传说是互相映证的，所以龙就是雷，雷就是龙。为什么传说伏羲是雷神之子，因为在古人眼里雷是最令他们震撼、最威严神圣的天帝。

因此，伏羲、女娲才是中华民族第一对人文始祖。如同亚当、夏娃创造西方文明一样，伏羲、女娲点燃了中华文明之火，对整个东方文明进步做出了巨大贡献。可以说，伏羲是中华民族第一次走向文明高峰的创始人，从统一九族创建文明古国雏形的角度来审视，他是当之无愧的中华"人文始祖"。与伏羲相提并论的还有他的妹妹（也是妻子）女娲，传说中是她抟土造人，她是我们的民族之母，所以伏羲、女娲应该并称为中华"人文始祖"。在汉口龙王庙的大殿里，女娲以"人文圣母"的形象与始祖伏羲并列其位，这充分反映了民间对伏羲、女娲"人文始祖"的认知度是很高的。

伏羲、女娲与炎黄的关系。我们在确立伏羲、女娲为中华人文始祖的地位时，丝毫没有抹杀炎帝、黄帝、蚩尤及其他三皇五帝成员的历史作用。相反，我们认为炎黄等先祖较之伏羲、女娲是青出于蓝而胜于蓝。他们之间不仅有血统和文化的传承关系，而分别代表了两个时代的文明制高点。炎黄又一次统一了中华大地，使各民族有了更广泛的大融合，使中华文明大幅度提档升级。在黄帝陵悬挂的匾牌上写着"人文初祖"，这与伏羲庙匾牌上的"人文始祖"相比，除了时间的早晚先后以外，内容含金量是同等重要的。伏羲是第一个开创中华文明的先祖，而炎帝、黄帝是晚于伏羲之后的并且再创中华初级阶段辉煌文明的祖先。

三、中华人文始祖与民族精神象征的关系

中华人文始祖与民族精神象征的关系。一般来讲，民族"人文始祖"与民族"精神象征"是分开的，前者是神格化的人，后者是人格化的神或动物（就是图腾）。而中华民族的人文始祖与精神象征是统一的，它们都可以在伏羲身上体现出来，伏羲既是龙的化身又是龙文化的缔造者。据考古证明，中华龙原始实物形象的出现，至少有一万年，但真正赋予龙以生命和文化基因的是伏羲。

在伏羲时期，中华大地有九大部落，每个部落都有自己的实物图腾，比如有虎、鹰、马、鹿、象、牛、鱼、蛇、虾等，后来被以蛇为图腾的伏羲统一组成了中国第一个国家雏形。伏羲不以己独大而称霸天下，决定将九个部落的图腾合为一体成为龙。原来各部落的图腾似乎都没有了，但在新的龙图腾中

都能找到自己。中华龙这个抽象的集合体图腾就是世界图腾信仰文化的一个最大的创新，伏羲的这种合而不同、共存共赢的龙图腾模式，也为当今解决世界各国内部争端提供了最好的范本。后来，先民们就把伏羲称为龙祖。

为什么龙能成中华民族的精神象征？第一，龙的文化内涵反映了中华民族生存发展最本质的要求。龙源于图腾却新于图腾、高于图腾，不是图腾胜似图腾。世界各民族大凡图腾，都源于本民族客观存在的具象实物，这个具象实物可以是动物也可以是其他东西，但一定是客观存在。而龙却不然，龙集中吸收了史前各民族的优秀文化基因，代表了人类共同的最实际的美好愿景。中华民族的世代子孙，一不靠神仙皇帝和救世主，二不畏惧大自然的各种风险，只希望自己像龙一样呼风唤雨，上天入海，也希望自己的民族大团结、大融合共同抗击自然灾害。一句话，从龙身上体现的融合统一、善变创新、无畏奋进、极大奉献四大特质，集中反映了人类群体为追求幸福而征服大自然的共同本质要求，最本质的共同需求无疑就是共同的信仰，这种信仰就是精神象征。对龙的这种文化集合既符合中华民族的禀性，更是从人的本质上反映了人今生的客观需求，不求来世。一般宗教和党派都有很多局限性和欺骗性，宗教教化人要修来世，党派要求人们为主义而献身。而且龙图腾与宗教、政党最大的区别是靠自律自觉，不靠他律和教诲。龙图腾没有空洞的教义和主义，也没有要求信众对其负有什么义务，但其目标明确、简单、实际。其形象、其内涵、其感召力早已流淌在华人的血液里，传承在我们的基因中，它与世界各大宗教比起来，是典型的高大上。

第二，中华龙图腾臻于完美是社会各阶层共同打造的结果。我一再强调，"中国龙不是神话，它是亿万个世界华人心中的情结；龙文化不是宗教，它是八千年中华文化精髓的积淀。"龙文化不仅是我们的根文化、始祖文化、基因文化，它更应该是中华民族的领军文化。理由如下：从纵向上讲，中国没有哪种文化比龙文化更久远，它有近万年的历史，而且从来没有间断过；

从横向上讲，没有哪种文化被56个民族所普遍认可或接受（包括海内外）；从高度上讲，它是中国唯一能够使社会各阶层合力打造的文化，除了龙文化以外没有哪种文化能够担当国家象征、民族精神的大任。从它在伏羲年代诞生起，历朝历代都在为龙文化传承创新，我们暂且不说龙的形象从三爪、四爪发展到五爪，单说龙在近代的国家生活和民众生活中的不断创新。清政府特意把龙旗作为中国的国旗，从此龙真正上升为国家形象。以龙为主题的陆军军歌《颂龙旗》一度作为代国歌，中国第一枚邮票是龙票。在民间，龙渗透到生产、生活的各个领域。在华人的心目中，龙是华夏先人的化身，是中华民族的文化象征，华人以龙的传人而自豪。

总之，龙是中华文化的产物，龙是理想的追求，龙是信仰的核心，龙是吉祥的标志，龙是国家的徽章，龙是民族的象征，龙是华人的情结与基因，龙是引领中华民族屹立世界的伟大旗帜。

四、"中华儿女"和"龙的传人"

既然弄清了伏羲是中华民族的人文始祖，龙是国家的精神象征，那么我们今后是不是要把"炎黄子孙"的提法改为"伏羲女娲子孙"的称谓呢？不会。更准确地说，应该改为"中华儿女"和"龙的传人"。理由如下：

第一，炎黄不是所有华人的祖先。中华民族仿佛是一棵万年大树，伏羲是总根，炎黄是主干之一。炎黄文化一般应指中原文化，后来发展为华夏文化。因而我认为华人都是炎黄子孙的提法是欠妥的，起码以蚩尤为代表的苗裔后人是不太认可的。现在又在提三祖文化，这更不好，慢慢就会搞出多祖文化，甚至为分裂分子找根据。前面说过，中华祖先的具体自然人可能有很多个，但抽象集合的中华人文始祖只能是一个总根和多个枝蔓，因此我们必须坚持以伏羲和龙为元祖文化、始祖文化，炎帝、黄帝、蚩尤及其后人无疑都是伏羲和龙的传人,这里所说的传人不是指血脉传承,而是指文化传承。换句话说:这好比祖父相同不见得父亲相同的道理一样,世界华人都可以算伏羲的后代,但不一定是炎黄的后代。

第二,炎黄文化不能等同中华文化。从伏羲文化、炎黄文化、华夏文化到中华文化,这是一个传承有序的脉络,龙文化是这个文化脉络的灵魂。如果我们只提炎黄文化和炎黄子孙,那就是等于在整个文化链条中取其中一个环节来作为代表,这是很不恰当的。我认为提中华文化或者龙文化是最贴切的,但是由于早期华夏文明约定俗成是中华文明的代名词,所以华夏和中华有时是可以通用的;但官方用语还是以中华文明为好,这是我们以"中华"为国家名称的性质决定的。所以,只有"大中华文化"这个总概念才能代表整个中华民族文化发展的过程和全貌,甚至可以涵盖部分周边国家乃至世界华人的民族文化。

第三,"中华儿女"比"炎黄子孙"更广泛,更确切。因为炎黄文化、华夏文化,只是汉文化的正宗嫡传,而且他们过去在地域上不能涵盖960万平方公里,在民族上没有统一过56个民族。而中华文化的涵盖面,从纵向上前可推至伏羲后可延伸今后更远,从横向上包括世界所有华人的文化创造。同样,"中华儿女"的概念可涵盖古今中国及一切世界华人。显然,"炎黄子孙"只是"中华儿女"的一个支系,尽管数量占大多数。

第四,"龙的传人"更能体现民族自豪感。中华龙就是世代华人创造中华文明的精神领袖,龙的传人既传承了华人,也传承创造了中华文明,同时也传承发展了龙文化。而且龙文化的发展脉络起始于伏羲,伴随于炎黄直至于当代。总之,龙祖伏羲为我们创新诞生了龙图腾,龙图腾催生了华夏文明,华夏文明创新推动了中华全民族的不断发展。一部中华发展史,就是中华龙引领中华民族传承和创新的文明史,也是"中华龙人"繁衍壮大的光荣历史。

因此,将"龙文化"作为"中华文化"的另一称谓或别名,进而取代

"炎黄文化"和"华夏文化"的称谓，这可以避免很多民族歧义、地域阶级差别和历史局限性。所以，中华龙与中华文明是不可分割的，过去如此，将来也如此。谁想否认、颠覆中华龙，谁就是自不量力，十五亿世界"中华儿女"信奉了近万年形成的精神领袖是随便能够取代或撼动得了的吗？

综上所述，中华民族的"生物祖先"就是我们每个华人的家族祖先，同时我们也将成为后世华人的祖先，所以我们每个华人都不要愧对祖先，不要愧对自己，更不要愧对后人。中华民族的"人文祖先"就是：人文始祖伏羲、女娲，人文初祖炎帝、黄帝、蚩尤以及56个民族各自公认的本民族所有英雄豪杰、仁人志士。用范文澜先生的说法就是"汉族无疑是少数民族的化合体。它的祖先多得很，不仅传说中的黄帝是它的祖先，而且融合进来的任何一个民族的祖先都是它的祖先"。[3]至于中华民族的"精神祖先"那就是自伏羲以来毋容置疑也无法替代的唯一形象——中华龙。

简言之，中华民族文化的传承脉络就是：伏羲文化、炎黄文化、华夏文化、中华文化；贯穿牵引这个文化链条持续发展的总根系就是中华龙文化；没有龙就没有龙的传人，没有龙文化的融合凝聚，就没有中华民族诸文化的协调持续发展。"龙的传人"和"中华儿女"无论发展到什么程度、无论走到哪里，都不会忘记中华民族共同的始祖"伏羲、女娲"，都会永远信仰中华民族的精神象征——"中华龙"。

参考文献：

[1]《斯大林全集》第二卷，人民出版社1953年版，第294页。

[2]《论衡·齐世篇》。

[3]范文澜先生《中国历史上的民族斗争与融合》。

闻东山　中华伏羲文化研究会副会长，国际龙凤联合会副主席，中华龙文化博物馆馆长，武汉龙王庙住持。

海外华人与龙文化

龙牧华

一、龙文化综述

中华民族的文化,像一条奔腾不息的长河,有久远的源头,永远不会停歇下来,一直向前发展。龙是中华民族创造的神物,它集多种生物和天象的力量,纳中华民族之美德和个人追求幸福之愿景,成为中华民族的精神象征、文化标志、信仰载体和情感纽带。

世界上,除了龙,没有哪一个文化符号,能够流传上万年,并能继续流传下去。正如龙凤文化研究专家庞进先生所言,要把龙文化置于一个宏大的时空坐标系来研究。其中的时间纵轴,起点与中华民族的起源期相一致,距今已有八千年到一万年。至于空间横轴,包括中国大陆、港、台、澳,以及全球所有有华人华裔生息、繁衍的地方,海内外华人几乎都认同自己是人文意义上的"龙的传人"。

既然自称是龙的传人,龙文化作为中华文化的精髓,自然会成为中华民族的"文化染色体",随着龙的传人的脚步走向世界各地。本文就海外龙文化的现状、海外华人与中国龙文化的关系做简略的介绍和探讨。

二、海外华人与龙文化

文化的产生与承续、传播，离不开它的主体——人，海外龙文化当然离不开移民海外的华人。当然，由于时空的变迁以及所在国主流文化的影响，海外龙文化的发展有其变异性和局限性。

海外龙文化的表征，以笔者考察来看，一般是通过三种方式实现：民俗、雕刻和命名。

1. 民俗

作为民众的生存方式的一部分，有关龙的民俗活动众多，但海外最为流行的莫过于舞龙和赛龙舟。

在海外，舞龙是华人社区春节庆祝中不可缺少的活动，但基本上只属于华人社区，没有跨越种族。

赛龙舟的情况有所不同，已跨越了种族，成为世界多民族认可的文化赛事。如一年一度的加拿大多伦多国际龙舟节，自1989年开始后，已经成为一个集体育活动、多元文化展示及文娱艺术表演的一个大型户外盛会，除了庆祝中国传统端午节，还有增进公众对中华文化了解的功能。2016年6月18—19日举行的第28届龙舟赛，曾吸引来自世界各地多个国家、多个民族5000余名选手参加。

2. 雕刻

海外华人集聚的城区，一般称为唐人街，或者华埠、中国城等。作为华人移居海外的最初据点，唐人街一直以来被看作是中华文化的"代名词"。如今，唐人街在全球五大洲许多国家的重要城市里都有。比方说，美国波士顿是华人集聚之地，其唐人街就位于波士顿的市中心，是北美第四大唐人街。谈到唐人街，一位美国记者有如此感受：唐人街其实就是融社会、经济、文化为一体的"中华文化街"，各个国家的人都可以在这里领略、感受中华文化的神秘和魅力。对外国人来说，走进唐人街是认识中国的第一步；对海外华人来讲，唐人街延续的是他们精神上的"根"。

如果说唐人街是华人在海外多年来胼手胝足艰苦奋斗的历史轨迹的体现，那么其中的牌楼就是传承中华文化的象征与印记。西雅图的唐人街有一座45英尺长的拱形门廊式彩绘牌楼高高耸立，述说着华裔在西雅图这片热土上曾经奋斗过的历史。在牌楼顶部有一火球状装饰物，那是吉祥如意的象征；而祥龙，则为其主要装饰图案，意喻华人是"龙的传人"。整座"中华门"以钢筋和陶瓷为主材料，以自古帝王推崇的吉祥色"红、黄、蓝、绿"为主色调，街口两侧柱子上盘旋着腾空飞翔的巨龙。波士顿唐人街牌楼上正面刻有"天下为公"，背面则刻着"礼义廉耻"，而这正是龙文化的本质体现，表达的是天下为公、义利统一、以人为本、以和为贵的精神。笔者曾经生活多年的瑞士苏黎世，也建筑有"中国园"，里面龙的雕塑随处可见。

3.命名

在海外，用"龙"来命名十分常见，这里只简要介绍使用龙来命名的商业建筑和餐馆名字。

"龙城"可能是海外用的最多的商业中心名字，即使迪拜酋长的私人公司也愿意在沙漠开辟出一块地方，建立起一个大型的中国商品市场 Dragon Mart，华人叫其"龙城"。该龙城已成为中东地区最大的商品集散地，称得上是中国在海外的商品集散中心，里面有4000多间商铺，年贸易额可以达到数百亿美元。至于加拿大多伦多市中心唐人街的"龙城"，历史已经相当遥远，今天还在正常运营。

餐馆名称中使用"龙"字也是十分常见的。《华盛顿邮报》两名记者曾经从美国知名点评网站 Yelp 上提取出了4万家中餐馆的名字，然后做成了一张词频分析图。从图上字母大小可以看到该词的使用频率，其中有两个字，一是使用金色（Golden，龙的颜色为金黄色），有1238家餐厅，一是使用

"龙（Dragon）"做名字的，也超过1000家，可见人们对龙字的喜爱与崇拜。

三、海外龙文化展望

龙文化从古至今，其理论方面的传承与创新，从未停止。考虑到与华人移民史对应，远古不用说，就拿20世纪20年代至今，龙文化研究有三波浪潮，其中最近这波浪潮研究得更全面、更深入，成果也更丰硕、更突出，讨论的问题集中在龙的精神蕴涵、文化功能与当代意义上。

当中国本土龙文化研究如火如荼地进行时，海外龙文化研究可以说是踏步不前、建树不多，其情形，表现在三个方面：

1. 海外龙文化现状

以笔者所了解，目前海外龙文化的存在是零碎的，尚无有系统的整理、挖掘与完善。尽管民众喜欢，也在日常生活中运用着，但以前绝大多数华人对龙文化的认知还谈不上到位。20世纪80年代，歌曲《龙的传人》唱响大江南北、世界各地的时候，龙的地位才有所上升，关注龙文化的人才多了起来。

现在，无论政府，还是老百姓，大家都感受到了龙有强大的文化凝聚力，能够激发海外华人的认同感，但是如何大力提升龙文化，尚需要更多的有识之士协同奋斗。

2. 海外龙文化与中国龙文化

中国龙文化是本、是根，海外龙文化可以说是枝条、叶片，也就是说中国本土龙文化与海外龙文化是一体的，可以相互作用。具体来说，海外龙文化可以从三个方面助力中国龙文化。

第一，关于"龙"的翻译，也就是庞进、黄佶等学者提出的"为龙正名"上，海外龙文化能够遥相呼应，助推实现。黄佶先生研究发现，早在1817年，龙已经被英国人音译为Loong。而在1922年上海商务印书馆已经出版 The Chinese Dragon（中文书名是"龙"），就提出中国龙和欧洲 Dragon 存在本质差别。德国小伙儿 Thorsten Pattberg 在中国、日本和美国学习与研究东方文化多年，2012 年初在 China Daily 发表 "Long into the West's dragon business" 一文，批评中国人错误地翻译了"龙"。

将"龙"翻译成"Dragon"与将"Dragon"翻译成"龙"，要追溯到中英和中美文化交流史初期。鸦片战争前后，中英、中美直接的文化交流开始。当时清朝的国力日益衰落，英国和美国，特别是英国成为世界的超级大国，在他们入侵中国的过程中，在商品输出的同时，对华的文化输出也开始了。在中英、中美文化交流中，中国的对外文化交流一直是赤字。

中英文的文献互译中，英译中远远超过中译英。在翻译的过程中，英汉词典和汉英词典发挥着重要作用，其中英汉词典比汉英词典发挥着更为重要的关键作用。历史上第一部汉英词典和英汉词典是 1815 年至 1823 年马礼逊在澳门编纂出版的《华英—英华大词典》，它成为日后出版这类词典的嚆矢，其中"Dragon"被译为"龙"。此后至 1898 年，这类词典都由西方传教士们编纂，"Dragon"的翻译延续了马礼逊的误译，以讹传讹。在很大程度上可以说，"Dragon"错译成"龙"是鸦片战争以来西方话语力量在华建构的结果。

清代末期在美国的华人开展文化自救，把"龙"翻译为"Loong"。英文中对"龙"字的音译是"Loong"，姓氏"龙"和人名中的"龙"字也被翻译成"Loong"，例如著名武术家李小龙的英文名字是"Lee Siu Loong"，新加坡总理李显龙的名字被翻译成"Lee HsienLoong"。"龙"不直接翻译为"Long"，因为 Long 的英文发音是"狼"，并非真正的音译。当西方人指着龙说"Long"时，中国人须纠正他的发音。有研究指出，英文可能最初也是一种象形文字，例如 Eye（眼睛）、Bed（床）和 Broom（扫帚，字母 b 有扫帚的形状，扫帚在扫房间 Room）。而 Loong 的两个"O"字母，就像龙的两只大眼睛；Loong 在文字上又和"Long"相近，给人"长"的感觉，可见 Loong 具有象形文字的特点，和中文汉字有暗合之妙。中国政府若采纳众学者的意见，为"龙"正译名，海外华人可以发挥大的作用。

第二，海外华人能主推中国龙文化走向世界，进而丰富海外龙文化。反过来，海外龙文化能够方便吸收所在国的主流文化，进行有效的消化，进而丰富中国龙文化。正如庞进先生所提出并积极倡导的兼容、包容、综合、化合的精神，我们应该让中华龙文化在海内外更完美地衍播、成长，为中华民族的团结凝聚、为人类文明的发展进步，发挥更大的作用。

第三，在西方发达国家，基督教与天主教是相当流行的教派。对于海外华人来说，由于中文教派的缺失，移居他国所面临的生活上、精神上的困境与孤单，使他们中相当多的人选择加入这些教派。记得有一次笔者搭载一位华人学者，看到遍地林立的教堂，他就颇有遗憾地说："假若这些教堂中有 10% 属于华人教派的话，那将是一件多么伟大的事情哦！"

众所周知，在华人世界中，即使是佛教，也是来自古印度，尽管在中国已经有大部分新的诠释，但有些人接受还是有困难。笔者设想，假若龙文化能在海外发扬光大，能够为华人心灵、精神家园的寄托和归宿，那将是多么有意义的事情啊。当然，这需要许多人，包括大量的专家学者、仁人志士，做许许多多的工作。但笔者相信，假若有领头者和支持者，有系统的、扎实的理论基础，海外龙文化的盛行是可以实现的。

龙牧华　加拿大加华文化交流协会创会副会长，博士

龙之谜新探索

——2000年以来龙文化研究新成果、新问题、新争论

王 东

改革开放30多年来,一直伴随着中国龙文化研究的进展与争论。

在这里,我们采取"倒叙法",直接面对从上一个龙年,即21世纪起点上的2000年以来,中国龙文化研究的最新成果、最新问题、最新争论,这样感觉会更鲜活一些,更集中一些,更强烈一些。

近十来年中国龙文化研究,至少存在12家。

在这近12年间,中国龙文化研究出现了百花齐放、百家争鸣的活跃局面,不仅发表了上百篇论文,而且出版了几十部著作。其中较有影响的,至少有以下十来家。我们大体以这一时期,主要龙学代表作发表时间先后为依据,描述一下中国龙文化研究各家的思想轨迹。

一、北大王东:龙文化研究的五个新观点

第一家,北京大学哲学系王东教授,主要代表作有3部:《中国龙的新发现——中华神龙论》(北京大学出版社2000年1月版,2012年1月出新版),《中华文明论——多元文化综合创新哲学》三卷本的第二卷《中华文明基因论》(黑龙江教育出版社2002年12月版),《北京魅力——北京文化与北京精神新论》(北京大学出版社2008年6月版)。

亘古一龙腾

图1 北京大学王东教授《中国龙的新发现——中华神龙论》

王东把张岱年与他倡导的综合创新文化观，运用于龙文化研究中，首倡综合创新的龙学，提出龙的起源本质在于：源于图腾，超越图腾；多元一体，综合创新；文化符号，民族象征；原创文明，政治发明。他认为，无论是西方的、前人的图腾说，还是闻一多以蛇为主的综合图腾说，都不足以真正揭示中国龙的本质特征；"图腾"的本质在于实物崇拜、自然崇拜，而现实生活、客观自然中并不存在龙；中国龙源于图腾，却超越了图腾，是象征民族文化、原创国家的文化符号、文化创造。中国龙文化与中华文明起源发展的上下两个五千年，大体同步，经历了六个发展阶段，形成了六种历史形态：第一种，中国龙文化最早源头，可上溯到近一万年前山西吉县柿子滩鹿角鱼尾祖龙，八千年前辽宁查海卵石堆塑亚祖龙；第二种，至今6000～4000年前，中华文明与原创国家的起源形成时代，出现了六大区系、九种原龙；第三种，夏商周三代、中华文明雏形期，初步综合的夔龙，成了民族融合国家的文化象征；第四种，春秋战国、秦汉时代，基本型的飞龙，成为中华文明、古代国家基本定型的文化象征；第五种，距今1000年前的两宋至元、明、清时代，中华文明转型期，二重走向的黄龙，黄龙成了皇权象征，龙王成了民间水神；第六种，中华人民共和国建立后，尤其是改革开放新时期,新龙成了中华文明走向现代复兴的文化象征。龙文化的历史、文化、哲学底蕴,在于隐含着中国文化基因、四大理念:天人合一的宇宙观,仁者爱人的互主体观,阴阳交合的发展观,兼容并包的文化观。①

二、西安庞进:龙的本质的模糊集合论

第二家,西安学者庞进,这一时期主要代表作至少有3部:《龙起东方——庞进世纪龙文新作》(重庆出版社2001年3月版),《中国的图章——说龙谈凤论麒麟》(陕西人民出版社2001年1月版),《中国龙文化》(重庆出版社2007年版)。

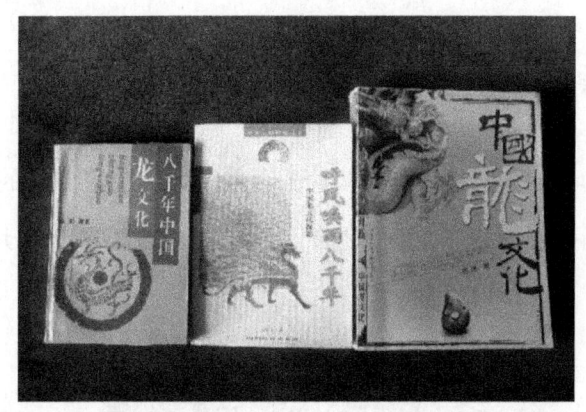

图2　陕西西安庞进:《中国龙文化》(《龙起东方》出版于2000年3月)

庞进从1988年起,多年来一直持续进行中国龙文化研究,或许可以说是在这方面发表论著最多、用力最勤的学者。此前他已发表的龙学代表作尚有:《龙的习俗》(1988年)、《八千年中国龙文化》(1988年)、《呼风唤雨八千年——中国龙文化探秘》(1998年)等。庞进龙文化研究特点是:著作宏富,涵盖面广,在龙的起源与本质问题上,提出了"模糊集合说",成一家之言。

他认为,原始思维是一种模糊思维。直观表面性、整体关联性、非逻

辑的神秘性和群体表象性,是模糊思维的特征,这样的思维导致了古人不清晰、不精确、不唯一、不固着地将身外世界的种种对象,集合成若干个"神物",然后加以崇拜,龙便是这样的神物;龙是多种动物和自然天象的模糊集合,蛇、鱼、鳄、蜥蜴、猪、马、云、雷电、虹霓等进入了龙的集合过程;龙的模糊集合过程的起点可以追溯到旧石器时代晚期到新石器时代早期,时间距今不会少于八千年。经过夏、商、周至战国时期的长足发展,到秦汉时基本成形:这个"基本"有两个意思,一是说构成龙的框架、要素、样式,秦汉时都基本具备了;二是说龙是一个开放的、不断纳新的系统,它并不满意秦汉时的基本成形,之后的历朝历代,直到今天,还都在不断地加减、变衍和发展。②

三、张家口陈富城:龙脉源流与龙脉书法

第三家,河北张家口陈富城,主要代表作为《中华龙》的姊妹篇:《中华龙·源流文化》《中华龙·龙脉书艺》(华文出版社 2000 年 3 月版)。

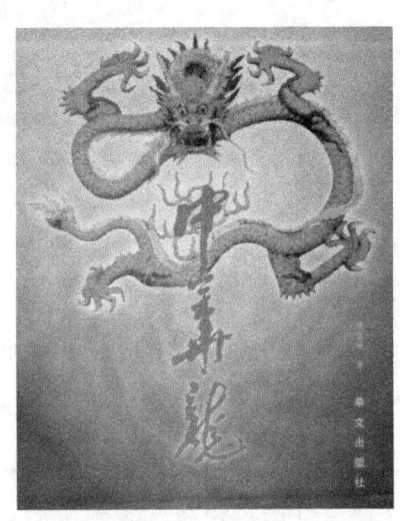

图 3　张家口陈富城:《中华龙》(2000 年 3 月)

作者为归国华侨，1966年毕业于北京师范大学中文系，在大学本科期间，曾师从于启功、郭预衡等名师大家，毕业后分到河北张家口任教。上述两部著作，是他近30年时间研究龙文化的思想结晶与艺术结晶。其中上篇为《中华龙·源流文化》，共分15章，言简意明地提出了自己的龙学理论，如"龙的史谜""龙的渊源""龙的深化""龙的精魂""龙的变迁"等。下篇《中华龙·龙脉书艺》，则把龙文化研究与书法艺术结合在一起，自创龙脉书艺，别开生面。③

四、辽宁郭大顺：《龙出辽河源》

第四家，辽宁著名考古学家郭大顺，主要代表作为《龙出辽河源》（百花文艺出版社2001年9月版）。

图4　辽宁郭大顺：《龙出辽河源》（2001年9月）

作者为当代中国考古学大师苏秉琦先生高足，并协助先生完成最后之作《中国文明起源新探》。他在亲自主持考古发掘的实践基础上，发表了上述学术专著,产生了重大影响,该书有三大特点:第一,提出了中国龙的最早起源,是在距今8000年前,渤海湾以北的辽河源,更具体地说是8000年前查海堆塑龙,还有6000多年前赵宝沟文化小山遗址出工的"四灵尊",近6000年前红山文化;第二,红山文化玉雕龙,其实是以"熊龙"为主要形态、主要定制的,与司马迁《史记·五帝本纪》中记载"黄帝为有熊"相印证;第三,龙的起源与中国国家起源,文明起源是紧密相连的。④

五、濮阳孙德萱:濮阳蚌塑龙——中华第一龙

第五家,河南濮阳孙德萱等人,其代表作为两部专题论文集,由中华炎黄文化研究会、河南省炎黄文化研究会、濮阳市人民政府共同编辑出版:《中华第一龙——95濮阳"龙文化与中华民族"学术讨论会论文集》(中州古籍出版社2000年3月版),《龙文化与现代文明》(中国经济文化出版社2003年版)。

图5 河南濮阳孙德萱:《中华第一龙》(2000年3月)

其主要观点是,强调近6500年前的濮阳蚌塑龙,堪称"中华第一龙";

这里是龙的故乡,对于龙文化研究特别重视,1995年、2000年、2009年,先后召开三次较大规模的龙文化学术研讨会;以濮阳龙为入手处,探讨龙文化的各种基本问题,包括中国龙文化的历史渊源、思想内涵、天文学底蕴及其当代意义等。美中不足,是未见专门的学术专著。作为濮阳龙文化研究会副会长,孙德萱同志做了大量具体组织工作。⑤

六、北京何新:龙的食人湾鳄原型论

第六家,北京学者何新,主要代表作:《龙:神话与真相》(时事出版社2002年版)。

图6　北京学者何新:《龙:神话与真相》(2002年)

何新关于龙文化的一部分主要学术观点,或许可以简称为食人湾鳄原型论:

我们从语言文字的角度对"龙"做了分析,现在的问题是,在远古时代的中国大陆上,是否确曾存在过像"龙"这样一类凶猛的爬行动物呢?

我最近发现,无论是古生物学的证据、古历史动物地理学的材料,还是古文献的记载都确切无疑地表明：古中国大陆和海洋上，确曾存在过一种令人恐怖的巨型爬行动物。这种巨型爬行动物，以及与其形态相近的其他几种爬行动物，其实就是上古传说中所谓"龙"的生物学原型。换句话说，"龙"在古代确实是存在的，它就是现代生物分类学中称作 Crocodilus Porosus 的一种巨型鳄——蛟鳄。实际上，在中国古代书中，这种巨鳄屡见记载，并一直被称作"蛟龙"。所以我以为，中国马来鳄（湾鳄）应重新命名为"蛟鳄"（甚至可以干脆称之为"龙鳄"），本书即使用蛟鳄这一名称。

由图中我们可以清晰地看出，一条巨龙正绞缠着一个挣扎中的人，以双足扼抱其胸腹，做绞缠和吞噬之状。这些商周时代艺术图纹，为我们认定龙是一种食人猛兽的论断，提供了实物的证据。⑥

七、湘潭吉成名：中国龙文化民俗研究

第七家，湖南湘潭大学吉成名教授，主要代表作为：《中国崇龙习俗》（天津古籍出版社 2002 年版）。

图 7　湖南湘潭吉成名：《中国崇龙习俗》（2002 年）

主要学术观点及其特色为：本书运用民俗学的理论和方法，从民俗史的角度对八千多年以来中国崇龙习俗的起源、演变、性质、作用、地位，崇龙习俗对民族精神的影响，研究崇龙习俗的意义等问题，进行了深入探讨。该书一大特色，是对中西龙俗进行了比较。该书全面、系统地对中国的崇龙习俗进行了研究，具有较高的学术价值和重要的现实意义。作者还提出了在龙文化研究中，要反对简单照搬西方图腾论的问题。⑦

八、清华胡照华：神龙形象学与龙纹装饰艺术学

第八家，中央美术学院及清华大学胡照华教授，主要代表作《中华神龙》（中国城市出版社2003年版）。⑧

图8　中央美院与清华大学胡照华：《中华神龙》（2003年）

该书特点是开创了神龙形象学，或叫龙纹装饰艺术学。

作者自云创作经历与思想主旨：

在我毕生从事中外艺术史论的教学与科研过程中,发现中华民族精英文化的宝库内,中华民族象征的中华神龙,是最令人瞩目而最引人入胜的奇葩,这种自成体系、独树一帜、博大精深、持久流传的装饰艺术,迄今所见已有8000年来的丰硕珍遗;而且历来各种传统吉祥装饰艺术,几乎都在不断演化中日益淡化或衰退以至消失,唯独中华神龙却持续发展,久为广传,不断革新,千变万化,广为渗透,影响广泛以至飞向了世界,尤其遍布环太平洋,形成中华文化环太平洋圈带。这在世界艺术史上,也是无与伦比、精湛绝伦的奇葩珍魂,显为世界艺术宝库增添了神光异彩(第806页)。

中华神龙,作为世世代代中国人的思想意识、审美观念、民俗人情的独特审美创造的信息载体,是中华民族在漫长历程中持续创新的装饰艺术精英,蕴涵着异常丰深的历史文化信息、无穷才智华彩;它渗透于神州大地各个领域,贯穿于中华民族复杂多变的8000年发展历程,凝聚了炎黄子孙的卓绝创造精神,在连绵不绝的创新中,自成体系,独树一帜,广为应用,影响深远,不但为龙的传人所崇爱而喜闻乐见,也为世界人民所格外瞩目、叹为观止;它以其独特卓异的阳刚之美,迸射出中华民族的神光异彩而赋予无尽的艺术魅力,不仅为中华文明史册熔铸了不朽的光彩华章,而且也为世界装饰艺术宝库增添了精彩夺目的奇葩珍魂(第1页)。

作者分25个专题,系统探讨了龙文化形象学与龙纹装饰艺术。

九、天津卫志强:中国龙文化与龙运动

第九家,天津学者卫志强,主要代表作为《中国龙文化与龙运动》(天津古籍出版社2009年版)。

在龙文化研究方面,作者梳理了百半名家,尤其是改革开放新时期龙文

化研究轨迹，并特别瞩目于前贤闻一多、今人王东等的学术观点。

图9　天津卫志强：《中国龙文化与龙运动》（2009年）

该书最大特点，是花三篇文章篇幅，首次系统研究了中国民俗中的三大龙运动——舞龙运动、龙舟运动、龙风筝运动，不仅讲了其历史源流，文化底蕴，而且还细致到了艺术风格、技术要领、比赛规则。在中国龙文化的三大民俗运动研究方面，研究之细，前所未见。⑨

十、王大有：生物物种真龙形态学与龙种文化论

第十家王大有，这一时期的主要代表作：《中华龙种文化》（修订本，中国时代经济出版社2006年版）。

王大有研究中国龙文化已有多年，1988年曾发表《龙凤文化源流》一书。

龙形态学——生物物种真形学。

龙的形态学，是由龙的原型、原生态型所决定的，这些原型龙称为祖型。

亘古一龙腾

苍龙即大龙的祖型是扬子鳄，学名中华鼍龙，俗称猪婆龙，即古书上常说的蛟龙、夔牛、水虎、虎蛟等。

图10　北京王大有《中华龙种文化》（2006年修订本）

以层垒解析的方法，从形态学比较确认龙的自然本体；再由自然本体的真形（原始形），确认文化符号本体（简称文化本体）；从形态变异学确认文化本体变格（包括形态美化与形态丑化）的序列。由此可见自然本体龙——文化本体龙——本体变格龙。自然本体龙就是自然界实有动物鳄、蛟，文化本体龙是对它们原形的自然摹写，变格龙是保持自然本体龙的基本特征附丽其他动物或人为幻化物的艺术创造。我将中国龙的变格形式分作夔龙（？—殷周）—应龙（秦汉—隋唐）—黄龙（宋—清）—人文龙（现代）。经历了写真象生型—符号解析型—文字型的变演（详见《龙凤图集》《龙凤文化源流》）。

中国龙的家族，以苍龙为干系螭，龙为支系中居首者，其次是鱼龙和玄武龙，其他各支，都不及上述龙系显赫。⑩

十一、中国社科院何星亮：中国图腾文化论

第十一家，中国社会科学院学者何星亮，主要代表作：《图腾与中国文化》（江苏人民出版社 2008 年版）。

图 11　中国社科院何星亮：《图腾与中国文化》（2008 年版）

他认为，龙的起源与本质，就在于从图腾演化为自然崇拜的神。

人们把龙看作什么？直接关系到人们对龙的态度和对龙的崇拜，它在龙崇拜中起着决定性的作用。就文化学角度而言，这种意识可称之为"龙的观念"。它存在于人们的意识中，摸不着，看不见，是无形的。龙的观念是龙文化中最根本的、最重要的文化元素，它属于龙文化的深层结构，是龙文化的核心层面，其他龙文化元素都是在龙观念的基础上衍生的，它的发展变化决定着整个龙文化的发展变化。

龙的观念主要经历了两个阶段：一是图腾的阶段，二是神的阶段。在图腾崇拜盛行的远古时代，龙是某一部落的图腾，仅仅具有图腾的意义。后来，随着社会的发展，农业成为主要经济生产部门，形成于游猎时代的图腾

崇拜逐渐衰落，自然崇拜逐渐成为主要的信仰之一，而龙在新的条件下被赋予新的意义，逐渐由图腾演化为主宰雨水的神灵，并超越图腾的地域界限，为许多地方和部落的人们所崇奉。随着专制制度的形成，龙又为政治服务，兼有帝王的神灵和象征的意义。⑪

十二、中国社科院考古所朱乃诚：中华龙起源与形成

第十二家，中国社会科学院考古研究所研究员朱乃诚，主要代表作《中华龙起源与形成》（生活、读书、新知三联书店 2009 年版）。

图 12　中国社科院考古学家朱乃诚：《中华龙起源与形成》（2009 年）

2009 年，他依据考古学研究提出了自己判断：关于龙的话题与内涵，相当宽广，其中最重要的议题是，中华"龙"文化意识的起源与形成。

根据考古学的发现，迄今为止发现的距今 5000 年以前的"龙"文化遗存，许多人认为主要集中在三个区域，即中原地区、安徽江淮地区、辽西地区，但我认为目前只有在中原地区才发现了距今 5000 年以前的"龙"文化

遗存。其他地区发现的所谓的龙的遗存，实际上都不是距今5000年以前的龙文化遗存，这涉及要改变现在考古学研究中和社会上流传的一些认识。[12]

参考文献：

①王东《中国龙的新发现》，北京大学出版社2000年版。

②庞进《中国龙文化》，重庆出版社2007年版。

③陈富城《中华龙·源流文化》，华文出版社2000年版。

④郭大顺《龙起辽河源》，百花文艺出版社2001年版。

⑤中华炎黄文化出版社等编《中华第一龙》，中国经济文化出版社2003年版。

⑥何新《龙：神话与真相》，时事出版社2002年版。

⑦吉成名《中国崇龙习俗》，天津古籍出版社2002年版。

⑧胡照华《中华神龙》，中国城市出版社2003年版。

⑨卫志强《中国龙文化与龙运动》，天津古籍出版社2009年版。

⑩王大有《中华龙神文化》，中国时代经济出版社2006年版。

⑪何星亮《图腾与中国文化》，江苏人民出版社2008年版。

⑫何乃诚《中华龙起源与形成》，生活·读书·新知三联书店2009年版。

王东　北京大学哲学系教授，博士生导师

亘古一龙腾

铜梁龙灯的源头及其孕育

王万明

龙是我国古代民族的图腾崇拜物，居住在西南方的巴人先民亦以巨蛇（青龙）为图腾。巴人的蛇巴文化是中华龙文化的一个重要组成部分，也是当今享誉四海的铜梁龙灯的一个主要源头。

一、巴人与蛇巴文化

巴人何来？其立国很久远，夏朝称巴方，商朝称巴奠，西周受封巴子国。远在公元前21世纪左右，巴人已在沔水中游至洞庭湖一带地区聚居。在殷墟甲骨文中，人们就发现有"巴方"一词；很早的《殷契粹编》，也有"妇好伐巴方"的记载。那时，巴人的活动区域在商王朝的西南方。据《华阳国志·巴志》载："武王即克殷，以其宗姬封于巴，爵之以子。"古时远国虽大，其爵不过子，故吴、楚及巴皆称子。西周（公元前11世纪—前771年）初，周武王分封了71个诸侯国，巴氏被封为子国，首领为巴子，因而叫巴子国，简称巴国。

据《山海经·海内经》载："西南有巴国，太皞（又为太昊，一说为伏羲，一说非伏羲，也有称太皞伏羲氏的）生咸鸟，咸鸟生乘釐，乘釐生后照，后照始为巴人。"按此说，伏羲是巴人的祖先，巴人的先祖后照应是伏羲的后裔。另据《左传·昭公十七年》记载："太皞氏（伏羲）以龙纪，故为龙师而龙名。"正因为如此，巴人对伏羲、女娲十分尊崇，伏羲、女娲的蛇图腾信仰也对巴人的文化心理结构产生着传承和影响,并占据着非常重要的地位。

据有关研究,巴人在夏禹前300年就形成族群,立国之后,由清江流域向外拓展,都长阳而夷城(恩施)。由于受楚国的挤压,由夷城而枳城(涪陵),再由枳城而江州(今重庆渝中)。在江州,为巴国强盛时期,势力所及,西近成都平原,北到陕西汉中,东至汉水流域中上游,南至今之渝东南、黔东北,在巴山渝水的广袤大地,创造了灿烂辉煌的巴文化。

巴人繁衍生息的自然环境,对他们生存与信仰的形成有着很密切的关系。巴地温暖湿润,多巨蛇,即蟒蛇,巴人对之一直崇尚有加。巴人自己无文字,巴字的形成,就是巴人崇蛇(龙)文化的产物。他们赖以生存的自然地理环境以及由此衍生的文化心理,从根本上影响了巴人崇蛇文化的形成,我们称之为巴文化中特色鲜明的"蛇巴文化",为中华龙文化的一个重要组成部分。

中原人称巴地之巨蛇为"巴蛇",有时也代指巴人群体。"巴"字本身就是由蛇的象形而来,《说文·巴部》注释:"巴,虫也,或曰食象它。"它,即是蛇的本义,象形字为一条卷着身子的蛇;巴字字首中有一短竖,即表示蛇的口中有所吞之物。古人常称蛇(特别是蟒蛇)为龙,巴、它,皆含龙蛇之义。

古代巴人在他的活动区域留下不少"崇蛇"的文化遗存。特别是1993年,湖北省在黄梅县白湖乡发掘出一条距今5000~6000年古代先民用鹅卵石摆塑的长达4米多的巨型龙,也称为蟒蛇,而蛇正是巴人的文化图腾。这一考古发现,为巴人的崇蛇文化提供了珍贵的实物佐证。同时,在京山屈家岭遗址中出土的陶盘上,也饰有龙蛇图像,这也说明在屈家岭文化时期,原始居民在这一区域已经形成了对蛇的崇拜。

在部落社会晚期,部落之间常常发生战争,巴部落曾给象部落以重创,也曾受到过羿部落的毁灭性攻击,神话《巴蛇食象》《羿屠巴蛇》就隐隐约约地显露出那些残酷战争散落下历史碎片的一些痕迹。神话里的巴蛇不应是指真蛇,而是巴部落的代称,"食象",即打败象部落之意。

在远古时期,巴人蛇部落与羿的部落发生战争,失利后往北、往西迁徙。一支到达武落钟离山(今湖北长阳境)繁衍生息,发展壮大,在商代由部落联盟首领务相与四姓争神获胜,被立为廪君。这是一个了不起的英雄首领,他使巴人部落在这里得以生存下来,并重振雄风。在廪君之后,这支巴人认为"廪君死,魂魄化为白虎",因而白虎很受尊崇,与龙蛇一样成为部落的崇奉物,在一些古籍中被称为"白虎夷"。一般认为,自廪君之后,巴人因崇奉的图腾不同,就成为后来的白虎巴人和龙蛇巴人两大支系,即"虎巴"和"蛇巴"。巴人逐步扩张、西进,在盐阳(今恩施)兼并了盐神部落,建立了更为强大的巴人部落联盟。

古代巴人中有一个支系名"蜑"(dan),《说文》称之为"南方夷",世居有"蛇巫之山"称谓的大巫山一带,故称族名为"巴蜑"或"巫蜑"。"蜑"之初文为"鱼旦",《说文》云"鱼旦似蛇",有四足,龙之属也。由此可见,蜑人与龙、蛇的关系是很密切的,他们仍以蛇(龙)为图腾。巴人的另一支系"百濮",据说居住今汉中走廊一带,他们也以蛇为图腾,被归为龙蛇巴人,即"蛇巴"。无论"蜑"或是"百濮",以及廪君之后的"虎巴",他们都一脉相承地传承着中原黄帝族以龙蛇为始祖图腾的习俗。如重庆东南巴人后裔土家族的石柱板凳龙舞就很有名,至今仍然保留着非常浓郁的"蛇巴文化"的民族特色。

古代巴人以渔猎为业,有爱好歌舞的特质。商末周初武王起兵,邀巴人会师伐纣。巴人曾出师助武王一臂之力,在著名的牧野之战中,一边唱起高昂的战阵歌、一边跳起雄壮的战阵舞冲击敌阵,表现非常勇猛,以无坚不摧的气势震慑了敌人,为灭商兴周立下功劳。巴人在进攻战中运用战歌战舞,有借助神力之意，起到了激发军威、震慑敌胆的作用，故《华阳国志·巴志》有"巴师勇锐，歌舞以凌殷人"的记载，显示了巴人骁勇善战和能歌善舞的民族特性。

周武王封其宗姬建立姬姓巴国后，楚国迅速崛起，多次攻巴。巴人被迫南迁，往清江流域及夔巫（今三峡），并继续往西发展。他们先后由夷城（恩施）迁往平都（丰都）、枳城（今涪陵），继后又在长江与渝水的交汇处，即今之山城重庆渝中半岛构筑城垣建立都城，正式称"巴"都；再后，由于楚威王步步进逼（公元前330年左右），江州不守，巴国被迫迁都垫江（今重庆合川区），接着又将都城从垫江迁到阆中。威王见地盘日益扩大，便将垫江以南之地封其庶子，号铜梁侯。

巴子国在建立、发展、迁徙过程中，前后历经了七八百年的历史演进，较快地在辖区内与当地土著部族融合并占有统治地位。巴人的龙蛇信仰也深深扎根于民族心理之中，并逐步发展为带有巴人突出特征和巴渝地域特色的蛇巴文化，因此，黄帝族的蛇图腾实为蛇巴文化之母。

巴人的战阵舞在后来得到进一步发展和推广。据《汉书·司马相如传》所载："巴渝之人，刚勇好斗，汉高祖用之克平三秦，美其功力，使乐府习之，因名巴渝舞也。"可见，重庆地区的巴渝舞有着深厚而久远的历史渊源。巴人后裔至今尤好歌舞，在民间有一首传唱千古且十分有趣的咏龙回文诗："龙飞凤舞伴祥云，舞伴祥云照红日，日红照云祥伴舞，云祥伴舞凤飞龙。"这些特色浓郁的歌、舞、诗，正是巴渝地区龙文化由孕育、传承与发展的结果，是龙文化底蕴深厚的集中体现。

铜梁地处重庆附近，是古代巴国的重要辖地。巴人的龙文化观念和习俗在其子民中长期传承，使铜梁民间蕴藏了深厚的蛇巴文化。几千年来斗转星移，巴人后裔与汉民族长期融合而形成的当代铜梁人，继承和弘扬民族文化，把古老的蛇巴文化融入了生活与生产活动之中，不断发扬光大。其中最具代表性的文化现象,就是尊奉祖先为龙蛇的文化心理和祭龙求雨、年节舞龙的民俗活动。铜梁民间在历史上祭龙求雨盛行,使巴人的巴渝舞与祭龙求雨之仪得到很好的结合和发挥,一并为蛇巴文化中特色龙舞的孕育、兴起和发展创造了有利条件。

二、铜梁龙文化情结

铜梁古为梁州之域、巴国之地。唐长安四年(704年)建县,2014年撤县建区,从建县至今已有1300多年的历史。境内秀山重叠,巴水环流,人文兴盛,民富物殷。

铜梁城郊有巴岳,为龙山;境内有涪、琼二江,交汇处有著名的安居古镇。在过去,涪江常有洪水泛滥成灾,淹没人畜和庄稼。民间传说,古人曾请鲁班在安居修庙祭祀神龙,天降神龙止住了涪江水患,故当地百姓视之为神圣。据清光绪本《铜梁县志》记载,明代河南巡抚胡尧臣(铜梁安居人)在《圣水寺灵异记》一文中说"邑(指安居,时为县治)治北五里许,有川名兜溪",民间称此为龙潭,下通东海龙宫。潭侧秀山清幽,"上有圣水寺,考寺旧庙碑载:宋徽宗时,宫内火灾,焚中天阁,烈焰甚盛。赖上帝敕旨蜀川重庆路合州米市坝兜溪,龙王敖广仙妹珍淑行雨解救有功,乃投金牌抛江设祭,敕封东海洞达慈孝龙女元君"。每遇大旱,人们即于此处祭龙求雨;若遇水患,则于琼、涪二江汇流处祈龙免灾。胡尧臣亲见当地民众到圣水寺吊瓶投江求雨之盛事,乃著文以记之,这就是铜梁人对龙崇拜的早期文字记载。

在铜梁这片肥美的沃土上,古代巴人的生产、生活与龙文化发展相生相伴。过去,崇奉龙蛇的巴人及其后裔把龙蛇视为自己的祖先,尊崇备至。现在,铜梁人与巴人正直忠勇、豪爽重义的刚毅性格,与巴人的龙文化心理特质一脉相承，至今在广大农村仍见不少龙文化民俗遗存。民间把蛇视为小龙，更认为蛇有"蛇祖"和"义蛇"，"屋基蛇是老祖宗"。如果蛇一旦进到农家屋里，年轻人往往感到畏惧，意欲打蛇，但老人们却认为这是"屋基的保护神"，急忙阻拦说："这是祖先回家看望我们来了，千万不能打，让它自己出去。"于是，用杆子轻轻地将蛇挑出门外放生，甚至还要加上几句祷告的话语。

铜梁人一直爱龙，有着强烈的龙文化情结。在民间，每当美丽的彩虹出现在天空的时候，一些老农常常喊道：龙回来了，今年必定又是大丰年，你看那龙正埋头在大河里饮水哩！同时告诫孩童："这是龙吸水，不能用手指着它。"当大河涨水，泛滥成灾的时候，人们又认为河里必定出了蛟龙，蛟龙发怒是上天对某些人的一种惩罚。当天旱日久，人们又得舞龙求雨，祈望龙王普降甘霖。民间有企望生育儿子的，还会玩起橙子龙（取呈送儿子之意）来求吉降福，等等。

铜梁龙灯始于何时，虽无籍确考，但纵观历史，巴蜀地区自汉至宋的大部分时期，经济发展都居于全国的前列。可以想见，位于四川盆地天府之国东南部的铜梁，在旧石器时代，就已有先民在此劳动生息（城郊张二塘有"铜梁文化"古遗址，距今约21500年前）的富庶之区，必然在唐长安四年（704年）建县以前，就与整个中华民族的文化发展大致同步。从唐代至清代，在铜梁辖区曾有铜梁、巴川、安居三县建制。因此可以说，铜梁民间的龙文化情结无疑是上述三县文化的世代传承和长期融合。

但是，元代却是严酷管制南方汉族的黑暗时期。在民间，几户人才能共用一把菜刀，用后还必须马上归还，尤其是严令禁止民间各种集会活动。在这种情况下，人们也就只能有龙文化观念和龙文化祭祀，不可能有群众性的龙文化集会表演活动。

到了明代，民间传统得到恢复，人们受压抑的情绪得到释放，龙文化活动迅速发展。铜梁龙灯在明代的《铜梁县志》中已有文字记载，说明此时的龙舞已步入发展时期；清代沿袭明代，则更为兴盛。

此外，在历史长河中，巴蜀地区曾有几次大移民。如商周之际巴人由武落钟离山西迁，元末明初、明末清初的两次"湖广填四川"，以及抗日战争时期外省民众的大量迁入。这些移民的到来，增加了人口，繁荣了经济，也带来了各省的民族民间文化，不言而喻地丰富着铜梁的龙文化传统，加深了心理上的龙文化情结。

三、铜梁龙文化活动习俗

据明代方志《川东志》载：铜梁"人多朴茂，尤工艺术"。一代代铜梁人对龙的特别热爱，加上勤劳质朴、热爱艺术的品性，在传统民俗活动中孕育和发展了独具特色的铜梁龙灯。龙灯，即能够点亮进行玩舞的龙具，不点亮的龙具一般只称为龙。经过"文革"后30多年来不少人士的走访、研究，大家比较一致地取得了共识，即铜梁龙灯起于明，盛于清，繁荣于当代，饮誉于当今。

铜梁龙灯以铜梁彩扎和铜梁龙舞为表现形式。铜梁彩扎是独具特色的造型工艺，已形成龙灯和彩灯两大系列，各有若干个特色品种，它是铜梁龙灯发展和繁荣的基础。

铜梁龙舞是铜梁龙灯的表演艺术。据20世纪50年代著名老艺人沈俊生说，他的先辈曾说过，"铜梁在唐宋时代就开始有龙文化活动，龙灯的兴旺至少有三五百年的历史。"铜梁民俗活动每年新春要耍龙灯拜年，春龙节要到龙王庙祭祀四海龙王，端午节要赛龙舟祭江，夏天大旱要玩黄荆龙求雨，都是在祈求神龙护佑，以求人畜平安。古往今来，铜梁的各种龙文化活动逐渐由笃信演化为娱乐，节日期间白天舞龙，夜晚玩龙灯，以春节龙灯会为盛，相沿成习。

按铜梁传统的春节活动习俗，每年腊月三十开始挂灯，一直到正月十七（元宵节后继续张挂）都是城乡大张彩灯的时间。清光绪年间礼部主事、仪制司行走陈昌主编的《铜梁县志·风俗》则明确记述："上元张灯火，自初八九至十五日，辉煌达旦，并扮演龙灯、狮灯及其他杂剧，喧阗街市，有月逐人、尘随马之观。"这里记载的"初八九至十五日"与明代官方规定的张灯时间"初八至十七"大致相当，只是热闹的龙灯会到元宵节结束，节后一段时间继续挂灯，由此可印证铜梁的龙灯会活动也体现了明代在时间传承上的有机联系。

民国时期，铜梁龙灯在川东地区一直负有盛誉，俗语有云，"三十晚上的火、十五晚上的灯"，群众中更有"大足朝佛（石刻），铜梁观灯（龙灯），合川看春（春会）"的口语流传，川东、渝西地区远近皆知铜梁龙灯之名，影响面很大。经过历代传承，铜梁民间传统的春节龙灯盛会以龙灯活动为主要内容，直接孕育了铜梁龙舞这一巴渝民间艺术之花。

舞龙活动是铜梁人民精神文化生活中的一件大事。在当代，铜梁龙灯更加繁荣兴旺，一年胜似一年。铜梁龙舞一路辉煌，先后赴京参加了共和国成立35周年、50周年国庆活动表演和北京奥运会开幕式文艺表演；在国际国内大赛中数十次捧金杯、摘金牌，享誉海内外。

铜梁是著名的中国民间艺术（龙灯）之乡，铜梁龙舞被列为第一批国家级非物质文化遗产，铜梁舞龙队多次获得国家舞龙队冠名权。中华龙的佼佼者——铜梁龙，早已走出国门，面向世界，多年来应邀到亚洲和欧美等不少国家和地区参加各项重大庆典活动，成为了中外文化交流的友好使者。

王万明　铜梁龙文化研究会常务副会长、"铜梁龙灯会"区级传承人

亘古一龙腾

概述中华龙与安居龙舞的起源

曾凡久

龙是中华民族古老的图腾，是所有动物神物中最受人们宠爱的最具有生命力的神物。人们喜结良缘就称之为"龙凤呈祥"，人们希望孩子读书成才，就称之为"望子成龙"。若遇大旱，就到龙王庙祈雨。为了保护桥梁不被水冲，房屋不受火灾，就在桥上、屋梁上雕刻龙的图案。在过去的重大节日里人们要划龙舟，舞龙灯。

龙，不仅是我们精神方面的象征，而且形态壮美，英姿勃发，无所畏惧，是激励我们奋勇前进、奋发向上的象征。

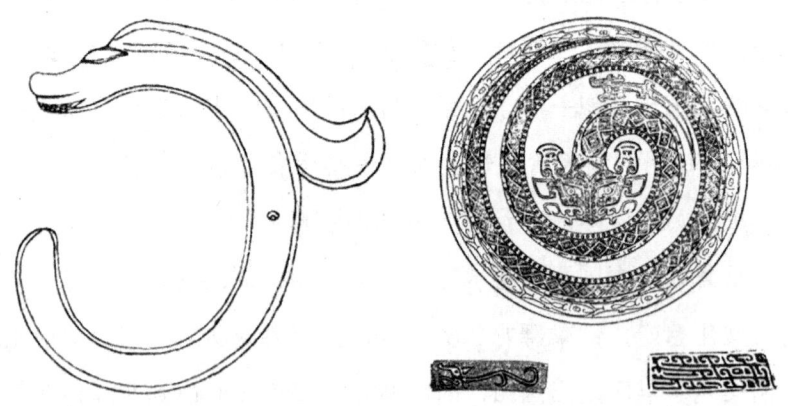

龙到了商代有了明确的"龙相"，身子长，有角，有耳，有腿，有爪。商朝以前，龙的演变形成，是我们祖先在漫长的岁月里，融合了多种因素而逐渐形成的，并且更多地带有图腾的属性，人们认为它可以沟通人与上天的联系。这时的龙虽是人们心中的神物，但地位不算最高。秦汉以前，君子、圣人都可以以龙比德，没有与帝王直接联系起来。到了汉代，《史记》中除了点述炎帝之母感神龙而生炎帝的神话故事外，还记有汉高祖刘邦也是其母感龙而生的，并称高祖"龙颜"，皇帝是龙生即从此开始。汉魏时随着佛教的传入，中国各地水域、江河、湖海都"安置"了龙王，于是龙能保护舟楫平安，司雨水的神性逐渐转给了龙王。各地有水情旱象，航运安全，都向各地的龙王去祈祷，而龙则一步步专门去代表至尊帝王了。到了明清，龙的形象已和帝王形象一样尊贵了。龙的神态和龙的象征意义一样也不断发生了变化，龙在商以前是形成期，商以后进入了发展期，这时的龙大头，大口，长身，有腿爪，头上双耳双角，并以图案的形式表现，这样有利于形成龙的华美造型及感人的神韵。

汉魏时期的龙气派雄健，动态上由奔驰变为飞腾，是龙在形和神的发展中最辉煌的时期。唐以后的龙，更加直接象征帝王。因此，形态更加华美而丰富，神态更加威严。清代的龙则显得凝重而老气横秋，而民间的龙始终保持着一种奋力向上、凌空飞腾的姿态。它被装饰在各种建筑及民间工艺品上，活跃在各种民俗活动中，充满了生气与活力。

一、中华龙的起源

自古以来，不同的民族有不同的图腾特征。有的氏族称他们是从本氏族的图腾传下来的，认为本氏族的图腾就是自己的祖先，有的氏族认为本氏族图腾是本氏族的保护神。对它进行崇拜，企求得到它的保护，有的图腾作为氏族的禁忌。许多原始民族都禁止猎杀、食用本氏族的图腾动物，有的把图腾作婚姻标志和亲属标志，同一图腾氏族成员严禁通婚，克服了野蛮婚姻制度。有的图腾崇拜是纯洁的，真诚的，以动物为主的。

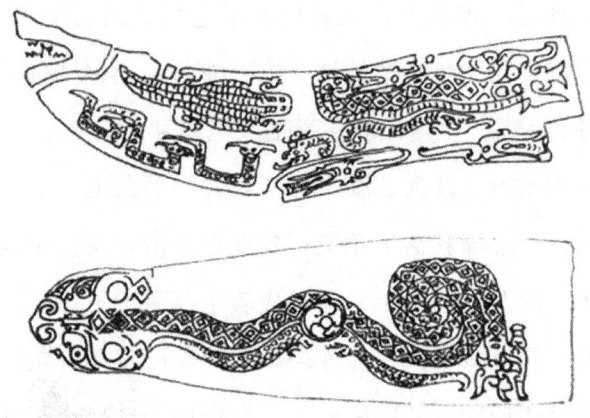

我国上古时代的太暤、少暤、黄帝、炎帝、共工等部落都崇拜过动物或自然现象,比如"禹之父鲧死了三年不腐烂,剖之以吴刀,化为黄龙"的故事。

南方越人也崇拜龙:"祝发、文身、错臂",也是想把自己打扮成龙的样子,以此为尊荣。

崇拜龙的部落在中国大地,东、西、南、北、中都有,他们以龙为同类,认龙为祖先,对龙祭拜又怀禁忌。

龙不但会飞升通天,也可潜渊,还能帮大禹治水,显然比单纯的图腾崇拜丰富复杂并有人为创造的痕迹，也说明龙的出现比纯正的蛇、蛟图腾晚。龙不是某一族在某时创造出来的，也不是图腾的合并，更不是把几种动物的肢体简单凑合起来的，龙是经过漫长的年代吸收了复杂的因素而形成的。

中华龙源于蛇图腾和蛟图腾，图腾是现实生活中实际存在的事物。龙具有图腾的特征，说明龙是现实生活中某种动物发展演变而来。

据《山海经》载，雷神—龙身而人头；

延维—人首蛇身；

鼓—人面龙身；

轩辕—人面蛇身，尾交首上；

烛龙—人面蛇身赤色；

相柳—九首人面蛇身，自环色青；

贰负—人面蛇身；

天吴之山至南禺之山诸神—皆龙身人面；

单孤之山至堤山诸神—皆人面蛇身；

管涔之山至敦题之山诸神—皆蛇身人面；

首山至丙山诸神—皆龙身人面。

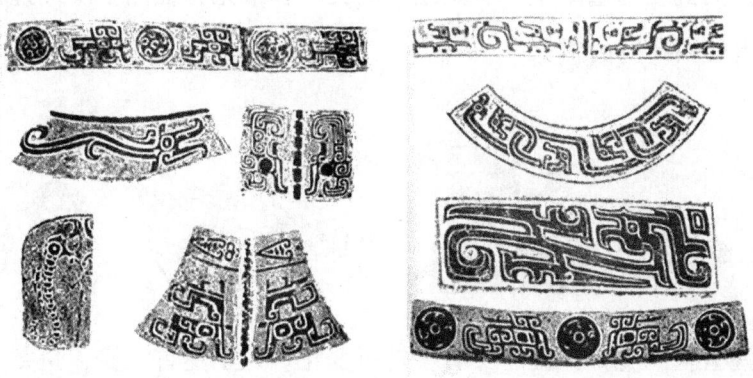

这些人面蛇身、人面龙身的形象表明当时是以蛇为图腾的不同部落的图

腾像。在图腾动物的身上加上人的头像，也是图腾像的表现形式之一。

龙形成的时代是父系氏族初期，那时氏族间征战频繁，各氏族为了显示自己的地位高贵，宣扬神化自己氏族的图腾，龙身上那些超过其他图腾的凶猛神力，就是为了威慑其他部落的。

有雷电的春夏，蛇出洞，雷电有形时如龙蛇蜿蜒飞舞之体，雷电的声响具有强大的震撼力。因此，以蛇、龙为图腾的氏族认为自己最强大，后来，也就有了"飞龙在天"的称呼。

商代的龙，巨首长身，有耳有角，有的有腿有爪有鳞纹。图腾的含义渐失，象征意义及神性得以发展。

战国的龙有力感与动感，玉龙的形态自然流畅。

秦汉龙是祥瑞的象征，"青龙、白虎、朱雀、玄武"四灵和黄帝乘龙升仙，从汉唐到明清墓室里就有刻绘"四灵"和乘龙升仙图。汉代魏晋龙飘逸潇洒，有轻快凌空的感觉。

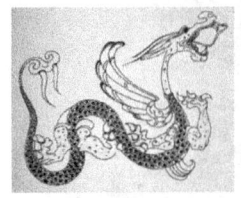   

隋唐五代的龙，象征意义有了转折变化。龙王龙首人身，鱼龙变幻，火珠与龙同时出现等，唐龙丰富华美。

  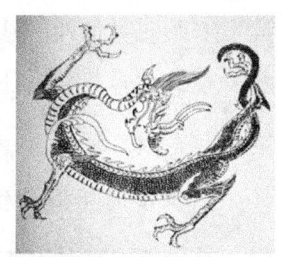

宋至清代龙的变化，除图腾崇拜，向龙祈雨、蜥蜴祈雨等，民间严格限制使用龙纹，皇帝作为"真龙"天子更加明确。龙等于皇帝，是至尊之像。明初对文武官员制定了一套制度，以不同动物代表不同等级："公、侯、驸马、伯服绣麒麟白泽。文官：一品仙鹤，二品锦鸡，三品孔雀，四品云雁，五品白鹇，六品鹭鸶，七品鸂鶒，八品黄鹂，九品鹌鹑，杂职练雀，风宪官獬豸；武官：一二品狮子，三四品虎豹，五品熊罴，六七品彪，八品犀牛，九品海马。"

宋至清代龙的艺术表现形式进一步深化，龙有"三停九似"，首至膊，膊至腰，腰至尾相停。角似鹿，头似驼，眼似鬼（虾），项似蛇，腹似蜃，鳞似鱼，爪似鹰，掌似虎，耳似牛。

 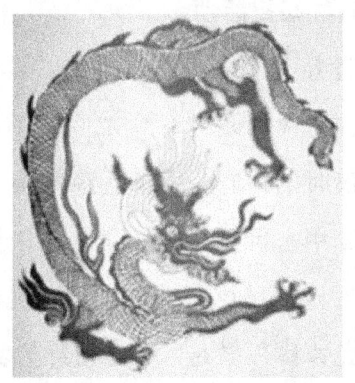

宋龙龙身似蟒，腹、肘、发，完备规范，头额隆起，龙角分叉，角位后移，龙嘴尖长，鼻头生于眼与口吻之间，开口露利齿，合口露獠牙，龙发一束向后飞飘，耳小舌短，龙鳞纹到大腿外侧，爪则三、四、五爪均有。

元龙身形矫健，细项长身，体态奔放舒展而有生气，有神采飞扬的气度，是唐宋以来最有神韵的，以四爪为多。

明代龙凝重，威严，龙身略为粗壮，项部似蛇，整体协调。

清代龙神态拙重苍老，龙额饱满宽阔，角距宽，龙发浓密，多束向后纷飞，下颚长，"地包天"，龙须细长，伸展自然。

二、安居龙舞的起源

安居古城处于琼、涪两江交汇处，早在旧石器时代就有巫山人（原始巴人）溯江而上，来到长江中游及涪江嘉陵江流域，过着原始人的生活。在新石器时代，又有岷山氏、羌族来此繁衍生息，他们都把龙（蛇）作为自己氏族图腾，并绘刻于石器上。据《说文》中载："巴，虫也。或曰食像蛇。"《山海经·大荒北经》载："西南有巴国，有黑蛇，青首，食象。"从这些文字记载中，可以推断安居龙舞，最早是从巴人对图腾崇拜的祭祀活动开始的。在母系氏族中后期，巫婆是氏族部落的首领，她带头举行祭祀图腾、敬天地、氏族会盟等各种祭祀活动。

中国是世界上最早养蚕的国家，早在5000年前，涪江流域就有巴人原始养蚕。远古时代的桑树高数丈，人们认为桑树是连通天、地、人、神的神树。到了秦汉时期，涪江沿岸已盛产桑、麻。巴人在漫长的劳作中，把采茧后的稻草蚕簇用来玩耍。由于草簇长丈余，且柔软，玩起来灵动美观，人们开始在闲暇时以玩稻草龙来庆丰收，贺吉祥。古巴人有七姓，又称板楯蛮。巴人最早的龙舞称板楯龙，板楯龙舞的表演难度较大，具有巴渝舞蹈缓急有序、高潮迭起、敏捷活泼、刚健豪放的特点。

特别是到了汉代,汉高祖把巴渝舞及民间龙舞引进宫廷,叫乐人习之,并编排表演。据西汉思想家、政治家、教育家董仲舒的《春秋繁露·求雨篇》载:"春旱求雨……以甲、乙日为大青龙一,长八丈,居中央;为小龙七,各长四丈,于东方,皆东乡,其间相去八尺。小僮八人,皆斋三日,服青衣舞之……以丙、丁日为赤大龙一,长七丈,居中;又为小龙六,长三丈五尺,于南方,皆南乡,其间相去七尺,壮者七人,皆斋三日,服赤衣而舞之……季夏……以戊、己日为大黄龙一,长五丈,居中央;又为小龙四,各长二丈五尺,于中央,皆南乡,其间相去五尺。丈夫五人,皆斋三日,服黄衣而舞之……秋……以庚、辛日为大白龙一,长九丈,居中央;为小龙八,各长四丈五尺,于西方,皆西乡,相间相去九尺。鳏者九人,皆斋三日,服白衣而舞之……冬,舞龙六日……以壬、癸日为大黑龙一,长六丈,居中央;又为小龙五,各长三丈,于北方,皆北乡,相间相去六尺。老者六人,皆斋三日,衣黑衣而舞之。"另据汉代盛行的"百戏"中,东汉张衡《西京赋》里记载了生动的"鱼龙蔓延"之戏。又据蔡质《汉仪》记载:"正月旦天子幸德阳殿,临轩……作九宾散乐。舍利兽从西方来,戏于庭极乃毕。人殿前激水,化为比目鱼,跳跃漱水,作雾障目。毕,化成黄龙,长八丈,出水遨戏于庭,炫耀日光,以两大丝绳系两柱间,相去数丈,两倡女对舞,行于绳上,对面道逢,切肩不倾,又踶局出身,藏形于斗中。钟磬并作,倡乐毕,作鱼龙蔓延。"后来,影响民间逐步形成节日的娱乐表演节目。隋唐后,在江河里又制造了画舫,供达官贵人观看龙舟竞赛和欣赏龙灯。又据《隋书·音乐志》:"始齐武平中,有鱼龙烂漫、俳优侏儒、山东巨象、拔井种瓜、杀马剥驴等奇怪异端百有余物,名为百戏。"……"激水满衢……龟、水人、虫鱼遍覆于地,又有大鲸鱼喷雾翕日,倏忽化成黄龙,长七八丈,耸踊而出,名曰黄龙变。又以绳系两柱,相去十丈,遣二倡女对舞,绳上相逢,切肩而过。"此外，还有杂技如顶竿、幻人吐火（也就是现在的川剧吐火）等。又据李约的《观祈雨》："桑条无叶土生烟，箫管迎龙水庙前。朱门几处看歌舞，犹恐春阴咽管弦。"这首诗用对比的手法，写出了处于旱情严重侵扰的农民们在"水庙"前舞龙求雨的情形。又据辛弃疾《青玉案·元夕》对正月舞龙表演的盛况做了准确描述，词曰："东风夜放花千树。更吹落，星如雨。宝马雕车香满路。凤箫声动，玉壶光转，一夜鱼龙舞。"这首词明确提出了"龙舞"。又据诗人阎尔梅在《丙午元宵》一诗中写到："八宝龙灯舞万回，灯光趵璨百花台。"这"八宝龙灯舞"就是今天的火龙了。又据《铜梁县志》载：明河南巡抚胡尧臣（安居人）在《圣水寺灵异记》一文中说"邑治北五里许，有川名兜溪"，"上有圣水寺，考寺旧庙碑载：宋徽宗时，宫内火灾，兜溪龙王敖广仙妹珍淑，行雨解救有功，乃投金牌抛江设祭，敕封东淮洞达慈孝龙女元君"，胡尧臣见到了人们吊瓶投江求雨的场景。

安居赛龙舟，也是龙舞活动的重要组成部分。在远古时，古巴人集体围猎，利用盾、矛、弩、剑、皮鼓，龙腾虎跃，粗犷剽悍，声势浩大，具有很强的震撼力。经过历史演变，安居古城的龙舟比赛与江南沿海的龙舟赛相比，有其自己的特点，它不只是简单的速度竞赛，还要赶鱼凫捉水鸭，而是一套完整的仿水蛇捕食的竞赛竞技活动。每逢端午，龙舟画舫，锣鼓震天，两江沿岸，人声鼎沸，竞赛场面，气势宏大，充分展示了巴渝男儿的刚健雄浑与勇猛顽强。

安居古城龙舞丰富多彩，变化多端，表演的龙有板凳龙、稻草龙、大蠕龙、火龙、花龙、荷花龙、竞技龙……特别是龙头制作，其"虾眼酷相"形态极为伟美。

安居古城的龙文化，在人们生活的各个方面都有具体体现。在大自然中，人们把形似龙的山冈山坡神化般取名化龙山、龙归山、斩龙垭、龙门山、龙王沱，把石桥命名为接龙桥、转龙桥、双龙桥、会龙桥、化龙桥，把寺庙、书院取名龙归寺、盘龙寺、龙兴寺、龙王庙、龙门书院；房屋看枋、神龛及其他建筑上也有二龙抢宝、二龙送喜、二龙捧寿、卷草龙、抱柱龙、蟠龙藻井，床榻门窗上有龙凤呈祥、龙飞凤舞、鱼跃龙门、乘龙升天等各种龙的雕刻和图案。

总之，在安居古城的过去，随时听到的是龙的传说，看到的是不同形态的龙像和龙舞表演，期盼的是龙凤呈祥，"龙"无时不存在于人们的生活之中。

安居古城龙文化，具有巴渝地域特色，是世界物质与非物质文化的重要组成部分，我们应很好地传承与弘扬。为此，特建议如下：

恢复古城核心区的双龙桥、会龙桥、龙王庙、科甲坊、功德坊等与龙文图案有关的名桥古坊。

1. 所有古建筑的恢复，必须按照故有龙图案进行装修。

2. 在化龙山或在景区入口处，雕塑具有巴渝特征的巨型龙像。

3. 在两江沿岸建筑上，特别是古城核心区临江建筑上，精心设计修建固定的龙灯。要游客住在安居，晚上都能看龙灯，打造一座"日日伴神随佛，夜夜观龙赏灯"的古城。

4. 恢复以龙舞为主的龙灯、狮灯、赛诗、猜灯谜等各种民俗文化活动，让游客亲身感受古城龙灯会的热闹场景。

曾凡久　铜梁区安居古城文化研究会副会长兼秘书长

艺术篇

中国龙艺术魅力非凡

铜梁龙舞为其佼佼者

苗栗烆龙两岸声名鹊起

腾挪辗转声光影电带给人们无尽精神愉悦

苗栗㧻龙：台湾客家人的民俗悸动

廖金文

"㧻"客语发音ㄅㄤ，"㧻龙"意指台湾苗栗客家人的元宵炸龙民俗活动。

台湾初辟时期疫疠时生、毒虫毒蛇侵袭、番害频仍，使先民的生命得不到保障，便寄托于神明，敬鬼事神，祈求平安，所以只要能保障生命财产安全，不论神鬼，无一不拜，形成台湾民间热衷拜拜的习俗，因习俗而衍生出民俗阵头，而苗栗㧻龙的民俗活动即为其中一项。

台湾龙队多在白天演出，除了近年引进的夜光龙表演，少有夜晚表演，且龙身无装置烛光，材质多为布龙；只有苗栗客家地区有类似龙灯的发光龙身（装置灯炮、蓄电池发电），加上鞭炮的烟声鼎沸，形成一种特有的民俗传统活动。

一、客家人与舞龙

陈运栋曾指出，客家历史，源远流长，客家人本来就是中原汉族，根据客家姓氏族谱记载，客家人原本活动范围，西到河南灵宝县，东达安徽的寿县，南到湖北的黄陵、黄冈，中到河南新蔡安丰以西、颖水以北。客家人南迁的奋斗史，是中华民族分分合合的事实，亦是中华文化融合再造的新契机；舞龙文化随着客家族群的播迁，也衍生出不同的舞龙形态。

苗栗㷷龙：台湾客家人的民俗悸动

台湾客家先民对民间信仰是很虔诚的，这和客家先民不忘本及颠沛流离中体恤他人所产生的感恩情怀有关，当然也和台湾初期恶劣的生活环境及艰困奋斗的硬颈习性有深切的关系。广东省有句俗谚"逢山必有客，无客不住山"，这句话毫不夸张地反映了客家人的真实写照：住山开垦、自耕自织、自给自足。客家先民在台湾初辟时期，放眼荒烟蔓草或原始森林，蛇虺魍魉、瘴疠四起，加上水土不服，健康受威胁；同时闽客争斗情结，或与原住民争夺垦地，使移民的生命得不到保障；因此客家先民，把希望寄托于神明，敬鬼事神，祈求平安。苗栗㷷龙和上述客家先民的奋斗史息息相关，客家舞龙缘由分析如下。

（一）逐疫的古礼

依据张祖基等（1986年）资料，古时一年三次行逐疫的礼，第三次喊作大傩礼，由君王盼咐官府与子民联合在乡下举行，用四个人扮作神将，头上束紧熊皮，身上穿着紧身黑衣裤，脸涂成黄金色，画四只眼珠于脸上，手里拿一把刀，和一面藤牌，到每家每户去驱逐疫鬼。客家人的新年舞龙，就是傩礼的遗俗，祈求六畜兴旺、五谷丰登。龙有两种：一是龙头龙尾用沙纸糊成，龙身用布连接，白天的时候舞。其二叫作香火龙，每节用竹筒扎一团杆插紧香火，又用一条长索连接，在夜晚时舞，舞香火龙就是完全逐疫的意思。白天舞龙亦含有游戏、闹元宵的意思，因年代久远及医学、科学的进步，古礼逐疫的原意，渐渐被民俗娱乐所取代。来台客家先民舞龙最初的原意可能是驱邪逐鬼，因为龙为祥瑞的神祇，也是治鬼祈福的神兽，凡是舞龙必定燃放大量的爆竹，因为爆竹原意也是驱邪之物，向龙队掷爆竹，是助长神龙的威势，合力驱邪之意。

（二）强身与自保

依据台湾 TVBS 新闻网（2003.02.01）资料，客家人有一种祖传的拳术，叫作流民拳，这种在逃难的时候发展出来的武术。教拳的老师傅常说，招不能过三，意思是说，三招里面要解决作战，意涵出手要非常有力，动作要非常有用，才可以一拳打倒对方。来台初期客家人为抵御外族（闽南及原住民族群）或防范土匪猛兽，保护垦地，屯居地的长者或族长出资，聘请有经验的拳脚师傅，在当地庙宇或集合场教导年轻一辈学习拳脚功夫（如客家流民拳）；除了练习功夫，配合年俗节庆，亦会聚集民众练习舞龙、舞狮或其他客家民俗活动。舞龙一方面可以锻炼身体，另一方面可以培养互助合作的精神与默契，农村闲暇时节，更可借舞龙活动来团结民心，达到认识乡里、联络感情的目的。

二、苗栗㸆龙活动

从客家历史源流的探究看，客家先民出外打拼，每到过年都会回家团聚，必须等到元宵节祭祖之后才会出外工作，所以这段期间迎龙、㸆龙，或节庆或娱乐或科仪，随着时间的传递，也就逐渐成为客家地区传统的习俗。研究者发现苗栗客家㸆龙活动的乡镇，所使用的客语大多为泗县话，其他如海陆、饶平、昭安腔等客家人聚集的其他县市，或本县的其他客家乡镇市没有㸆龙活动，所以㸆龙是苗栗客家人特有的一项传统民俗活动。

（一）苗栗㸆龙的原俗

研究者参考"2006 苗栗国际观光文化节"网站及钟椿辉（2004 年）资料，苗栗㸆龙中的糊龙、祥龙点睛、迎龙、跈龙、㸆龙、化龙返天等系列科仪中，蕴涵客家先民把"龙"的神格定位在"人"与"神"之间，同时反射出客家人对于神、人互动细腻的感情与信任，从请"神龙"来凡间做客，除煞赐福至化龙返天，每年反复迎送，呈现苗栗客家族群与"龙"之间"亦神亦友"的紧密关系，这些民俗传统科仪，传袭了两岸中国人不可分割的文化渊源。关于苗栗烡龙（炸龙）的渊源，研究者搜寻中国大陆客家族群群原乡舞龙相关讯息，参考盛琦等（1994年）、庞烬（1990年，1993年，2000年）、蔡宗信（1997年）、殷登国（1985年）、娄子匡（1971年）等资料，做一概略比对，综合归纳苗栗"烡龙"和大陆舞龙相似之原俗有广东省潮州市、丰顺县的"火龙""烧龙"，重庆市铜梁区的"火龙"。

（二）苗栗烡龙的由来

苗栗客家人在元宵节前后有一特殊的舞龙表演活动——烡龙，活动规模，与"盐水蜂炮""平溪天灯"齐名，已成为台湾知名的元宵民俗活动。烡龙时鞭炮齐飞，相传若将龙队以鞭炮炸得越活跃，店家来年生意会更兴旺，市区硝烟漫天，龙队卖力演出，民众也炸得相当起劲，各烡龙地点都挤满"观战"人潮，并掀起活动高潮。苗栗元宵烡龙有系列仪式活动，尤其"迎（舞）龙""烡（炸）龙""跈（跟）龙"是整个活动的特色，关于烡龙的由来，研究者搜寻相关资料或访问专家耆老，综合归纳如下：

1. 包龙文化

苗栗早期"迎龙"所燃放的鞭炮，以排炮、大龙炮为主，多为零星助兴，唯独进入祠堂、庄头伙房，才有炮阵出现。经多位耆老口述，苗栗"烡龙"应起源于上世纪50年代，其代表是位于头屋乡的"新光织布厂"迎龙阵式，当时的龙队为500元的大红包所吸引，苗栗地区的龙队几乎都在正月十五、十六、十七三天晚上，不惧炮阵，先后进厂"受炸"，龙队入厂后，厂方立即将大门关上并上锁，鞭炮未炸完，不开门放行；舞龙在开始表演时，数以万计的各式鞭炮齐飞，由环绕中庭的厂房阳台，四面八方不断地掷向中庭翻腾的神龙身上，其壮盛的情景，仍为曾经参与者津津乐道。这是苗栗当地耆老的回忆，亦是较为具体的㷝龙起源，缘此也渐渐演变成近年的"包龙""㷝龙"文化。

2. 合伙助兴

元宵时节，舞龙队都会拜访庄头伙房讨吉利、祝吉祥，家家户户都会包红包致谢，并燃放鞭炮助兴，鞭炮愈旺盛，新的一年运势更旺，于是不少客家伙房、庄头收到龙队拜帖后，习惯合包一个大红包，包下龙队到庄头演出，龙队进入三合院或四合院的中间广场环绕游走，在表演的过程中，民众习惯性把鞭炮投掷于龙身上，使得舞龙表演更活跃，亦或把鞭炮缠绕在龙身上，龙队要挑战鞭炮火力，用力舞动想办法甩掉燃放的鞭炮，直到鞭炮弹尽援绝为止，这一段精彩刺激的舞龙奋战，就逐渐演变成㷝龙活动的雏形。

3. 双龙交会

客家人渊源大陆的习俗，在元宵时节舞龙，古时道路狭窄，两个龙队相逢，都会彼此拜礼，并暗中较劲，看谁的队伍较威武，在舞动中相互卡位，并希望自己的龙队优先通过；古时舞龙队员皆有武术基础，两相较劲下，两队龙队僵持不下，庄头伙房于是投掷鞭炮驱赶，没想到鞭炮愈炸愈燃起两队不服输的旺盛企图心，双龙交会，夹杂鞭炮火花，形成了"枪林弹雨"般的龙阵表演；又因相传鞭炮越炸运势越旺，于是庄头伙房或店家纷纷都以㷝龙来祈求人旺、财旺、生意兴隆，而渐渐衍生出所谓的"㷝龙"活动，也成为苗栗客家地区庆元宵的特殊文化。

4. 促狭取乐

传统的客家舞龙活动，并无"㷝龙"一项，其起源应是苗栗地区的"迎龙"演变而来，舞龙是民间武术者的表演项目之一，昔日舞龙者多具有武术基础，舞龙时旁观者投掷鞭炮，一方面增添热闹气氛，另一方面则考验舞龙者的武术涵养。所以，"迎龙"的活动中，鞭炮只丢掷于舞者脚下或身旁，并不直接投掷在龙身上,因为龙是吉祥的象征,㸆龙被视为不敬。不过在60年代,年轻观众抱着好玩的心态,偶尔将鞭炮掷向龙身,舞龙者不以为意,甚至勇敢地面对挑战,设法舞动龙身将鞭炮甩开,双方斗智也斗力。刚开始只有零星的㸆龙现象,慢慢地蔓延成为遇龙则炸的景象,在当时台湾经济起飞、民众收入日丰,以前没钱舍不得买太多鞭炮来炸,现在可以整箱买来,将龙炸得支离破碎,从中获得促狭后的乐趣,也因误打误撞,将鞭炮与龙的共舞,形成特殊的舞龙活动,从此㸆龙就成为苗栗客家元宵佳节的应景活动。

苗栗㸆龙活动的由来众说纷纭,上述四种取向各有其说词,无论是包龙文化、合伙助兴、双龙交会或促狭取乐,都脱离不了鞭炮的轰炸,是一项以鞭炮结合舞龙的民俗表演活动;依据主办单位官方说法,㸆龙活动来自于客家人的"迎龙"活动,系列科仪中的"㸆(炸)龙"活动较惹人注目,所以以此为号召,有广告聚焦的说法。

三、苗栗㸆龙的过程

研究者参考"2006苗栗国际观光文化节"网站及钟椿辉(2004年)资料,"元宵节"又称"上元节",在苗栗客家地区俗称"正月半",客家有句俗谚"有食冇食过到年初十,有做冇做料到月半过",中国民间传统旧俗,元宵节是农历春节的最后一天,故亦有"小过年"之称,苗栗客家地区也有一项深具文化意涵独特的传统民俗活动,客语称"迎龙",其意即表示恭迎神龙下凡,莅临献瑞。早期客家人多以务农为主,当时科学及医疗资源贫乏,元宵节时适逢春耕之期,故将舞龙活动,神化传袭为"迎龙",借神龙带来祥瑞之气,镇煞、驱邪,免受瘟疫之害,并祈求来年风调雨顺、吉祥平安、五谷丰登,故"迎龙"不仅为欢庆元宵之一项活动,更蕴涵苗栗客家人与“神”之间浓浓不可分的情感，从而形成地方独特的风俗文化。以下就苗栗㷫龙的过程（糊龙、祥龙点睛、迎龙、跈龙、㷫龙、化龙返天）来阐述其文化含意。

（一）糊龙

在过去农业时期，苗栗客族于“冬藏”之后，为迎接新的一年，有意“整龙”（客语：成立龙队的意思）的人士（龙主），即利用年前农闲时开始“糊龙”（客语：制作龙的意思）。

一般龙的制作在过年前就要完成，年后练习元宵节时迎龙拜年。苗栗盛产桂竹，因桂竹质轻韧性又好，舞起来随心所欲，让舞艺更易发挥，又可节省人力、体力，故苗栗人糊龙就地取材，经济、方便又实用。“糊龙”时预先设定节数取材糊制，将桂竹剖成竹篾，先后制作龙头、龙尾，龙尾都有上卷，向右上卷起，代表母龙，向左上卷起，代表公龙，再按设定的节数编制龙圈，依序排列衔接后，蒙上画制好的龙被（龙衣）始告完成。

糊龙地点的选择也相当讲究，因为糊制好的龙要进庙祠开光点眼、参拜，是一种神圣的表征，故糊龙地点的要求一定要“干净”，也就是要远离有秽气之地，为求“龙”的圣洁，糊龙的过程中，非常忌讳有月事之妇女、服孝期间之民众及婴孩（因婴孩随时都有排泄秽物的可能）接近，避免沾染污秽之气，确保龙身之洁净。

在习俗中龙身无一定的节数，但绝对是单数，最多不超过九十九节，代表至尊无双，苗栗客家地区一般以九、十一、十五节吉祥数字居多。客家人对龙的传说，分有金龙（金色或黄色）、银龙（银色或白色）、海龙（水蓝色）、青龙（绿色）及火龙（红色）等五种，代表五行，“龙被”即依原定糊制之祥龙类别选裁，长度按节数量裁、画（印）龙鳞，再安上龙鳍及肚底。一般龙被的前头会附加二台尺的红布，代表迎春纳福、大吉大利之意，一方面在龙头舞动时有飘曳的美感。"龙被"其主被的量裁应一布到底，中间不得截断或接缝，龙身衔接完成后亦不得减短（少）龙的节数，否则主事者将带来不祥。

苗乘客家人正月半，迎龙不仅借由神龙带来"神"气，护佑吉祥平安，也是欢庆元宵夜的一种灯节活动，早期所制龙灯长约十丈，在竹鼓上贴上纱，做龙形的灯笼绑在木棒或竹棒上，有龙头、龙身、龙尾，以画有龙纹或其他花纹的布相联，龙灯上点蜡烛（以后改用蓄电池小灯），故所糊制的龙身内装置灯光，代表花灯之意，夜间舞龙时，鲜明透光的龙身，尤其龙头两眼的聚光，在烟雾弥漫的炮阵中飞舞，更增添元宵夜花灯之美。

苗栗早期娱乐活动较少，糊龙时，地方民众口耳相传前来观赏，除了欣赏与学习制龙的技巧，并可以招募舞龙队员，在联络感情与团结乡里的情愫中组成龙队，除了自娱娱人外，更可以锻练强健的体魄；早年的舞龙队员，多为农村青年，在糊龙的同时募足人手，于"出年价"（年初六）时开始练习，元宵时正式迎龙拜年，团结一心完成每年的庄头大事。

（二）祥龙点睛

苗栗早期客家习俗，元宵节舞龙活动之前，糊制完成的龙，必须于正月十五当天下午（未时或申时）到当地的土地公庙，尊循客家古礼科仪"开光点睛"后，始可至家户登门参拜（拜年）；也有龙主及糊龙艺师，于祥龙糊制完成时，随即举行点睛仪式，同时设香案，每日早晚上香，至正月十五时再出龙参拜。据民俗艺师吴政雄表示，龙在中国是至尊的代表，也是帝王的象征，点睛之后就成为神龙升天；祥龙糊制完成后，为避免秽邪之气侵入龙体，故随即进行此一仪式，以确保龙体圣洁，以表示对天神之敬意。

点睛仪式必须在庙或神像前举行，从眼、耳、鼻、天庭到龙身吉时开光，否则就没有灵性，无法神格化；点睛的口诀是点左眼象征眼放光明，点右眼可眼看千里，点左耳可耳听风声，点右耳耳听万里，点鼻鼻觉万物，点嘴食宇宙甘露。苗栗市公所为推动此一特有文化的保存及教化之意义，配合"迎龙、跈龙、𪹚龙"的活动，整合苗栗地区龙队，将"祥龙点睛"仪式，于农历年初九天公生当天，在苗栗市中心之玉清宫联合举行，期使客家民俗精髓得以传承，仪式如下表。

苗栗𪹚龙科仪祥龙开光点睛仪式表

序	典礼内容
一	典礼开始（鸣炮）
二	全体肃敬、龙队面向庙宇正门成一直线
三	恭请点睛官暨贵宾就座（锣鼓钹齐鸣、打礼鼓）
四	主持人致辞、介绍长官来宾、长官来宾致辞
五	上香：一上香（风调雨顺）、再上香（国泰民安）、三上香（五谷丰登）
六	上表奏章（主持人恭读疏文）
七	割鸡冠取红
八	点睛官就位
九	恭请点睛官执笔点睛
十	开光点睛、挂红（红巾结彩、插金花）
十一	迎龙祈福（所有参与龙队高举抖动龙身、锣鼓钹齐鸣、打礼鼓）
十二	礼成（鸣炮）、**𪹚龙表演开始**（鞭炮可投掷于舞龙阵中）或舞龙竞技比赛开始

资料来源：研究者参加历年苗栗𪹚龙活动观察记录整理。

祥龙点睛首先由主祭带领大家向神明上香，祈求仪式顺利平安，接下来举行点睛仪式，以酒、朱砂、白公鸡冠血混合，为祥龙开光点睛"祥龙点睛"旨在祈求天神赐降神灵瑞气，附于龙身，借神龙绕境参拜，护佑苍生，开光点睛依客家古礼，除必备之牲礼焚香祝祷，并书表章上奏天神，随即割取白雄鸡冠血与朱砂、米酒掺和,以毛笔(新)霑吸,依序点于龙头、龙身、龙尾后,点睛官再返回龙头前,续将金花红布插挂于龙角上,仪式进行时龙队人员则右手扶持龙棍(龙身握柄),跪右脚恭迎神灵,祥龙受点后,即成为"神龙",同时锣鼓齐鸣,全体队员跃起舞龙谢神,点睛仪式礼成,即可出龙绕境参拜。

"祥龙点睛"以白雄鸡冠血、朱砂及米酒各有其不同的象征意义。白雄鸡代表中国传统权位在于雄性,象征尊贵、主权及威望,"白色"象征圣洁,"冠"代表"首至高"之意,取其鸡冠之血,亦象征"至高无上之生命","朱砂"在传统习俗,有神圣、镇煞、驱邪之作用,"酒"代表行气及催生,金花红布则代表喜庆吉利。"龙"经此科仪点睛,赋予了生命,即成为带有神灵之气"神龙",故未经"点睛"的龙,在客家习俗中认为是"野龙",仅做庆贺表演不得进入庙堂参拜,家户亦不迎、不接、不送红包的。

"祥龙点睛"除了具祈福除煞的意义外,亦赋予祥龙神格化,毛笔点于龙身各部位时,点睛人亦须逐一念出其意涵,代表祥龙和神明的合一,兹将客家人舞龙常用九节、十一节、十五节龙,点睛顺序罗列如下表:

苗栗㛆龙科仪祥龙点睛顺序表

长度顺序	九圈(节)龙	十一圈(节)龙	十五圈(节)龙
一	执笔面向龙头——点龙集福		
二	点眼:点左眼——眼放光明、点右眼——眼观千里		
三	点耳:点左耳——耳听风声、点右耳——耳听万里		
四	点鼻:鼻觉万物		
五	点嘴:嘴食宇宙甘露		
六	点天庭(额头)1.天地	点天庭(额头)1.天地	点天庭(额头)1.天

续表

长度顺序	九圈（节）龙	十一圈（节）龙	十五圈（节）龙
七	点龙身： 2. 日月 3. 星辰 4. 风雨 5. 雷电 6. 水火 7. 山川 8. 甘露 9. 万物呈祥（龙尾）	点龙身： 2. 日月 3. 星辰 4. 风雨 5. 雷电 6. 金木 7. 水火 8. 山川 9. 甘露 10. 河岳 11. 四海安祥（龙尾）	点龙身： 2. 地 3. 日 4. 月 5. 星 6. 风 7. 雨 8. 雷 9. 电 10. 水 11. 火 12. 山 13. 川 14. 海 15. 国富民乐（龙尾）

资料来源：研究者参加历年苗栗熿龙活动观察记录整理。

（三）迎龙

龙迎新岁报平安，气招万物庆丰年。研究者依据"2004苗栗国际观光文化节"网站资料指出，客家人对元宵节"迎龙"有两种意义，一是欢迎"神龙"登门参拜、纳福；二为"倡龙"，舞耍神龙道具驱邪，欢庆年节。倡龙（客语：舞龙的意思）。"神龙"点睛后，于正月十五起连续三天晚间出龙绕境向家户拜年，依习俗各龙队会于年初十左右将"金龙参拜"的贺帖送至预订行程家户，告知龙队何日将登府参拜，居民得此讯息，事先备好金香、炮竹、红包在家守候，恭迎"神龙"登门。而发出拜帖的龙队无论多晚，甚至清晨，均须迎完当日行程，于午夜时分，其中固定会有大户（一般以伙房居多）备妥已加热或料理好的肉粥或年节糕饼，供龙队人员吃点心，补充体力。

客家人笃信"神龙"登门参拜，等于"神明造访"，能为地方消灾，给家户带来好运，故听到炮竹及锣鼓声接近时，立即向家中供奉的神明、阿公婆（祖先牌位）上香、烧金、报喜，并开大门燃放排炮"迎龙"进门（依规距"迎龙"程序完成后，龙队始可进大门迎舞参拜），由此习俗可见客家人对"神龙"的敬重。

苗栗客家族群正月半舞龙也是庆祝年节的一种民俗表演，有一定的程序，尤其进入寺庙及伙房大户，规矩更不可少，从神龙下凡、金龙翻腾、祥龙献瑞、神龙参拜、戏找龙珠、回龙抢珠、头尾穿龙、睡龙起身、滚龙飞跃、蟠龙回首，最后穿尾离场，各种动作配合锣鼓，都须扎实流畅，其中"神龙参拜"必须单脚下跪，以表虔诚，当然并不是每一家户都须完成所有的动作，广场、稻埕与街巷道舞法亦有所不同，龙队会依空间适度调整。另外，龙队路过任何寺庙，龙主一定要先上香禀告"来者何龙"，接着神龙进庙参拜，住持再献予金花、红布插挂龙角上，表示"神明会香"，也将此寺庙之神灵附随神龙巡游地方。

龙队登门参拜，家户会赏予红包，代表拜年及慰劳之意，其内容大小一般会以龙籍、大小（阵容）、迎舞技艺之表现及登门参拜之先后分级，在习俗正日（正月十五），龙队会先迎舞本庄逐户参拜，十六、十七再按排定行程出庄，过去常有龙队出庄时，为争抢大户红包，争先进场互不相让，而演出双龙抢珠、抢红的有趣场面，增加热闹欢愉气氛。

（四）趁龙

苗栗客家人元宵节借"迎龙"趋吉避凶，亦是欢庆"灯节"活动的呈现，早期农村路灯并不普遍，龙队多以"火把"领路，挨家挨户参拜，而民众手牵孩童提着灯笼凑热闹，跟着龙走，一场又一场，庄头跟到庄尾，因为在习俗中的客家人认为，跟着龙走，可以多吸点"龙气"带来平安吉祥，因此民众乐此不疲，渐渐形成这个文化"跈龙"。跈龙（客语：跟着龙走的意思），在客家人的习俗中，认为跟着龙走，除了吸收"龙气"，又意喻跟着神龙前往光明大道，因此民众依序集结人潮，渐渐演变成跟着龙出巡的跈龙文化。

（五）榜龙

为传统客家舞龙活动，除大陆原乡有"火龙阵"外，并无"榜龙"一项，依官方说法是苗栗地区"迎龙"演变而来，一般舞龙为庙会或庆典时，以表演及庆贺性质为多，鲜有燃放鞭炮掷向龙身，而苗栗客族的正月半迎龙就大大不同了，苗栗人"迎龙"同时民众会燃放鞭炮，一方面恭迎神龙的灵气驱邪纳吉之意，另一方面庆贺助兴，而燃放的鞭炮所产生的声、光、烟雾，视为大气中的雷、电、云，全身亮丽的神龙在硝烟弥漫的炮阵中穿梭翻腾，犹如行云驾雾，而舞龙队员亦在炮声的助兴下，愈是起劲，民众不仅可欣赏到元宵花灯之美，更增加了年节的热闹欢愉。

苗栗人有此一说，"龙"越榜越旺，故近年来苗栗街区店家，大兴"包龙"（客语：订下整尾龙的意思）、"榜龙"（客语：炸龙的意思），以鞭炮炮阵，四面八方射向龙身，全场烟雾弥漫、人声鼎沸，掀起民众高昂的欢乐情绪。龙通常是纸、布和竹子所制，经过多日的舞弄和拉扯，再加上沿街受到爆竹的火花所射，自然都被炸成了"烂龙"，据说哪尾龙被炸得愈烂，出钱买鞭炮炸龙的商家、住户及舞龙队成员将来就越发达。

（六）化龙返天

化龙返天又称为"谢龙"，在苗栗客家人的习俗中，正月半"迎龙"为期是三天，经过正月十七晚上"迎"完预定行程后，龙队须返回龙籍点睛的土地公庙"谢神化龙"。当晚十一点子时举行化龙返天仪式，其意功德圆满，送龙神返天，因为经过科仪"开光点睛"的龙已有神灵附体，若无火化送返天庭，必须设案供奉早晚上香，否则对神明不敬，不但得不到天神护佑，亦将给龙主带来不吉，故龙主为避免香火不继，对神明有失敬意，故予火化返天，来年再行祈降。

"谢龙"亦有其一定的仪式及程序，当龙队返回龙籍所在之土地公庙时，龙主会将点睛取血之雄鸡作为牲礼，表示前后一贯，有始有终，摆好香案率领全体队员上香，上奏表章告谢神明，神龙绕境功德圆满，接着于庙前做最后一次全套的迎舞，表示谢神离俗，龙队在鞭炮阵中穿梭舞动，表达神明庇佑他们平安完成绕境和榜龙的仪式，震耳欲聋的场景，重现榜龙刺激又紧张的气氛。

火化龙时在化龙的地点先铺上一层寿金垫底，龙尾在最底下，龙圈依序为圈绕龙尾蟠置，最后将龙头置于最上方，龙珠则放置于龙嘴内，续将寿金洒于龙身，再对天恭读表章后引燃奏章，由龙头正前方的底部，环绕着龙身点燃，在震耳的锣鼓及鞭炮声中，恭送神龙返天。传说神龙火化时，明显可见其燃烧生成之烟雾，犹如龙形席卷而上，意味神龙离俗返天，亦有此一说，因为龙身为竹笼制成，火化时，蟠龙燃烧，空气顺着环状的竹笼吸卷而上，是物理现象，因其形状酷似龙形，故似神龙显灵。

苗栗客家元宵"迎龙"活动，依旧俗有严格约束，从元宵夜起三个晚上，至正月十七午夜时（十八日子时）将神龙火化返天后，全部结束。早期若正月十七以后还有龙队登门参拜，民众所赏予的红包内所装的会是一张昨日以前之日历或者是过期未中奖之奖券，意指元宵已经结束了，"迎龙"也过期了，故有句客家俚语"过时的日历"为此由来。

四、苗栗𪹚龙的技术分析

台湾客家先民的生活信仰,是从赣闽粤各省流传过来,舞龙活动亦是一脉相传,从客家舞龙的表演动作中,可以分析渊源于中国大陆的龙舞文化。苗栗𪹚龙活动并不限于晚上,元宵节前后的白天亦有所谓的商家拜年,抑或庄头伙房包龙活动;在黑暗中的元宵夜晚舞龙,有火光炮竹的衬托,更显出年俗的热闹、龙的神秘与气势。早期苗栗街道狭窄,伙房屋广场(三合院晒谷场)空间有限,加上要闪避人群、鞭炮,所以必须随时跑动闪躲。研究者依据2003苗栗金龙杯舞龙竞技比赛规程(客家𪹚龙活动的序幕竞赛),并于历年受邀担任大会裁判工作观察,仅就动作部分简析客家舞龙的技术要求。舞龙运动大部分是在行进、动态中完成龙的起伏、翻腾、穿越、回旋等动作,结合人体的柔软度、协调性及速度、耐力、肌力,融于舞龙技巧中,在动静中展现人龙合一的力与美,更呈现龙的精气神韵。苗栗𪹚龙的动作多为穿绕、回转和伸缩的技术,较少有置龙身于地上的跳跃动作。概述如下:

(1)穿绕:指龙头、龙尾或龙身,从龙手两节间穿过,或龙珠引导龙队,做出盘圆或从龙身间绕过。

(2)伸缩:舞龙呈现较静态的动作,在龙身拉长及缩短中随时保持蠕动。

(3)回转:舞龙时正反方向来回转弯的动作,抑或舞者表演滚龙的动态动作。

舞龙的动作形态特征可分为8字舞龙动作类、游龙动作类、穿腾动作类、套路动作类和组图动作类五部分,套路编排要内容丰富别致、构思巧妙新颖,创新和技巧动作的难易度要符合龙的盘、游、翻、滚、穿、缠、戏等传统形式;动作间要有串联动机,并结合伴奏音乐,完成套路动作;整个套路要有观赏价值,给观众视觉的美感,又能享受锻炼身体、增强体魄的乐趣。

舞龙音乐的功能是衬托气氛，转场节奏，激励队员情绪；演奏风格以发扬民族特色与结合当地生活习性为主，旋律快慢、急缓对比、强弱转换等，均要与舞龙动作搭配，乐器可选用鼓乐、吹打乐，也可用符合舞龙风格的音乐带进行伴奏，让舞者、龙、音乐三者合而为一，构成一出和谐完美的龙戏。

另外器材的要求，龙珠为球形，球体直径不得少于0.35米，杆高（含珠）不得低于1.7米，龙头重量不得少于3公斤，杆高（含龙角最高处）不得低于1.8米，至于龙身围度、长度、节数没有规定，竞赛场地亦无限制。

苗栗烫龙是一项动态的民俗舞龙活动，比较重视客家科仪的仪式型动作，一般的舞龙较强调技术的竞技舞龙，以炸龙模式呈现的动态技巧，非一般舞龙活动所能展现，但是又怕落入起乱式的民俗龙舞，如何在舞龙的基础动作上发展，结合创新的炸龙技术，或以较高的体能素质来完成高难度的炸龙表演动作，推出技术可看性高，并有客家民俗、娱乐价值的舞龙表演精致艺术，是苗栗客家人的企盼。

五、苗栗烫龙的评价

每年的苗栗元宵烫龙活动，总在热闹欢欣的掌声中暂时落幕，留下观众对明年的期待，亦唤醒苗栗客家族群的骄傲，因为烫龙活动是苗栗的文化资产。在人龙互动的过程中，苗栗烫龙的价值何在？意义为何？面对多元的社会变迁、价值取向的摇摆，苗栗烫龙应有其社会认同，当然亦有其负面影响，下文中研究者将以苗栗烫龙的本体、苗栗烫龙的价值、苗栗烫龙的危机与苗栗烫龙的保存，来探讨苗栗烫龙多面向的评价议题。

（一）苗栗熿龙的本体

1. 熿龙的团队组织

早期农忙结束后，由掷筊的炉主负责组训酬神的各项表演活动，并分配节庆所属工作，尤其是舞龙表演，是收冬戏、农闲时期的重要表演，有联络乡里的情感、团结地方子弟的向心、感恩祈福的情怀，并有传承糊龙、扎龙、舞龙的民俗艺术胸襟及约定俗成的礼教仪式。早期的舞龙是由炉主负责组训酬神，后则由地方士绅或公司行号、工厂老板召集人马训练，或委由地方社团或国术馆组训，背其公司行号组队表演，有祈福感恩及公益广告情谊，亦或略带有政治选举造势之嫌。现今苗栗炸龙活动的民俗艺阵，基本上全都是地方子弟的组合，其原有目的在于秋收冬藏、祈福感恩，演变至今为庆祝元宵佳节的观光活动，并参与寺庙民艺游街的出巡活动，因此，在苗栗市的民俗艺阵的表演与寺庙的关系非常密切，比较有名气的寺庙，如玉清宫、天后宫、天云庙、义民庙。

依据苗栗市公所办理"苗栗熿龙——2004苗栗国际观光文化节"，参与熿龙的团队一共有二十七阵，各团队表演的内容相差不多，也没有所谓的规定标准动作，各龙队会因师傅的不同而有表演阵势的差异。

2. 熿龙的礼教仪式

苗栗熿龙的各个龙队在决定"糊龙"练习前至"谢龙"后，有一些固定的仪式，符合在第三章节所提"游戏的严肃性"的仪式型动作；除了在上述熿龙过程介绍外，兹将研究者参考"2004苗栗国际观光文化节"官方网站资料及现场观察的各项仪式简列于后：

（1）糊龙：糊龙是苗栗熿龙前所要举行的一种仪式，其仪式如下：首先龙主到所在庙宇祈求糊龙的吉日，其次准备材料道具，等到吉日就贴红纸于龙头的竹篾上，并祭拜天地，祈求平安顺利。制龙的师傅更要斋戒沐浴三天,以示崇敬,并在正月十五中午前完成糊龙。糊龙地点的选择也相当讲究,早期常在神明厅(客家人大厅)或三合院广场,亦或在庙埕广场;因为糊制好的龙要进庙宇开光点睛,是一种神圣的象征,故配合时辰,糊龙的人、地、物一定要干净,远离秽气,避免沾染污秽之气,确保龙身之圣洁。

(2)点睛:祥龙点睛时,龙队直列于庙前,由主祭带领大家向神明上香,祈求牓龙活动平安顺遂,接着举行点睛仪式,为祥龙开光点眼,祈求天神赐降神灵瑞气附于龙身,借神龙绕境参拜,护佑苍生。开光点睛依客家古礼,除必备之牲礼焚香祝祷,并书表章上奏天神,随即割取白雄鸡冠血与朱砂、米酒掺和,以新的毛笔蘸吸,依序点于龙头、龙身、龙尾后,点睛官再返回龙头前,续将金花红布插挂于龙角上,仪式进行时龙队人员则右手扶持龙棍(龙身握柄),跪右脚恭迎神灵,祥龙受点后,即成为"神龙",同时锣鼓急鸣,全体队员跃起舞龙谢神,点睛仪式即告完成。

(3)迎龙:客家人笃信"神龙"登门参拜,等于"神明造访",能为地方消灾祈福,给家户带来好运,故听到炮竹及锣鼓声接近时,立即向家中供奉的神明、阿公婆(祖先牌位)上香、烧金、报喜,并开大门燃放排炮"迎龙"进门(依规距"迎龙"程序完成后,龙队始可进大门迎舞参拜)。迎龙完毕,家家户户会包个红包,放进龙队的谢篮内,表示感谢之意,有"龙迎新岁报平安、气招万物庆丰年"的意涵。

(4)跈龙:客家人认为,跟着龙走,可以多吸点"龙气",带来平安吉祥。早期龙队的前导是火把队,接着是锣鼓队,再来是龙队,后续有跟随的元宵提灯民众或艺阵,因此队伍绵延、热闹非凡,一家接着一家,人群愈聚愈多,民众也借跟随龙队到家家户户去道贺联谊,乐此不疲;又意喻跟着神龙前往送福得福,因此民众依序集结人潮,渐渐演变成跟着龙出巡的跈龙文化。

(5)牓龙:苗栗人认为"龙"越牓越旺,龙队再依拜帖的行程前往受牓,尤其是工厂、公司或庄头伙房大户，都会准备大量鞭炮，吸引观看人潮，除表示欢迎龙队之意，更展现自己的财富，并祈求来年人旺财旺、事业顺遂。当龙队到达受帖户，龙头会向在门口行参拜礼，亦有被要求绕行全屋或整个工厂，接着做舞龙表演受炸，时间有长有短，依受帖户要求，当然所收的红包亦相对变大。早期龙队成员光着上身不畏鞭炮纵横全场，近年来长袖长裤并戴口罩，所着衣服倾向连头套式，意在保护自身安全。当鞭炮炮阵，四面八方射向龙身，全场烟雾弥漫，似火雷电交加，人声鼎沸，拉抬民众高昂的轰炸情绪。

（6）谢龙：苗栗客家人在正月半"迎龙"为期三天，经过正月十七晚上"迎"完预定行程后，龙队须返回龙籍点睛的土地公庙"谢神化龙"，当晚十一点（子时）举行谢龙的化龙返天仪式，意喻功德圆满。当龙队返回龙籍所在之土地公庙时，龙主会将点睛取血之雄鸡作为牲礼，表示前后一贯，有始有终，摆好香案率领全体队员上香，上奏表章告谢神明，神龙绕境功德圆满，接着于庙前做最后一次全套的迎舞，表示谢神离俗。化龙时先铺上一层寿金垫底，龙尾在最底下，龙圈依序为圈绕龙尾蟠置，最后将龙头置于最上方，龙珠则放置于龙嘴内，续将寿金洒于龙身，全体队员肃立（亦有高跪右脚）围绕在龙身旁，再对天恭读表章后引燃奏章，由龙头正前方的底部，环绕着龙身点燃，在震耳的锣鼓及鞭炮声中，恭送神龙返天。

（二）苗栗𪹚龙的价值

苗栗客家先民的生活信仰，是从彼岸赣闽粤各省流传过来，舞龙活动亦是沿袭相传，从客家舞龙的表演动作中，可以分析动作渊源于中国大陆的龙舞文化；苗栗𪹚龙活动又独出心裁，把舞龙活动结合鞭炮的轰炸，符合舞龙运动文化的游戏特质之乐趣本质，更创造出另一番气象，活络了元宵节的气氛，在火光炮竹的衬托下，显现出年俗的热闹、龙的神秘与气势。

是环境的改变？历史洪流的冲击？异地文化的融合？苗栗客家人的㧒龙活动，代表的是客家民俗的悸动，抑或民风习俗的突变；苗栗㧒龙活动的产生，有何价值？代表的意义又是什么？研究者谨就身体运动文化的含意：身体活动的本质、传统文化的保存、民族图腾的维持、缅怀感恩的情怀、民俗特色的表征做概要论述。

1. 身体活动的本质

苗栗㧒龙是透过身体的活动而展现出的生命力，是身体运动文化的呈现；不论昔日彼岸客家先民的舞龙，还是迁徙来台客家先民开拓时期的舞龙，或是今日与寺庙、观光相结合的苗栗㧒龙，都是由身体的活动而呈现出来的，借着人龙合一的技艺呈现，展现身体的力与美。尽管因时代的不同，客家人的舞龙文化，尤其是苗栗㧒龙，因而产生了不同的功能，但是其蕴涵的身体活动本质是永远不变的。

2. 传统文化的保存

客家人舞龙，历经多次的迁徙，仍保存了许多与中国大陆相同的特色，而且结合苗栗当地文化，创新出苗栗㧒龙活动。苗栗㧒龙的糊龙、点睛、迎龙、跈龙、㧒龙、谢龙科仪和表演方式、阵势，相对于先民的舞龙活动，都大略相似。苗栗㧒龙保存了传统的舞龙表演，亦带动新的文化视野，几乎相同的表演方式与内容，对于强调保存固有文化传统的我们来说，实在是本土文化的指标象征。

3. 民族图腾的维持

中华民族的图腾是龙，龙是内涵丰富的文化符号，亦是中华民族的象征。从古至今，中国人透过祭祀祈求神龙降雨；运用美术工艺，展现龙的形象；用文字图书，探讨龙的起源；借由娱乐竞技，焕发龙的精神，展现飞龙在天、民族的喜悦。在丰收喜庆的庙会上，舞龙呈现的是感谢与感恩；在水旱瘟疫时期，舞龙表现的是祈福与消灾，舞龙图腾代表中国人敬畏天地鬼神、感恩自然万物的象征。客家人舞龙,保存了中华民族的图腾,薪传了中华文化的技艺,苗栗㸐龙文化,亦遵循古礼,以龙图腾来展现客家舞龙文化,创新出苗栗㸐龙的特色。

4. 缅怀感恩的情怀

苗栗㸐龙活动利用农闲时节糊龙与练习舞龙及至参与㸐龙,长辈带领晚辈,加上返乡过节的子弟,家族及邻里团聚,表现出中国人缅怀家乡、感恩家族、团结乡里的传统美德,这对于现今社会所强调的伦理关系,有正面积极的意义。每当农历正月十五苗栗㸐龙时节,远在外地的苗栗子弟,都会暂时放下学业或手边的工作,回到家乡参与或演出,更呼朋引伴召集族人返乡投入舞龙的行列,有表演者、有观众,彼此凝聚在元宵㸐龙的气氛中,缅怀感恩历代先民的热情演出。

5. 民俗特色的表征

舞龙由古代的祭祀祈雨仪典,转变为驱除瘟疫、祈福消灾的庙会活动或民俗娱乐表演,及至现代,拜科技之赐,舞龙道具的改良,声光效果及音乐、服饰的特效,让舞龙成为一种很精致的民俗表演艺术。以㸐龙表演形态衍生出的客家㸐龙活动,是结合当地而生的特殊文化,在国内甚至国际不曾出现,这项富含意义的地方特色,不只是苗栗的特色,更是台湾民间重要的民俗表征。

(三)苗栗㸐龙的危机

2003年苗栗㸐龙活动有20队参与,2004年则有27队,由于社会的变迁,苗栗㸐龙感恩祈福的功能已逐渐淡化,并转变成元宵节庆吸引观光人潮的工具。苗栗㸐龙在民间信仰的大力支持下,依旧有完整的演出,但是龙队组织的诉求已经走样,由家族邻里组成敦亲睦邻的团结形态,演变成功利化、金钱化的组织,公司行号或是只要有钱的人即可成立龙队,也不管任何的古礼科仪，虽然如此的质变，在苗栗还是有不少有心人刻意去搜集、保存，在元宵节庆时，让苗栗㧕龙的风华可以再现。近年来由于当地政府的提倡，人民普遍意识到乡土文化的重要，尤其客家族群文化意识的抬头，苗栗㧕龙活动俨然成为重视客家乡土文化的重要指标。从另一个角度来反思，苗栗㧕龙的原始风貌，近年来由于外力的介入，已逐渐失去了原有的功能和意涵，更在现代文明的侵蚀之下，慢慢地迷失了原样；依据运动文化的游戏特质来说，明显的质变为"过度的严肃性"与"错误的严肃性"，尤其是意识的本土化、工具化的迷思，价值观的偏颇、观光业的介入、政治的干预，使得深具传统文化与运动游戏意涵的苗栗㧕龙，出现了解构危机。

1. 意识的本土化

在强调本土化的今天，常有去中国化的沙文思想、台湾意识的抬头，并非和中国文化相互排挤，而是更加发扬光大，台湾和中国文化一脉相传，具有中国传统性的民俗体育项目，在台湾依旧发展，亦是"民族体育"的趋势。苗栗㧕龙是本土文化的一支，以"乡土体育"之名，行"民族体育"之实，但在过度强调本土、自有的前提下，却常忽略了渊源中国大陆的舞龙文化，过度强调本土，会划地自限，自我膨胀，失去文化的价值；融合中华文化或他族文化，更能显现以身体意识为主的民族体育、民俗体育、传统体育、民俗技艺、民俗活动等。

2. 商业的观光化

苗栗㧕龙的感恩祈福的本质已逐渐淡去，转变成元宵节庆吸引观光人潮的表演工具。现今于台湾盛行的民俗节庆活动，在其长远的发展过程中，受到政治、经济、社会、意识形态的影响，往往受到不同程度的贬抑与提倡，虽保有相当程度的传统，却也在政治、经济与社会的影响之下产生了质变，另外所衍生的环保、功利问题亦不可忽略。苗栗㧕龙依序由文建会、客委会补助，办理所谓的台湾中部文艺季元宵节庆民俗艺阵嘉年华会活动，表面上虽获得政府与民间大力的推展，但这仅为表象，其深厚的文化内涵有逐渐流失的趋势。

3. 政治的工具化

以苗栗㷯龙为工具，集结观光人潮，本无可厚非，但是利用苗栗㷯龙成为政治干预的工具，却有失原意，两支龙队背后的龙主，牵扯成势力范围的参拜造势，让迎龙活动成为政治人物角力的范围，更让苗栗㷯龙背负选举恩怨的无奈。工具化的苗栗㷯龙已失去敦亲睦邻、和谐邻里的功能，取代的是政治版图的划分，地方派系的对立，对客家人的硬颈精神，是一项打击。

4. 金钱的功利化

在向钱看齐的功利主义作祟下，苗栗㷯龙已呈现所谓的红包文化，早期迎龙时，几乎家家户户都会接到金龙拜帖，酬谢龙队的礼数虽然不多，却是诚意十足，尤其在㷯龙后帮龙队准备的点心，确实十分温馨，大家以热闹的心情来迎接舞龙活动；现在的龙队，已不送拜帖，以自己的喜好到处索讨红包，商家如果给得太少，还会多来几次，造成商家的困扰与不悦，并且失去古礼科仪的舞龙表演，常为人诟病，龙队三天的红包的收入，也变成各龙队之间的比较，大大地折损了早期先民的诚意，红包文化的泛滥，顿使苗栗㷯龙活动蒙羞不少。

5. 技艺的浮滥化

不分日夜、年节前后，不少青少年组成的龙队，任意在苗栗街道舞龙索讨红包，而且不只一次，令商家闻龙色变，许多街头商家在元宵节活动前后，宁愿紧闭门户不做生意，避免龙队的骚扰。因为参差不齐的龙队素质，舞龙的表演技巧虚浮，随意应付了事，却旨在红包收入，让观众摇头取笑，完全失去了苗栗㷯龙的意义。更有甚者，随意用被单草率扎成龙来要红包，令人啼笑皆非。虽然民间和政府想极力保存这项传统文化，但因少数浮滥化的龙队令人心寒，政府和民间如果无法整合及整顿，苗栗㷯龙将质变、突变成另一种很奇怪的文化。

6. 科仪的表象化

大家心目中期待的苗栗炸龙，是饶富技术的精致艺术，更在精彩的表演中散发文化的光采，触动观众的人心，凝聚客家文化的向心；现在的舞龙队却只有表演的假象，深层的文化内涵未发扬出来，舞龙的表演技巧虚浮，无法呈现早期舞龙原意，龙队成员的谈吐思想，尽受红包文化、功利主义所左右，丧失了客家文化的本质，让表象化的苗栗熿龙，深深烙印在苗栗客家人的心中。缺少古礼科仪的舞龙表演，只能称为街头活动，甚至被讥笑为跳神乩式的龙舞。早期先民的舞龙文化表演艺术，虽然没有政府结合元宵节的大肆宣传，却在民间隽永源远流长；实质化的熿龙表演活动，一定要在相对的科仪中才能显现文化内涵和艺术，亦要提升舞龙的表演技术与艺术，否则充其量只是客家人的表象化迷思。

（四）苗栗熿龙的保存

近年来各国及所属族群，努力地找寻或保存原属文化，更以所属的传统文化为荣，台湾隶属的本土文化，依各族群来发扬保存，行政部门苗栗客家委员会也结合苗栗熿龙，办理相关的艺术季文化活动，似乎大家对于本土文化、民俗传统等议题都有深刻的体认。在强调本土文化资产的现在，苗栗客家先民的生活信仰，借熿龙活动呈现出来，有其保存与传承的必要性。

1. 回归身体活动的本质

苗栗熿龙是透过身体的活动而展现出舞龙的生命力，不是只求热闹的节庆表演，不管学校或民间应致力于舞龙活动的传承，以身体运动文化的观点来阐释舞龙新意，在民俗体育的领域建构舞龙课程，锻炼强健的体魄，培养健康的身心，发展健康与运动体适能，由身体与民俗活动的结合，来呈现人体的力与美。

2. 推展传统文化的保存

苗栗㸐龙的形成，渊源于早期的客家舞龙活动，更渊源于中国大陆的舞龙活动，历经时代的变迁，传统文化的保存乃是现代人溯本寻根、接轨从前、现在与未来的重要依据，学校和民间单位的传承与保存，更需要政府的金援与整体计划，才能延续孕育更长久的文化特色。如舞龙道具制作、服饰、科仪、表演方式等等，对于今日大力提倡保存固有传统文化的我们来说，实为最具代表性的一项。

3. 发扬民族图腾的荣耀

龙是中华民族的图腾，亦是中华民族的象征，历代先人创造了许多民族荣耀，以龙来促成族群融合，创造龙的独特文化，在古今的美术、工艺、建筑、仪礼、舞蹈、音乐、饮食中，龙都是祥瑞的代表，舞龙活动更是龙文化的综合表现，更被尊崇为民俗庆典的必备节目。除了舞龙表演，相关的舞龙知识技能，更应结合学校课程、民间社团活动，大力推展、延续龙文化的精华，让中华民族的子孙以先人的努力为荣，更以传承龙文化为己任，展现民族图腾的荣耀。

4. 融合敦亲睦邻的关系

苗栗㸐龙活动的产生，是早期农闲时节，庄中长辈带领家族子弟或街坊邻居参与元宵庆典的演出，有团结家族及邻里的紧密关系、呈现出客家人敦亲睦邻的传统美德，在现今冷漠、个人自扫门前雪的社会，有正面积极的意义。农历正月十五苗栗㸐龙时节，除了节庆的表演，如何凝聚族群向心，发扬敦亲睦邻的精神，让苗栗炸龙活动，不只是逗热闹，更是敦亲睦邻的实际表现。政府单位或民间社团应办理融合族群、和睦邻里的相关活动，更融入于苗栗㸐龙的科仪典礼中。在正月十五、十六、十七日里，让大家真正理解苗栗㸐龙的意义，呈现族群融合、团结邻里、爱家爱乡的传统含意。

5. 倡导缅怀感恩的情怀

苗栗㸃龙的系列科仪，蕴涵着客家先民对龙的崇敬，更广义来说，是对家族的期许与感恩，更反映出客家人对神、人互动的细腻情感。敬畏天地的客家族群，在缅怀感恩中，借邀请神龙来除煞、赐福，每年反复迎送，心中呈现的是感谢与感恩，感谢天地万物、感恩平安喜乐，更让苗栗客家族群紧密地团结在一起。时代演变，早期的缅怀感恩情怀，随着工商急遽发展、聚落分离，族群观念、人情世故淡薄，原本传袭先人缅怀感恩的情怀，已转变为每年正月半的看热闹而已。所以倡导族群聚落的观念，拉近邻里的关系，有其深层的文化与精神含意。

6. 薪传民俗特色的表征

"迎龙""㸃龙""跈龙""化龙"是整个苗栗㸃龙活动的特色，亦是台湾客家民俗文化的延伸。㸃龙活动当晚，绵延数公里的队伍万头攒动，人龙夹杂在锣鼓、鞭炮及烟火中，舞龙让苗栗沸腾。老一辈的乡亲在重温旧梦，年轻子弟则热情参与，客家民俗在薪传中展现风华，"㸃龙"形成苗栗客家地方文化的表征。期许借着元宵庆典的活动，一代传过一代，让苗栗㸃龙的特殊文化得以传承保存，因为这项在世界上不多见的特殊文化，是我们台湾民间的重要地方文化资产。

六、发扬㸃龙文化传统

苗栗市于1999年元宵节首次举办"客家民俗踩街庆元宵"的主题活动，隔年陆续举办"龙迎千禧庆元宵""龙阵打醮欢庆元宵"及"龙来了""2003苗栗㸃龙""苗栗㸃龙——2004苗栗国际观光文化节"等主题的客家㸃龙活动，除了团结客家族群的认同，亦吸引全国民众的注目，更提升了苗栗的文化气息，传播渊源久远的客家舞龙文化。颠沛流离的客家人，在过年前总会返家团圆，也总在过完元宵节后扫墓祭祖（农历正月十六日），之后就要离乡或重新投入工作行列，对于终年辛劳工作的客家族群而言，元宵节是具有深远意义的重要民俗节庆。在正月十五、十六、十七日里，苗栗㸆龙把年节欢乐气氛推到最高潮，并做一个结束，同时正好趁家族团聚时节扫墓、拜别祖先；除了慎终追远外，亦是凝聚族群向心的最佳时机，更让即将离乡的子弟，再次感受苗栗㸆龙的年俗活动，并期待来年的返乡，同时亦有祝福顺遂、祈求平安、事业成功的含意。

（一）苗栗㸆龙是客家原俗

渊源客家舞龙活动，实乃客家先民在赣闽粤各省活动习俗的延续，尤以"迎（舞）龙""㸆（炸）龙""跈（跟）龙""化（烧）龙"是整个活动的特色。㸆龙活动当晚，绵延数公里的踩街队伍万头攒动，大批民众参与"跈龙""㸆龙"，锣鼓、鞭炮及烟火让整个苗栗市沸腾。老一辈的乡亲在重温旧梦，年轻子弟则大开眼界，苗栗的"迎龙""㸆龙"在台湾中部打出客家民俗庆典之美，形成"中㸆龙"的地方文化特色。

（二）苗栗㸆龙是人与神的情谊

糊龙、祥龙点睛、迎龙、㸆龙、跈龙至化龙返天，在这系列科仪中，蕴涵客家先民把"龙"的神格定位在"人"与"神"之间，同时反射出客家人对神、人互动细腻的情感与信任，从邀请"神龙"来凡间做客，除煞、赐福至化龙返天，每年反复迎送，呈现出苗栗客家族群与"龙"之间"亦神亦友"的紧密关系，亦传袭了先人每年对正月半的期待。

（三）苗栗㸆龙的价值

苗栗㸆龙活动是地方的文化资产，蕴涵的价值是身体活动的本质、传统文化的保存、民族图腾的维持、缅怀感恩的情怀、民俗特色的表征。更广义的来说，客家舞龙的社会功能，在于国泰民安、风调雨顺、六畜兴旺、五谷丰登；文化功能在于薪传技艺、繁衍习俗、传播文化、创造价值；教育功能，在于教化民心、展现艺文、自娱娱人、强健体魄；政治功能，在于民族向心、国家认同、族群团结、社会安定。

（四）苗栗㸆龙的危机

近年来因时代变迁，时下青少年不识原乡旧俗"迎龙"之意涵及规矩，有的自春节起，即不分昼夜龙队乱窜，四处向民宅、店家索取红包，已严重扭曲变质，扼杀了传统"迎龙"之原意，导致人人对"龙队"望而生厌，不复早期闻龙逢喜、虔敬相迎之情景，实在应该省思导正。另外㸆龙活动所引发的危机：意识的本土化、商业的观光化、政治的工具化、金钱的功利化、技艺的浮滥化、科仪的表象化，也应一并检讨，使地方独特的文化精髓得以保存与传承。

（五）苗栗㸆龙的愿景

苗栗是农业县，结合政府与民间的力量，积极整合㸆龙文化及农业产业，发展休闲观光，带动经济发展。苗栗㸆龙的产生除在于确立台湾元宵节"中龙"的苗栗客家文化特色外，亦要提升整体活动的质量，以精致艺术为表演的诉求，并开启国际舞龙竞技的大门，让苗栗迈向未来的"国际民俗艺术重镇"。苗栗㸆龙活动有其存在的价值与必要性，包含民俗舞龙与竞技舞龙的两面，文化与技术层面孰重？面对社会变迁、价值观扭曲，如何防止苗栗㸆龙的解构危机，并适时地保存与传承，是身为客家族群所必须面对的首要课题。

苗栗㸆龙是舞龙的一环，舞龙文化包含民俗舞龙与竞技舞龙，文化认知与技术要求，都是舞龙文化的一环。本研究系以苗栗元宵㸆龙活动，所衍生出的民俗文化为核心，搜集舞龙相关乡土资料，探讨舞龙民俗文化，探讨苗栗舞龙的现况,期望苗栗客家人从小培养兴趣学习舞龙技艺,在成长的环境中自然地接触苗栗槃龙文化,长大后就自然而然地会投入槃龙文化活动,进而保存、传承与爱惜自己的本土文化。亦期盼建立以舞龙活动为苗栗客家人特色之研究,并提供学校教师推展舞龙活动及九年一贯课程(健康与体育、艺术与人文、社会领域)教师自编与选授教材的参考。另一方面,舞龙表演常被误为庙会热闹活动的杂耍,难登艺术殿堂,如何提升层次,达到精致化、艺术化,亦希望透过本研究来正本清源、厘清观念,让大家了解舞龙文化,珍惜、保存舞龙活动,进而发扬国际化的舞龙精致艺术。台湾的舞龙活动要保留传统的某些特质,从而在形式内容上诉求创新之事(如结合其他艺术团队表演或运用科技特效),但如果只是为求迎合观众,这种推展方式,亦会令人诟病。但是,艺术随着时代的进步,尤其是可塑性的艺术,就舞龙而言,舞龙活动已由单纯的节庆活动,演变成至今功能化的民俗表演活动,例如:苗栗客家人的炸龙活动。因应时代的潮流,台湾的舞龙活动更应朝向精致化、艺术化的表演趋势,乃至国际化的华人文化活动。

参考文献:

①王宗吉《体育运动社会学》,台北:银禾文化出版股份有限公司1996年版,第40-59页。

②王克芬《中国舞蹈发展史》,北京:南天书局1991年版,第316-320页。

③朱介凡《中国谣俗论丛》,台北:联经出版社1986年版,第98-99页。

④李天民、余国芳《中国舞蹈史》,台北:大卷文化有限公司1998年版,第30-33页。

⑤李天民、余国芳《台湾传统舞蹈》,台北:台湾艺术教育馆2001年版,第58-59页。

⑥吴富德《舞龙》，台北：欧语出版社1988年版，第137-182页。

⑦苗栗县政府《客家礼俗之研究》，台湾省：苗栗县1989年版，第1-17页。

⑧常任侠等《中国舞蹈史》，台北：兰亭书店1985年版，第6-8页。

⑨喻鸿钧《年俗趣谭》，台北：黎明文化事业公司1988年版，第165-171页。

⑩陈运栋《台湾的客家人》，台北：台原出版社1991年版，第44-45页。

⑪梁力生、葛树蓉《中国龙舞》，重庆出版社2002年版，第85-94页。

⑫娄子匡《龙年谈龙文辑》，东方文化书局1977年版，第27-28页。

⑬张祖基等《客家旧礼俗》，台北：众文图书公司1986年版，第54-55页。

⑭黄益苏《龙狮表演与竞赛》，湖南省：湖南文艺出版社1999年版，第1-2页。

⑮"台湾省政府教育厅"《民俗体育活动教材——舞龙舞狮》，"台湾省政府"1979年版，第1-20页。

⑯蔡宗信《民俗体育舞龙教材研究》，台南：台南师范学院1996年版，第19-21页。

⑰蔡宗信《舞龙教学活动在"国民"小学学生体适能及教育价值之探讨》，台南：台南师范学院1997年版，第1-7页。

⑱蔡宗信《舞龙教学活动教案编制之研究》，台南：台南师范学院1998年版，第32-36页。

⑲刘芹《中国古代舞蹈》，台北：台湾商务印书馆1993年版，第132-133页。

⑳刘一民《运动哲学研究—游戏、运动与人生》，台北：师大书苑有限公司1995年版。

㉑钟椿辉《龙在苗栗》，苗栗市公所2004年版，第1-16页。

㉒ 庞烬《龙的习俗》，台北：文津出版社1990年版，第1-20页、第82-90页。

㉓ 庞进《八千年中国龙文化》，人民日报出版社1993年版，第193-210页。

㉔ 庞进《呼风唤雨八千年——中国龙文化探秘》，四川教育出版社1998年版，第192-197页。

㉕ 庞进《中国的图章——说龙谈凤话麒麟》，陕西人民出版社2000年版，第102-111页。

㉖ 许义雄《台湾身体运动文化之建构》，台湾身体文化研究网站www.pageURL http：//www.bodyculture.org.tw/others/article01.htm，2006.02.01下载。

㉗ TVBS《客家流民拳》，TVBS新闻网www.pageURL http：//www.tvbs.com.tw/news/news_list.asp?no=jean20021206164038，2003.02.01下载。

㉘ 苗栗市公所《2004苗栗国际观光文化节》，www.pageURL http：//web.mlcg.gov.tw/action/index.htm，2004.01.16下载。

廖金文　台湾苗栗县民俗体育委员会总干事，台湾竹南"国立"小学校长

铜梁打造龙文化产业应借助电影的传播效力

杜新艳

在中国悠久的历史中,龙文化独具的东方韵味对世人有着深远影响。这既是一种信仰,更是一种情感的归宿。龙是中国的传统符号,是一条联系中华民族情感的重要纽带,舞龙可以让全世界龙的传人追根溯源,从而在情感上引发共鸣,产生亲和力。显然,龙舞作为重要庆典活动的表演工具,具有烘托氛围、聚集人气的功能,而铜梁龙舞是重庆典型的非物质文化遗产之一,代表了这个区域的人们对于舞蹈、艺术、精神消费的需求。在当今新媒体环境下,究竟怎么样才能传承铜梁龙舞、保护铜梁龙舞这一特别的非物质文化遗产呢?这就需要我们坚持产业化解决问题的思路。

如今铜梁舞龙运动已成为铜梁的城市名片,打造铜梁的城市名片就是要以此为依托,以铜梁悠久的龙文化为背景,将城市规划建设和社会经济发展都置于铜梁龙文化的覆盖之下,将铜梁打造成为全国闻名的"龙乡"乃至成为全世界寻访中国龙文化的首选之地。那么在当前激烈的城市竞争中,如何成功地依托龙文化资源、塑造良好的城市形象,提高铜梁地区的知名度与美誉度,从而汇聚人才与资源,打造城市的品牌与核心竞争力,创造良好的经济与社会效益呢?笔者认为,铜梁打造龙文化产业可以充分借助电影的传播效力。

要知道,电影作为一种特殊的传播媒介与载体,能够弥补传统城市宣传推广手段的不足,随着电影与城市的关系越来越密切,其宣传推广效果也越来越引起城市管理者的关注与重视。同时,随着电影业的迅速发展以及城市宣传推广理念的推陈出新，利用在电影中场景及语言等植入来进行广泛而精准的宣传推广，能够为城市发展带来积极影响与崭新契机。

所以将来需要考虑，如何巧妙地把铜梁龙文化融入到影片中并被观众所熟悉和识记。要让电影中展现的铜梁龙文化不再突兀和呆板，铜梁龙文化的魅力不再是自说自话地大声疾呼，也不再是自恋式的呐喊，而是像和风细雨般慢慢渗透到观众心里。

电影本身就有一种美化效应，利用电影文化传播铜梁龙文化可以增加受众的美好印象。就像拍照片，经过加工和取景，拍出来的东西往往比实物要美得多。电影也是一样，通过工作人员的精心设计，运用镜头画面的独特视角对景物美进行挖掘，就能启发人们对铜梁的审美感受。再加上电影故事的渲染，铜梁就被蒙上一股神秘色彩。铜梁作为一个地方本身可能并没有什么特别，但因为在这个地点依托龙文化背景发生了美好的故事而使整个城市变得不一般，铜梁能立即变得鲜活起来，一下子富有了情感。例如在《非诚勿扰2》里，男女主角住过的别墅，通过电影的展示已不再是普通的房屋，而变身成为爱的代言、美的所在。对于一部经典电影，人们在长期反复欣赏中，对相关城市就一次次地累积了记忆。电影作品流传的时间越长，为城市带来的无形资产价值就越大。

电影还具有一种聚众效应，电影本身的活动就比较多，例如电影文化节、电影开机仪式、新闻发布会、电影首映礼等。再者拍摄的演员、执行的导演等本身往往是明星大腕，这些人给予电影的力量不可小觑。一般来说，只要跟电影沾边的新闻，总会被媒体疯狂追踪报道。电影总是有一股让人抵挡不住的魅力，有一种非凡的精神力量。例如香港电影《岁月神偷》获奖，由于是在香港上环地区的永利街取景拍摄，引发了保留这条街上12栋老建筑的文化运动，传为"一部电影拯救一条老街"的美谈。电影对城市的传播效果不可估量，所以铜梁地区的相关人员可以认真考虑电影这种媒介形式，更大范围地为打造龙文化所用。

目前,铜梁龙已经发展成为一个集扎制、销售、教学、表演于一体的龙文化产业链,铜梁龙既是静态的,也是动态的,对于动态的记录就最好是用影视的方式记录下来。据说早在1985年春节期间,重庆电视台就来铜梁拍摄了电视纪录片《铜梁龙灯》,对铜梁的龙灯品种、彩扎技艺、地方特色和节日活动等情况做了专题介绍。1987年春节期间,中央电视台来铜梁拍摄了11集大型电视系列片《龙》,其中《龙灯盛会》《望娘滩传说》《山乡火把》《扎龙现场》的场景全部在铜梁实地拍摄。1988年初,重庆电视台再次来铜梁,专题拍摄了铜梁龙舞电视片《风采铜梁龙》,该片参加了重庆市群众文化电视节目展播。这些年下来,已经积累了不少反映铜梁龙文化的影视作品,但是能够真正声名远扬的几乎没有,因此在已有成果的基础上,理应开发新的思路。

城市形象宣传片是近年来伴随城市发展而兴起的一种作品形态,它通过电视这种视听媒体进行展示,是电视广告的一种,其中不乏优秀之作,例如湖北广播电视台选送的《极目楚天舒》和南宁电视台选送的《中国绿城》等,但是总结一些宣传片,发现这些片子雷同现象严重,没有展示出城市自身特色,或是打山水风光牌,或是打都市人文牌,或是打历史文化牌,或是打经济环境牌,总该抓住一个重点,但这些片子总免不了对城市建筑简单的罗列和堆砌,城市的景色和风土人情因摆拍造成突兀和呆板,城市名称被直白告知。而且,电视广告总免不了见缝插针式的传播,过于集中的城市形象广告让观众记忆障碍,审美疲劳,面对大量同质化的城市形象广告提不起兴致。

而电影作品避免了这种直白、重复性的播出,电影作品的展示是一个完整的时间,一般也有特定的地点,选择观看电影作品的观众不是被动地接收信息,而是主动地寻找信息,这就避免了间隙性播出所带来的记忆遗忘和心理反感，独享一个屏幕，观众对于这座城市显然已经无处可逃，另外，运用电影进行城市宣传推广也节省了日益增长的媒体时段购买费用。比较起罗列陈述式的城市宣传片，电影对城市的展示更加自然、真实、生动，这些城市随着故事情节缓缓进驻到观众心中，我们看到的更多是生活中的城市，此时的城市拥有了鲜活的色彩，打上了真实的标记。城市的文化习俗不再是说教式的灌输，城市精神也不再抽象得让人无法触及，实现了通过故事情节的延伸，达到与观众情感交流的效果。

电影具有浓厚的文化气息，电影的精神深入人心。基于近年来大众对电影的关注，电影懂得审时度势，为了达到很好的宣传效果，作品在拍摄前必会先行造势，拍摄后也会跟进宣传，这种磅礴的气势不是电视形象广告能及的。比较起电影媒介，现阶段用城市宣传片进行城市宣传推广尚有欠缺。而迄今为止，还没有产生一部以体现铜梁龙文化为主题的电影作品，电视剧作品似乎也没有。

大体来说，电视剧中的城市宣传推广方式与电影基本相同，它们都是把城市融入到影视剧中，或是作为空间背景，或是作为故事发生地，或是作为情节要素，或是作为依托线索。近年来，用电视剧宣传推广城市的案例也不乏成功之作，例如《一米阳光》这部热播的电视剧作品，让丽江名满天下，以此剧名命名的酒吧在当地有多处，每家都生意红火，客流如织。但是，这只是个别现象，很多时候，观众还是对剧中所展示的城市印象匮浅。

相比较电影作品，电视剧作品比较冗长，尤其现在的电视剧集数都较多，几十集连播并不稀奇，有的竟能达到百十来集。而电影作品的性质就是永恒经典的，它短小精悍，言近旨远，易被流传，人们保存一部电影的概率要比电视剧大得多。电视剧的传播环境也相当受限制，在这个广告频播的时代，一集电视剧中都有可能插播三到五次时段广告，有时候观众并不能集中所有注意力进行观赏。而观众欣赏一部电影往往有特定的时间和地点，干扰性小。人们收看电视剧，往往并不是为了追求什么文化，更多的是为了消磨时间。他们关注的一般是人物命运和情节发展，如果不主动探究或剧中人物提及，对其中的城市并不关心。而且，有的电视剧会故意隐去拍摄地所在城市名或是改换城市名称，例如《蜗居》一剧里面所用的城市名称叫作"江州"，这就是一个虚构的名称，影射的是上海，男主角的家、别墅、商场和高尔夫球场都是在上海拍的。办公的地方，也就是现在的浙江安吉县政府大楼；包括男主角和房产商谈论房价的"一滴水茶艺馆"，也是在安吉县政府大楼的附近，还有江南红大酒店和吃合欢宴的安吉雅典皇宫大酒店，都是在安吉的。细心的观众可能去查证，但大多数观众对此并不关心，他们关心的是男女主人公的最后结局。如果不刻意宣传，相信知道真实拍摄地的人并不会很多。综合来看，电视剧也难以比拟电影的优势。

尽管铜梁有出众的龙舞大展演，荷花龙、滚地龙、小彩龙、大蠕龙、竹梆龙、板凳龙轮番上阵，每年都要吸引来自重庆以及周边省市的市民游玩观赏，尽管当地人民有如火的热情，但没有进行有效宣传的城市是不会被人们广为知晓的。酒再好也怕巷子深，在这个信息高度发达的社会里，没有人会跋山涉水去了解某个地方，所以一个地区若想有名气，必须自己主动去推介，去进行恰当的宣传推广。电影在提高城市知名度方面就做得很有成效，很多原先不知名的城市一下子进入大众视野，很多被埋没的东西就此呈现出来。例如"桂林山水甲天下"，尽管古代就有人把这句话刻在了桂林的石壁上，但很多国人还是在20世纪60年代通过电影《刘三姐》才认识桂林山水的。这样的例子有很多，《海角七号》让我们记住了那个叫恒春的小镇，《非诚勿扰》让我们领略了杭州西溪湿地的风情。对于那些对城市未曾知晓或只是一知半解的人们来说，电影让他们获得了一个了解城市的机会，他们仿佛与这座城市不再遥远与陌生，或许有一天他们就会纷至沓来，寻梦或是耕耘；而对于城市本身来说，这些好的电影让其知名度大大提高，收获的不仅仅是声望，更是将来大踏步的发展。

　　电影不仅能宣传城市，还可以阐述一种城市精神。观众在观看电影的同时，也会对城市产生良好的印象。有投资意向的观众就会在有投资需要的时候，首先考虑目标城市，并在该城市有所作为。例如由唐山市政府参与投资的电影《唐山大地震》成功上映后，该影片获得了很高的票房，除去支出首映礼、城市宣传片制作以及给电影院的广告等费用，唐山市政府还获得了相当的盈余。但盈利本身就不是政府的目的，媒体的连续高曝光度所带来的效应，远远不是钱所能衡量的。人们会对新唐山有一个全新的认识，继而带来的必将是对唐山的投资热，这才是唐山市政府通过影片宣传推广城市的目的所在。

　　电影的热播也会带动当地其他产业的发展。例如《非诚勿扰1》把观众们带进杭州这个美丽的城市，西溪湿地那片美好的风光让人流连，这就促使当地房地产业的升温。影片对当地环境的唯美展示、居住理念的有效传播，定会吸引观众来该城市购房置业。杭州素有"宜居"的称号，不仅有无可比拟的山水资源，还有悠久的历史文化，七朝古都留下的故事、底蕴与名胜古迹都会令人着迷，并且杭州加大城市软环境的建设，让居住在这里的人们更具安全感。所以当葛优与舒淇在电影《非诚勿扰》里将西溪的那丝丝浪漫与优雅演绎得淋漓尽致时，杭州的部分与西溪沾亲带故的楼盘，无一例外成为楼市的新宠，先后在杭州透明售房网的周排行榜上崭露头角，位列前十。在《非诚勿扰2》的推波助澜下，海南再次成为外界所关注的焦点。片中出现的世纪大桥、三亚凤凰机场、石梅湾、亚龙湾等海南标志性的风景和建筑让人们目不暇接；影片中的热带风光精美绝伦，舒淇和葛优入住的豪宅更是令人惊艳。借影片票房的大卖热潮，中旅集团推出全新"旅游+看房"活动，以"买房也是一种修行，海南楼市非诚勿扰"为主线，跟着电影的轨迹去领略海南风光，在尽享碧海蓝天的同时，也替众多网友实现置业海南的梦想。这有效地增强了海南旅游地产市场发展后劲,刺激海南房地产业再度升温。

所以说,电影对城市的宣传推广作用十分巨大,它在给城市"贴名牌"的同时,也帮助城市引进了大量的资金,促成了城市相关产业的飞速进步,为城市经济发展备足了后劲。

跟一般广告比起来,电影具有更长的曝光期,且随着剧情的发展,观众有身临其境之感,在镜头的特殊处理及明星行为的影响下提升对城市的好感度。这种不张扬的宣传推广模式便于和观众沟通,吸引受众前往目标城市参观旅游。例如看过《指环王》的人都不会忘记片中恢弘壮丽的场面,优美秀丽的自然风光再加上栩栩如生的电脑制作效果,紧紧抓住了观众们的心。许多影迷在看过该片后就慕名到新西兰的一个小镇探访魔幻仙境,连带整个新西兰都成为热门的旅游胜地。据新西兰旅游局统计,几年来新西兰入境旅游人数以每年近3.5%的速度增长。由此看来,《指环王》系列影片堪称最为成功的新西兰风光宣传片。

当电影变成旅游指南,人们就不再满足于从电影中看世界,更渴望亲身体验剧中人物的经历。例如国外影片《罗马假日》中女主角吃冰淇淋的西班牙台阶、男主角假装被咬手指的真理之口、许愿池等均成为游客到罗马后的必游之地,他们也希望像剧中人物一样去体会浪漫的感觉。国产片《唐山大地震》在全国热映,使越来越多的外地人把目光投向了唐山,各个旅行社都感受到了到唐山旅游的热潮,大多数外地人到唐山旅游必去三个地方,即地震纪念墙和抗震纪念碑、南湖、曹妃甸。过去唐山是旅游的冷门城市,这几年人数激增,说明一部电影对观众产生的影响确实不小,其他的例子举不胜举。城市在影片中得到展示,自然给观众留下深刻的印象,随着电影影响力的不断扩大,人们对去目的地的渴望也会越来越强烈。

目前来看,铜梁的龙文化产业多年来已做出许多不懈的努力,在国内寻找到了市场,很多作品被国内美术馆、博物馆收藏,龙灯文艺节目很受各地群众的欢迎。但是，相对于铜梁龙较强的知名度而言，其文化产业开发还有巨大的潜力。因此，我们可以努力挖掘市场潜力，尝试通过电影产品全面推向市场。这样的举措，能够节省巨大的资金，只需要将电影与铜梁龙文化进行简单的联系宣传，就可以达到事半功倍的效果。要知道，电影本身是非常具有吸引力的事物，将它与铜梁的龙文化旅游结合起来，既可为潜在的旅行者提供旅游的方向，还可促进本地相关产业的发展。如此则被宣传推广的铜梁则将成为最大的赢家，不但能把龙文化作为一个整体推向市场，还能成功地开拓自己的旅游形象，对整个地方的宣传推广起到非常大的作用。

杜新艳　华南师范大学文学院讲师、博士

电影《大龙舞》的创意构想解析

董 毅

一、创意缘由

铜梁龙舞诞生于中国龙文化的底蕴之中,繁荣于重庆铜梁地区的人文风情、艺术发展,展现了巴渝区域民风民俗的特色,体现出一种人们对于艺术文化、美好生活、社会安定的追求与愿望。铜梁龙舞是以地方川剧表演和音乐为基础,有着鲜明的地区风格。它结合人体的舞蹈动作,通过对"龙"的造型以及结合造型所融合的舞蹈姿态,共同展现出龙的动态之美,从而展现出龙舞独有的艺术语言。铜梁龙舞不但塑造龙的生动形象,而且结合了人的情感表达,让舞蹈更具有一种精神力量与艺术思想。总体而言,铜梁龙的舞蹈技艺及其语言追求大气、灵活,用大龙具、大套路、大变化来体现龙与龙舞的大气势,突显出"大"的艺术特征。

目前在铜梁,龙舞教练、龙舞编导、龙舞经纪人以及龙舞策划等龙文化产业都已发展起来。为延伸铜梁龙文化产业链条,铜梁打造了中华第一龙温泉旅游度假区,搞起了龙文化旅游。但也应认识到,在高压力快节奏的都市生活中,舞龙等传统民族民间舞蹈似乎正在渐渐失去依凭空间和发展活力,往往只能作为烘托节日氛围的传统文化点缀而被我们所观赏,相关的文化传承,已然显现后继乏力之势。而当今时代,电影作为艺术创作品与娱乐消费品,颇能吸引公众的好奇心与对艺术品的期待,同时吸引其他媒体的关注,产生多次传播的现象与效应，不断扩大影响力。在这方面做出努力将有助于优化铜梁龙的产业结构，将其独一无二的文化特色转化为拓展传承的载体形式、宣传途径、传播空间的优势，促进铜梁龙的产业化道路发展，电影《大龙舞》的创作历程就是在这样的思路下得以展开。

身为华夏儿女有义务和责任学习了解中华民族的传统文化，为建设有中国特色的社会主义现代化国家贡献自己的一份力量。目前我们应该扩大宣传范围，增强宣传力度，以便于舞龙运动在社会上顺利全面地发展。为此可以利用电影的宣传手段巧妙地推广传统舞龙运动，将其呈现于大众面前，成为舆论的焦点。

二、灵感把握

塔可夫斯基在《雕刻时光》中曾说道：人们为什么去看电影？什么理由使他们走进一间暗室，花一两个小时去看电影在布幕上行动作戏？同样，一部涉及龙文化的电影缘何吸引观众尤其是作为观景主力军的青年人？要明晰创作方向就要充分考虑到这样的问题。从深层次讲，一般人去看电影其实是为了获得人生经验，没有任何艺术能像电影那样拓展、强化并且凝聚一个人的经验，人们走进电影院的主要动机就是去经历一份独特的时间体验，在一场电影中追寻时光，建立起与回忆和时间经验的联系——过去的时光和正在经历的时光。

随着八〇后的青春渐渐远去，近几年来怀念青春的电影如雨后春笋般簇拥而至，如《左耳》《那些年》《致我们终将逝去的青春》《中国合伙人》《小时代》等都以高票房完美收官。曾经的《假如爱有天意》《放牛班的春天》《逆光飞翔》《牛仔裤的夏天》都定格在我们的记忆中，影响深远。这些关于青春的电影无一例外地为成长贴上标签：无忧年华、意气风发、桀骜不驯、痛也爱恋、姐妹情深，抑或是最无能为力的年纪遇见最想照顾的人，始于年少的仇恨终于成长和原谅……

《大龙舞》同样立足于校园，一群大学生面临着毕业与就业的压力，感受着现实与梦想的距离。她们是美丽的芭蕾舞演员，又是学校龙舞艺术团的骨干，清丽的面容下是伤痕累累的躯体，光环的笼罩下是植根于青春的职业生涯。她们热情洋溢追逐梦想，同时面对着激烈的竞争和所谓吃青春饭的担忧与迷茫。

主人公张馨就是这样一个典型，她热爱着芭蕾和舞龙运动，却不得不面对生活的艰辛和与母亲之间的矛盾，所以舞蹈同时也禁锢束缚着她，她想要冲破重重阻碍去获得自由，却发现真正困住自己的是心魔。她本能地抗拒着一切的竞争，可是成长却容不得她与世无争的避世心态。她以为友情是青春最温暖的陪伴，却见证了无情的背叛。然而青春总是在痛与乐中慢慢成长的，导演黄昆和闺密谢菊香始终是伴她前行的力量，至真至坚的情谊作为青春的见证，鼓励彼此走过了最值得珍藏的时光。爱过、痛过、努力过、遗憾过，那些属于青春的符号，将永远镌刻在心里，在成长中领悟生活的真谛。

在电影剧本《大龙舞》中，她既是真、善、美的化身，同时也有些许邪恶、诱惑、绝望的延宕。剧本描述了一个关于青春、逐梦、现实与成长的故事。华夏舞龙艺术团为新一季的实景剧《大龙舞》巡演选取女主角出任首席龙珠角色小龙女，该剧以绵延数平方公里的铜梁山水为舞台，构成了全国最大的舞龙实景剧场。导演黄昆到某舞蹈学院全程参与甄选，就读于舞蹈学院的佼佼者张馨和姚曼各有千秋，谁能赢得最终的青睐，进驻华夏舞龙艺术团，成为了此次甄选的最大悬念。

电影源于生活，高于生活。故事是生活的比喻，实际发生的事件只是事实，而不是真理，真理是我们对实际发生的事件进行的思考。在张馨的身上，我们能看到太多成长的不易，可是青春的洗礼是每个人必经的旅程。在面对困难、迷茫的时候，我们都有过困惑，在面对现实、理想的时候，我们总有过落差。即将毕业的大学生们同样面临着许多问题，找个体制内的工作，循规蹈矩地结婚生子，似乎是大多上辈人对晚辈的期待，似乎这就是所谓的体面生活。

无须去评价任何人对生活的选择，可是对于那些忠于梦想、努力逐梦的人，我们应始终给予最大的肯定，因为青春的历练需要狂热，无论成功与否，那无所畏惧的时光都将让我们的生活变得丰腴。只有看舞龙，我们才能发现纯粹的美和纯粹的姿态，而这正是此部电影努力要去表现的。在《大龙舞》中，女主人公张馨面临着两种性格的塑造问题，最后，重重压力激发她对另一种性情的完美诠释，从最初的纯美高傲，到凄美脆弱，再到后来的邪恶诱惑，最终的释然无畏，张馨在舞龙艺术的道路上牢牢刻上了青春的印记，领悟了成长的真谛。

三、创作主题

寻梦的道路从来不是一个人的战斗，它的实现从来也不是一帆风顺。在《大龙舞》中，对于女主人公张馨而言，梦想是破茧而出的自由，束缚于舞龙，也释放于舞龙。从小受到舞龙表演的熏陶，张馨早已与舞龙融为了一体，可是母亲的严厉与苛求则让她逐渐心生畏惧，对于舞龙梦想的搁置并非她的本意，而是生活对她的禁锢和打磨，是否让舞龙成为一生追求的事业，成了她的困惑，而青春的路上，谁又没有过迷茫。

对导演黄昆而言，梦想是善始善终的圆满。视舞龙为生命，用尽青春和热血铸就了一段舞龙史上的辉煌，却在人生的最高峰遭遇了重重的一击。肌肉萎缩症让他从此无缘舞台，转战幕后的他也渐渐无力消耗自己的身体，引入芭蕾等现代舞蹈艺术，创建新的舞蹈动作，将舞龙实景剧《大龙舞》搬上舞台,成为了他的夙愿。

对于母亲而言,梦想早已破碎不堪,所以把所有希望寄托在女儿张馨身上。对于姚曼而言,梦想是站在龙舞的金字塔顶端,得到所有的鲜花与礼赞,为此可以不惜一切代价。梦想于谢菊香,是一份洒脱与情义,而对于吴佩如来说,或许是与爱人长相厮守,与美食常伴左右。诚然,我们无力去评价别人梦想的价值所在,然而,在追梦的路上,如何克服困境、提升自我,去达到想要的高度,才是我们真正关心的话题。

梦想要植根于现实。学舞蹈的人千千万,能够站在艺术至高点的又有几人,更别谈成为长久屹立不倒的里程碑似的人物。能够进入一个更高的平台为学校生涯画上完美的句号,为未来的事业开启一片新的天地,自然是每一个毕业生首要关注的问题,然而进入华夏舞龙艺术团的机会只有一次,为了达到目的,或许不择手段也成了通往成功的路径。

主人公张馨一方面要承受母亲的压制,另一方面又要为母亲奔忙,生活和心理的重负让她青春套上重重枷锁。在学校,以她的资质完全可在任何比赛上载誉而归,可是她却选择了远离。我们可说这是她逃避现实的一种方式,因为年少的阴影或多或少仍让她也有余悸。在大学时代最让她感到温馨的,莫过于和闺密谢菊香、吴佩如的姐妹情谊。她属于慢热型的姑娘,对陌生人冷漠,对熟悉的人关怀备至,可却不那么善于表达,这也正是她惹人疼爱的地方,善良、真诚、外表坚强,内心柔软,有着一颗执着和炽热的心。当母亲在外欠下赌债无力偿还的时候,她果断地扛下债务,去找兼职的酒吧预支工资,又幸得吴佩如男友卢圆的帮助,得以解燃眉之急,可是,这也成为了吴佩如被姚曼挑唆利用的导火索。视男友为一切的吴佩如单纯得有些无脑,她误会张馨和卢圆的关系,被一腔妒火燃烧的吴佩如,有意把张馨在酒吧兼职的事情告诉姚曼,直接让导演重新审视张馨的做派。在张馨的母亲被牵扯到毒品事件里的时候,姚曼利用其大做文章,表面上帮助张馨,实际上落井下石，只为了自己能毫无悬念地赢得甄选。而这一切吴佩如都全然知晓，她的不作为实则把她与张馨的情谊推向了毁灭的尽头，然而最后，她没有听从程晨的预谋，给张馨比赛要用的绳带做手脚，说明她的心还没有被完全蒙蔽。只是在张馨看来，这份为了保卫爱情而背叛友情的心态，着实令人心灰意懒。好在母亲及时从警局出来了，好在谢菊香一直陪伴左右和导演黄昆信念坚定，这些正能量让张馨得以用更好的姿态在舞台上绽放光彩。你看，现实没有那么好，但也不算太坏。

电影和任何艺术相比都更接近生活，在《大龙舞》中，现实的生活温暖而残酷，它把青春的酸甜浓缩成了一个镜像，折射出最刻骨铭心的光与热。

生活交给我们这一无可辩驳的原则：看似如此，其实并非如此，人不可貌相。在表面特征的下面掩盖着一个深藏的本性，无论他言说什么，无论他们举止如何，我们了解深层的人物性格的唯一办法，就是看他们在压力之下做出的选择，压力越大，揭示越深，该选择便越真实地表达了人物的本性。

姚曼和张馨是黄昆难以扶择的优秀人才。姚曼丰富的舞台经验和扎实的基本功，无疑让她成为进驻华夏舞龙艺术团首席龙珠角色的强有力的竞争者。黄昆直觉上认为张馨在精神上忠于舞龙，天赋也很好，但对张馨的所闻所见却让他处于一种纠结和平衡的状态。对于张馨而言，受尽磨难的生活，所有的挣孔与救赎，由开始的不积极、不自信，过分的善良、忍让，到最后的无所畏惧，这是她完美的蜕变。是让小龙女顺利上演，还是让小龙女顺利出山，上演＝姚曼，真小龙女＝张馨。对于黄昆而言，再声势浩大、影响广泛的演出都比不上一场关于灵魂的较量。他已然面对着青春不能承受之重，一个舞龙演员、导演，无法再站在舞台上，于他而言或许是最大的灾难。找到真正的小龙女，去实现最后的理想，除此以外，别无他想。所以，当他看到张馨的天赋和与小龙女近乎相同的气质，他选择了身体力行的感化与救赎。

我们既是天使也是恶魔，只要我们的天平向任何一边稍稍倾斜，那么所有的社会难题，在几个世纪前就早已解决了，但是，我们本性中的抵触是如此之多，以至于我们永远不可能确知我们彼时将会是什么样子，此一时人类建造了巴黎圣母院，而彼一时却搞出个奥斯威辛。生活中，总有无奈、伤害、误解或背叛。一度红尘，谁又可以无欲无求，然而生活和命运总是和我们开着或大或小的玩笑，躲不开的，只有接受它，换个心态去面对，才能够释然。

从来不喜谁去感叹命运的不公，对于一个年轻的灵魂而言更是如此，矫健的身躯，敏捷的思维，未来的无限种可能。负债累累，对手发难，好友背叛，主人公张馨在面对生活的时候，有过失落，可从未有过抱怨。对于导演黄昆来说也是如此，内心痛楚无人分担，去寻找小龙女完成对舞龙最忠诚的献礼，成了支撑他的无限力量。

一个人经过不同程度的锻炼，就获得不同程度的修养、不同程度的效益。好比香料，捣得愈细，香得愈浓烈。我们曾如此渴望命运的波涛，到最后才发现，人生最曼妙的风景，竟是内心的淡定与从容……我们曾如此期盼外界的认可到最后才知道，世界是自己的，与他人毫无关系。

《大龙舞》影片中的人物是这样的，在经历波浪壮阔、阅遍无数风景之后，能有一颗慈悲的心，去享一份安宁。借着《大龙舞》，去承载青春道路上那些有关于努力、坚持、迷茫与成长的故事，张馨和她的母亲、导演黄昆和他的前女友卓嘉、对手姚曼、闺密谢菊香、吴佩如和她的男友卢圆，他们每一个人在现实生活中都有一两个原型，代表了不同的符号，代表了迥异的人生历程，可是归根结底，他们都诠释着一个共同的命题，那便是追梦与成长。

四、人物设置

一件艺术作品中的一切都不是偶然的，思想也许会自发产生，但我们必须有意识地并富于创见地将他们编制成一个整体。我们不能允许在我们头脑中产生的任何人物贸然闯入故事之中并扮演一个角色,每一个角色都必须适用于一个目的,而人物设置的首要原理就是要将人物分成对立的两组。在不同的角色之间,我们编织出一张对立或矛盾态度结成的网。

1. 主人公——张馨

这不是一个芬芳的世界,但这是你生活在其中的世界。对于张馨而言,生活的本身也许没有那么多的诗意,生长于这样的家庭,实在不是一件幸事。孩童时期家庭和母亲带给她的阴影一直如影随形,她只有在舞蹈中去舒展身体、释放心情。可是,偏偏她的禁锢同样来自舞蹈,大大小小的比赛,母亲的眼睛就定在那里,一旦失误,便是暴风雨的来临。上大学后,张馨有了所谓的自由,她痴迷于舞龙表演来宣布自己无言的反抗,骨子里早已和舞龙融为一体,她只缺一个放开心结的契机,而导演黄昆的出现,恰逢其时地去帮助她完成这一使命。她面对着从外在到内心的重重障碍,只要未到故事主线的终点,只要服从环境和类型所决定的对人的限制,主人公就有意志和能力追求其自觉或不自觉的欲望。她是善良的,虽然表面上叛逆,却对母亲维护备至;她是性情的,为了认定的人可以不顾一切;她是大度的,面对误解和背叛,她选择了原谅。

2. 其他人物

从本质上而言,是主人公创作了其他人物。其他人物之所能在故事中出现,首先是因为他们与主人公的关系以及他们每一个人在帮助刻画主人公复杂性格方面所起的作用。把影片的全体人物想象为太阳系,主人公就是太阳,配角就是环绕太阳的行星,小角色就是围绕行星的卫星,所有这一切都由位于中心的明星的引力固定在其各自的轨道上,他们每一个人都对其他人的性格塑造起着推波助澜的作用。《大龙舞》中其他人物的设置,都是紧密围绕着主角张馨而设置的。

母亲——成长中的亲情

张馨的母亲是刻画张馨背景似的人物，正是因为母亲年轻时候的遗憾和不得志，把所有压力和怨恨转嫁到了张馨身上。母亲一个人承担着家庭的一切开支，她抽烟酗酒脾气暴躁，动辄对张馨苛责呵斥，虽然张馨很早懂事，也心疼母亲的不易，但这些特性着实让张馨的年少时光充满了灰色的阴影，这对她性格的形成起着至关重要的作用，包括上大学以后的张馨不愿再参加任何芭蕾比赛，开始在酒吧兼职，这都和母亲对她的影响息息相关。母亲欠下赌债无力偿还，是张馨挺身而出抗下一切；母亲涉嫌毒品案件被带到警局，是张馨焦头烂额拼尽全力，甚至不惜放弃自己的梦想。母亲毕竟是爱女儿的，在后来的种种事件中，她看到张馨的坚强与关爱，再加上导演黄昆的助力，她开始向好的方面转化，这对张馨而言，是最大的欣慰和鼓励。

黄昆——成长中的恩情

黄昆的出现是张馨走向成功的助力，可以说，没有黄昆的出现，张馨很难真正地认识自己，黄昆身体力行对理想的坚持，也是燃起张馨信念的那团热火。他之于张馨，亦师亦长，他像一个伯乐一样发现张馨，可是他没有明显地去表现自己的欣赏，他认为真正的小龙女需要去接受这一切困境的洗礼，善良、纯净远远不够，他帮助张馨去感受和发现那些于角色塑造不可或缺的情感：嫉妒、诱惑、憎恶、绝望、释然。

姚曼——成长中的敌情

一山不容二虎，姚曼的出现一开始和张馨就是敌对的。在姚曼看来，她所做的一切都是理所应当。她的生活中不允许出现一点点失误，她认为自己是小龙女的最佳人选，进驻华夏舞龙艺术团是实至名归。她是如此地热爱表演，为此，可不惜一切代价。人物真相的关键是欲望，欲望后面便是动机。她是为舞龙本身疯魔，还是因名誉失了心智，她自己恐怕也不清楚。姚曼是看不上别人的，无论从专业上还是家境上，她以为自己高高在上，可在面临选角的时候,她失掉了自信,她开始离间吴佩如和张馨的感情,把张馨在酒吧兼职的事情不动声色地告诉导演黄昆,后来甚至利用张馨母亲被拘一事大做文章,她如此费尽周折保全自己的地位,却认为一切都是理所应当,其实,她也不过是那个挣扎度日的人罢了。姚曼带给张馨的伤害是主要的,也是必要的,否则,张馨如何领略那般妒火和憎恶,如何在舞台上诠释绝望、毁灭和重生。姚曼的存在,自有她不可磨灭的意义。

谢菊香、吴佩如、卢圆——成长中的友情

谢菊香是张馨最忠诚的伙伴,她活泼开朗,充满正义,性情上和张馨有着某种程度上的互补。她是个有个性的,眼里揉不得沙子;她是个无所畏惧的,敢爱敢恨,果断执着。她看得见张馨背后的故事,她眼里也疼、爱护张馨,懂她的清高和逞强,也懂她的柔弱和善良。

吴佩如,从最初无话不说,到后来的心存芥蒂,她背叛过友情,也终究幡然悔悟。她对张馨而言,何尝不是一种历练,最亲近的人不相信自己,这比血淋淋的博弈更加让人痛心。可是吴佩如的错误也不过是青春道路上小小的差错罢了,单纯的人容易掏心掏肺,也容易遭人利用。张馨最后在签约仪式上对吴佩如的莞尔一笑,谈不上原谅,也终究是释然了。

卢圆是个有胸怀的人,他家境殷实也勤奋上进,对女友、对朋友,都是两肋插刀的典型,他组建乐队去喊响青春的誓言,他帮助朋友去渡过难关。在张馨有需要的时候,他二话不说借钱给张馨,并对此事只字不提,这也是让女友吴佩如有所误会的关键导火索。当他知道吴佩如误会他和张馨的关系,并对张馨落井下石的时候,他理所应当地揽下吴佩如的过错,选择了宽容。

五、结构设置

亚里士多德在《诗学》中指出,一个剧本必须要有开端、中部和结尾。

虽然这是一个不证自明的命题，但却是不容轻视的规律。一个事件打破一个人物生活的的平衡，使之变好或变坏，在他内心激发起一个自觉或不自觉的欲望，意欲恢复平衡，于是这一事件就把他送上了一条追寻欲望对象的求索之路，一路上她必须与各种（内心的、个人的、外界的）对抗力量相抗衡。他也许能也许不能实现欲望，这便是故事的要义。

在《大龙舞》中，剧情一直沿着女主人公张馨的行动意志线发展。张馨从无心参赛，到面对挑战，经历困障，最终达到目标，这条意志线活动，成为整个影片贯穿的动作线，形成了影片上升、下降的大节奏。

1. 开场：主人公练习动作

张馨在排练室独自起舞。

2. 开端：介绍人物，带入冲突

开端：张馨、谢菊香看到校园里拉起《大龙舞》选角海报——介绍张馨、谢菊香。学生们在排练室练舞，姚曼和张馨第一次冲突——介绍张馨和姚曼关系。

发展：张馨回到家收拾母亲醉酒场面——介绍张馨和母亲的关系。

高潮：导演黄昆回校开《大龙舞》选角记者招待会。

结尾：张馨、谢菊香和吴佩如宿舍夜谈——交代人物性格。

3. 展开：展开冲突

开端：张馨去酒吧兼职。

发展：张馨母亲被追债上门。

高潮：张馨迟到，导演黄昆拒绝张馨的补救。

结尾：导演与姚曼相谈甚欢。

4. 递进：深化冲突

开端：张馨和母亲矛盾激化。

黄昆在张馨和姚曼中权衡，姚曼和张馨的第二次冲突。

发展：由于姚曼的告密，黄昆得知张馨在酒吧兼职夜场，遂起冲突。张馨生病坚持兼职，吴佩如受姚曼挑拨越发离间张馨，黄昆去张馨家了解情况。

高潮：华夏舞龙艺术团经典剧目《龙舞铜梁》上演，黄昆和前女友卓嘉的关系赫然纸上，张馨得知黄昆肌肉萎缩症的实况。

结尾：平安夜，卢圆向吴佩如求婚。

5. 高潮：动作和情感的高潮

开端：张馨母亲牵扯至毒品事件，姚曼以让张馨放弃甄选为条件假意帮忙。

发展：黄昆在演出前由于卓嘉的纠缠摔倒，被张馨送去医院。

高潮：张馨回比赛现场，得知毒品事件真相，在《大龙舞》比赛中表现突出。

结尾：张馨和母亲心结化解。

6. 结尾：点题

张馨签约华夏舞龙艺术团，原谅吴佩如的一时糊涂。

六、剧情植入

铜梁作为一个地区在电影中的植入可从两个角度开展：（一）从有形的城市物质空间着手，将铜梁区有形的特质与标志性景观巧妙地植入到电影中，不仅能够起到渲染电影意境的美学作用，还能使观影者形成良好的视觉效果，从视觉上感知这个地方的整体面貌；（二）借助艺术性的表现手法与策略，将铜梁的非物质空间如龙文化等巧妙地植入渗透到电影中，达到"润物细无声"。

董毅　广东龟壳会投资管理有限公司总经理

铜梁龙的形成与形象特色

杨建国

中华民族以龙为图腾,它的形成有一个自然发现,信仰崇拜,弘扬发展过程。铜梁人自古以来喜爱扎龙、舞龙。1997年,国家文化部将铜梁命名为"中国民间艺术(龙灯)之乡",这与铜梁人对龙的崇拜和华夏民族的龙图腾分不开。

一、龙的崇拜起源

对上古龙崇拜的起源,说法众多,综合起来有四个大的研究方向:一是闻一多的"综合图腾说",二是秋浦、赵建伟、徐乃湘等的"动物原型说",三是朱天顺、赵天吏、刘宗迪等的"天文原型说",四是王小盾、刘志雄、杨静荣等的"观念原型说"。而近年来较有影响的"源于原始历法龙星记时制度"的"天文原型说"得到普遍认同,即:东方苍龙群星是龙的原型。

"古人务耕,以农立国,特重农事。农业生产与岁序、时令密切相关,天上的群星与四季同循环,是岁序时令最直观、最准确的标志(如鸟星、火星、昴星、虚星黄昏时分别出现于南方天际,即是春、夏、秋、冬四时)。天际四象中东方苍龙群星周天运行,与农时周期相始终,因而成为古人了解时间岁序的主要依据,成为天道自然的体现,成为万民共瞻的神圣象征。"

二、龙的图腾和信仰崇拜

"华夏先民尊崇东方龙是造福人间,令人敬仰的吉祥之物,是集日月星辰之精华,汇天地寰宇之灵气,包容统御四海,吐纳百川,呼风唤雨的神物。"

自古以来,在干旱之年,龙都是人们用来求雨的神。相传"宋元时期铜梁城中晧首冷谏之邀乡人用黄荆条编制成龙,在罗睺山上盘旋舞动,作法求雨,提振民心"。

今天的安居古城也有许多历代遗存的祥龙身影,留下了许多龙崇拜祭祀活动的踪迹,只不过后来龙的有关活动又逐步演变成为节日里受人喜爱的文娱活动。

三、铜梁龙形象的形成

中华文明大约在 4000～5000 年前起源于内蒙古河套地区乃至黄河流域,氏族的不断兼并和文化的融合出现了一种综合型的图腾——龙,这也是古人在发展中解决氏族矛盾所产生的政治智慧。龙图腾这一重大选择直接影响到整个中华文化,向内收缩、包容兼蓄的特征在中华文明中十分显著,龙的产生则从形象上证实这点。故中国人爱龙有久远的历史基因,龙的历史就是整个中华民族不断演化的历史。

铜梁龙的形成离不开大中华文明背景,盛唐时巴蜀地区已有龙灯的雏形,五代战乱后归于宋,很多北方艺人来到南方避难,使得文化得以相互交融。北宋鼎盛时期龙灯龙舞已经成为社会流行,辛弃疾元夕词中有龙舞灯市繁华情景的生动描写:"宝马雕车香满路,凤箫声动,玉壶光转,一夜鱼龙舞。"可见当时汴京龙舞的盛行。

铜梁龙制作工艺的传承多是口传心授，而真正有文字记载的是在明清时期，这也是铜梁龙发展的一个鼎盛时期。

发展至明清的铜梁龙，在沿袭汉唐龙的浑厚、宋元龙的冷峻的同时，对龙的形象又做了新的造型变革。明代洪武因杀伐过重，当时的龙面目狰狞，五爪深持，毛发冲冠，双眼炯圆，成为明代龙的主要特征。铜梁龙结合当地民风民俗将原先凶恶的龙形象做了有益的改良。

一是眼珠进一步扩大，使龙在舞动时观众也能轻易地看到龙的眼神。

二是龙冠、龙身则结合了戏曲中的头饰，尽最大可能让龙的侧身更吸引观众，但又不是戏曲人物注重正面的脸谱塑造。这一点也是铜梁龙装饰和戏曲装饰不同的地方，设计者的这个创新完全是长时间观察体验龙的活动后累积而成。

三是在反复研究中发现龙头正面过于庞大反而会加重龙身的负担，而且正面突出龙脸的机会相对少，在龙舞中龙的侧面形象，恰恰是观众能真正欣赏到的龙在舞动中的整体灵动感，所以在造型上尽量突出龙头的侧面效果，正面则通过向外突出的龙眼和龙嘴的装饰吸引观众。

清代至民国年间，京剧和川剧的发展对龙的装饰艺术更有很大影响，特别是同光时期发展到了顶峰，这也促使艺人对铜梁龙的装饰提出了新的要求。

清末民初，铜梁龙在色彩运用方面大量借鉴了京剧和川剧中的装饰色彩，使得铜梁龙极具舞台效果。

新中国成立后，通过龙嘴和龙角的改进，使得龙的表情更加贴近大众，龙的形象既威武又亲善：（1）龙角再也不是直立而是顺势而为；（2）龙嘴不再是血盆大口而是一种善意的笑口；（3）对传统龙的豚形龙鼻则做了戏曲式的美化，形成一种极具装饰性的鼻头，同时也保存了传统龙的优秀历史信息。

四、铜梁龙的形象特色

铜梁龙的形象较之全国其他各地龙确有特别之处,今天的铜梁龙传达给人们的形象语言,可以说是铜梁龙灯艺术传承人在全国各地固有龙形象基础上的发展创新,正是这些创新对民族民间艺术的传扬做出了卓越的贡献,受到国内外专家的首肯,得到地方和中央政府的重视表彰,先后有一大批民间艺人被评为国家、省级龙灯工艺大师,工艺师,传承人。铜梁龙不断走向全国以及世界各地,参与国内和国际重大活动。

对于铜梁龙与全国其他地方的龙之形象特色,概括地说,不同之处有四个方面:

(一)龙头造型上的不同

铜梁龙头根本改变了龙的狰狞恐怖形象。当然"世界上许民族的信仰、神话中,都有和汉语龙类似的神异动物,这些神异动物的形象在许多方面与龙不谋而合",因此从古到今龙的造型都强调一种威慑感,民间工匠遵循一条"哭龙、慑虎、笑狮子"的俗规,一副哭像的龙可以吓唬众人。"和欧洲神话中的'dragon'一样,神秘莫测、匪夷所思,以致欧美国家更是直接把东方龙译为'dragon',定为邪恶之物。重要的是,东方神龙是造福人间的吉祥之物,安全不同于西方'dragon'是作恶多端、令人恐怖的怪兽,两者一为水,一为火;一为神,一为魔,貌合神离,不可同日而语。"

铜梁发展创新的龙形象,吸取了"笑狮子"的造型,一张笑颜大开的脸,使人感到喜气洋洋,活泼可爱,有亲近之欲望,通过龙的形象塑造传达了铜梁人的"奋进快乐幸福情感,热忱好客喜地欢天"。

（二）塑造了壮实浑圆的龙身

铜梁龙造型一反龙身扁平之貌，创造了在龙的舞动中龙身始终保持圆桶状的形象，有如活龙活显的生灵，极大地增强了艺术感染力。

（三）创制了美妙的龙尾

铜梁龙的形象修正了传统龙头大尾小的旧颜，塑造了与龙整体形象协调的龙尾，新创的龙尾大而柔美，有飞动之感，活像给龙添上了劈波斩浪、穿云拨雾的翅膀。

（四）弘扬提升了龙的传统彩绘

1. 保持了地道的手工彩绘

龙身彩绘用笔用色用功都不折不扣地继承了传统，彩绘手法也是地道的传统工艺手法，工匠画龙胸有成竹，一气呵成，韵味无穷。

2. 彩绘部位的扩展与彩绘图纹的丰富

龙的彩绘不再是旧时简单的勾勒，而是集众多寓意深长的民间吉祥图纹，如"渊源共生、和谐共融"的祥云纹、云气纹，"辟邪、驱魔，神圣不可侵犯"的火焰纹，"永恒不变、万福万寿"的万字纹和"富贵不断头"的回文，等等，都巧妙而形象地运用组合布局于龙头、龙身与龙尾，使铜梁龙浑身充满大写意的瑞丽喜庆之气，地域特色尤为突出。

总而言之，铜梁龙形象特色的形成主要是三个方面结合，即：历史文脉、戏曲艺术和民风民俗，历史让铜梁龙更厚重，戏曲让铜梁龙更美丽，民俗让铜梁龙在乡情乡风浓厚的土壤中更加灵动而富有生命力。

杨建国　铜梁龙文化研究会副会长，铜梁区规划委员会专家委员会文化委员

诗情画意壮心飞

李明忠

观赏龙舞,有三个境界,依次为视觉愉悦,欢乐感受;心领神会,游目骋怀;物我两忘,情思飞扬。

鲜活硕长是铜梁龙最显著的特征,舞蹈套路设计抓住其长,展示绘画之美。龙舞是动的艺术,依赖舞龙手的身韵、姿态、节奏等要素抒发思想感情,表现社会生活。而绘画是静的艺术,它将流动的舞蹈瞬间凝固为静态的画面。舞蹈成画,就是用一个个造型,表现内在节奏和意蕴,在缓慢而紧凑的旋律中,突然定格,将急促与舒畅结合,奔突与凝滞相映,静中有动,变化多姿,顾盼生辉。我们看到,表演"巨龙出宫"的套路时,龙睛眈眈,流鬃飞扬,鳞甲闪烁,巨龙忽左忽右曲线穿梭盘旋腾挪。待到完全出场后,龙身上下起伏缠绕旋转,摆出"龙菊花开"的造型。随即龙头前望,欢快奔走,拉出长长的一段亮闪闪的龙身,突然回首静立,前身盘旋,后尾高翘,定格出"双起塔"的画面。此后的"大立圆螺旋跳""梯形亮相""连环套""高盘龙""行走快舞龙""直躺快舞龙""单膝跪""单侧舞"等套路先后以宝塔形、梯形、螺旋形、蛇行状等构图,表现欢快激烈、柔婉徐舒的律动,在起伏腾挪中见丰富变化。一张一弛,极具韵味,给观众神龙百变,眼花缭乱的审美愉悦。

观舞品技,悦目赏心进入的是第一境界,而由形得神,心领神会就渐入佳境了。由此看来,鉴赏龙舞,还得有文学的因素,有生活的体验。只有具备文学的想象能力,只有对社会生活有丰富体验的人,才能深入体味其意蕴。

我们看到，铜梁龙灯出场时，款款走着四盏牌灯，随后的演员举着云牌、水牌，营造出沧海云天的氛围。唢呐尖厉鸣叫，大鼓隆隆奏响，云腾烟沸，雷鸣电闪，一群鱼鳖浮游过来，一对鲤鱼摆着敏捷的尾巴，在波涛的激流中艰难腾跃，射向迷茫的龙门。顷刻间，乐声消歇，烟霏云敛，一条条火龙扑腾翻飞，迎着亮闪闪的火阵，一路狂舞，这就是"鱼跃龙门"传说的深情演绎。对此，范晔的《后汉书》有这样的记载："河津一为龙门，水险浪恶，江海鱼鳖数千，迫龙门下，不得上，上则为龙也。"千百年来，读书人渴望收名定价于君侯，为的是一登龙门，身价百倍，激昂青云。可是，龙门之途，风紧浪恶，落魄多，得意少，就连潇洒出尘的李太白也不能幸。他在诗中写道：黄河三尺鲤，本在孟津居。点额不成龙，归来伴凡鱼。遥想当年，诗仙名播海内，依然书剑飘零，煌煌大唐岂可野有遗贤？玄宗尊重人才，赐宴召见。在君王面前，李白的头是珠穆朗玛般高高昂着，只想尽展诗才，不愿催眉折腰，于是被赐金放还，游历名山。他叹息："大道如青天，我独不得出！"他渴望："长风破浪会有期，直挂云帆济沧海。"自古以来，鱼跃龙门多艰险，而艰难之途却又魅惑地招手。铜梁龙舞深刻传神地表现了这样的意蕴，形象生动，耐人寻味。

龙舞的鉴赏熔铸了感情，就进入了最高境界。

试想，一条绢绸扎制、彩墨藻绘，没有生命、没有灵性的铜梁大龙，怎么会舞出灵秀诱人的情意，达到娱人眼目、震撼人心的境界呢？

观赏铜梁大龙舞，往往有这样的感受：全然忘了舞龙人！因为，龙与人珠联璧合，相得益彰。大龙舒爪亮鳞，腾挪盘旋，翻卷着昂昂烈烈的傲世雄风；演员奔突旋转，疾走静立，释放出气势磅礴的情思意蕴。这得益于铜梁大龙的独特神韵，龙舞是线条的艺术，那色彩斑斓的龙身挥洒着具有弹性掌力的彩墨线条，将奇险万状忽轻忽重刚圆遒劲的结体构图，将翻江倒海起

亘古一龙腾

伏奔腾不可遏制的情态气势挥洒成倏忽之间变化百出令人心旌摇荡的惊喜感叹。我们来看看表演的场景：大鼓声起，模拟出雷电交加、风云际会的气氛，锣声耆然，恰似分波斩浪激流飞卷。龙出宫，抖须，舔项，悠然自得。龙头高昂，雍荣华贵，宛若天子出巡，威严无比。演员的眼神身韵、低眉垂睫无不与舞蹈的情节息息相关，龙身的左缠右绕上跃下滚全与表情达意紧紧相连。那圆，给人柔和、圆润，无限延伸的视觉效果；那缠，人依龙，龙恋人，俯仰盘旋天翻地覆；那滚，人与龙扭结迸发，贴地如螺旋前行，舞天似云卷云舒；那腾，凌空驭风逶迤绵延逍遥遨游，这真是神龙百变令人眼花缭乱。舞龙汉子在行云流水的慢板中情意绵绵，在激烈奔放的旋律中翻江倒海。人成了飞旋的龙，龙成了有生命的人。物我两忘，情韵飞扬。

铜梁大龙把中国传统重旋律、重感情的线的艺术推上了一个崭新阶段。以线塑形，以线抒情，以线补虚实，以线挥洒万千气象。那敲得人心快要迸出来的川戏锣鼓，那把双目炫得亮闪闪的龙身，那大场面、大道具带来的大惊喜，常使人产生大感动：投入舞龙队伍，舞出超越腾飞、纵横万里的渴望，舞出黄皮肤黑头发的向往——击水三千里，破云十万重，腾飞，向着那茫茫海天……

李明忠，中国作家协会会员，主任记者，原重庆市铜梁区作家协会主席

龙凤呈祥，天下安居

田景和

核心提示：铜梁龙，中华龙。中国重庆铜梁龙舞堪称天下第一，自古以来，一脉相承，代代相传，历久弥新。

龙与凤作为中华民族的精神图腾，根植铜梁。

龙凤呈祥，快乐平安；龙飞凤舞，发奋图强；

龙腾虎跃，真抓实干；龙彰风彩，人生漂亮。

铜梁龙舞，中华民族龙图腾——脊梁文化的诠释与传承。

一、龙及龙文化的背景与来历

我们都知道：龙文化在华人世界根深蒂固，古人每以龙、凤、龟、麟为"四灵"，为祥瑞，为祖先神，尤其是龙被冠为父系甚至帝王的形象内涵以后，其地位及功能便有了"九五之尊"的皇权称谓。传说龙能兴云雨、利万物，是鳞虫之长。在经过后人反复提炼加工完善以后，龙的形象博采众长，被定义成由自然界九种优秀动物的标志性功能组成：

1牛头（代表农耕文化）、2猪嘴（代表饮食文化）、3蛇身（代表性欲文化）、4鱼鳞（代表子福文化）、5鹰爪（代表权力文化）、6鹿角（代表福禄文化）、7龟颈（长寿文化）、8兔眼（代表聪慧文化）、9马鬃（代表奋进文化）。

那么，"龙"及龙文化究竟如何产生的呢？其原始本意究竟又是什么？

笔者认为："龍"亦是象形文字，产生于上古生殖崇拜时代。"龙"与

"易"同出一脉,皆是男女性事"会意""指事"的象形动作文字,乃上古人类在生殖崇拜时代创造的原始性爱"象形"动作的文字符号。

《史记·五帝纪·正义》引《山海经》云:"雷泽有雷神,龙身而人颊,鼓其腹则雷。"《淮南子·地形训》亦云:"雷泽有神,龙身人头,鼓其腹而熙。"高诱注:"雷泽,大泽也。鼓,击也;熙,戏也,男女交合之事也。"

东汉许慎在《说文》中的解释是:"龙,鳞虫之长,能幽能明,能细能巨,能短能长,春分而登天,秋分而潜渊,从肉……肉飞之形。"这种解释应该是权威的。先分析《说文》中篆体"龍"字的结构:右边为具有长尾的爬行动物,为侧视图,其中的三划为足,这与殷周古文字中龙的无足形象完全不同,从篆字形象看其顶部不像角而像张开的大嘴,颈部弯曲,此似为"亢龙有悔"之意。左边为"立"与"月",为俯视图,从篆字形看,其顶上的两横,似为俯视其上下颚张口状,"立"的中间两点为头部的轮廓,下部向上弯曲的一画为前肢。"月"为其胸、腹部或下阴,其右下的一长画为尾部;其中间的两画,似为"龙"字的左右两边都是人的形象,可视为两人相并,一侧一俯,似男女二人交媾状。可见造"龙"字之初就参照了男女性交的动作形象和特性,是人类"附阴抱阳、阴阳之道、龙凤呈祥、和谐文化"的原始性爱符号。日月为"易",上下交合,万物衍生,"龙"与"易"一脉相承。

自古以来,生殖与繁衍始终是人类与自然界的主旋律,因此,关于生殖繁衍的"龙"与"易"逐步变成了人类的核心文化,继而产生了《易经》——人类伟大的文化与自然科学典籍。"龙凤呈祥"文化既是社会与城市发展的灵魂,更是社会城市经济全面振兴的内在驱动力,也是指引和照耀社会城市发展的方向与光芒;历史和传统,就是我们民族文化延续下去的根和种子。历史表明,一个国家的文化修养关乎民族灵魂、人民幸福与国家命运,关乎每一个国人、每一个家庭、每一个企业的生存与发展。

据考证,龙文化作为中华民族的精神图腾,作为团结全球华人同根同源与血脉情感认同的灵魂文化符号，作为中华民族的脊梁文化，早在七千年以前生殖崇拜时代就已经基本成型。《易经·干卦》中"九五，飞龙在天，利见大人"，故又称帝王之位为"九五之尊"。可见，尊天子为龙起于《易》，而《易》又始作于伏羲，故可推断称天子为龙乃自伏羲始，故此，龙文化就是指龙祖伏羲开先河的中华传统文化。"龙的传人"实为龙文化的传承人，也就是由龙祖伏羲开创的中华文化的传承人。与此同时，有"龙"必有"凤"相配，华胥婉蛇，母系之本，化身凤鸟，五彩五德；龙祖伏羲，父系之根，龙象而成，九彰九子；阴柔阳刚，自然之象，华夏共祖，伏羲女娲，龙凤呈祥，阴阳结合，以凤为本，以龙为根，以凤为卵，以龙化精，幸福健康，繁而无穷，能大能小，能升能隐，谦逊仁爱，博采众长，协和万邦，强大自信，主持公道，德庇苍生，福佑天下，安居乐业。

而且，随着历史的不断推进与朝代更迭，关于龙凤文化的内涵演译亦日趋复杂多变。在国内除了历代皇帝以龙为天子之象征形象代表以外，民间早已衍生出了"稻草龙、鸭子龙、火龙、水龙、鱼龙"等各种形式的"舞龙祭龙"活动。"铜梁龙舞"可谓源远流长，独领风骚，精彩绝伦。而西方人却在误解中国龙，甚至将其妖魔化，以达到他们诋毁与破坏东方智慧——龙凤图腾文化的目的。历史必将证明：他们的丛林法则及对抗思维，终究会成为埋葬他们自己的墓志铭。

二、龙作为中华民族图腾文化是伟大智慧

中华民族7000年辉煌文明——龙、凤文化，源于大易，而成于孝道。大易太极科学乃是三皇之首——中华龙祖太昊伏羲氏与凤祖女娲氏两位始祖一起，共同发掘与创立出人类最早的生命哲学科学体系——阴阳太极理论体系，亦是人类最早的生殖崇拜时代的系统理论文化。因此，中华民族被称为

龙凤传人，而伏羲与女娲所化生的龙与凤，便成了中华民族千百年来孝敬与崇拜的文化图腾符号！

显然，龙、凤、伏羲、女娲和《易》具有一脉相承的内在关系。而比较全面的说法是中华民族是龙虎民族，中华文化是龙虎文化。历史上巴蜀文明或者巴楚文明皆是以巴文化为基础的文化延续与变异，巴文化所代表的是早期的父系文明，巴人从凤（母系符号）、从蛇、从龙（父系符号）、从虎（巴人符号）图腾的演变而来，就是以华胥氏、伏羲、女娲、廪君等人物为代表的中华早期龙凤文化发展变化的历史传承。

亦可以这样理解：华胥氏、女娲氏作为母系时代的杰出人物，以"凤"为纪；燧人氏、伏羲氏作为父系代表性人物，以"蛇"化"龙"为纪；顾相、廪君作为巴人的符号性人物，则以"虎"为纪。也就是说：凤图腾、蛇图腾、龙图腾、虎图腾、龟图腾等等，都是上古巴人及祖先"母系符号"与"父系符号"在各个不同时期的历史记忆，标志着人类文明继承与发展的演变过程。

有考古成果表明：中华文明上下七千年，"龙凤文化"几乎成为贯穿这条历史长河的主线，尤其是得到了历史公认的龙文化，使得中国被称为"龙的国度"，中国人号称"龙的传人，龙的子孙"，龙是中华民族传统文化的象征，成为中国人的精神图腾。在中国文化理念中，龙代表的是祖先文脉与血脉，是天下太平的征兆，龙被人们视为天下最大的吉祥物。龙文化经过数千年的积淀、发展、提炼、意想、完善，最终成为了一个融合各种优秀文化的集合体，成为了华夏民族公认的传统图腾符号，这也正是华夏民族几千年来的文化智慧结晶。

三、铜梁龙代表中华龙

历史往往在不经意之中优化成了某些生命符号。穿越时空，我们发现：

龙凤呈祥，天下安居

铜梁因县域有铜梁山而得名。志载铜梁山其石梁横亘，形如玉屏，势必游龙。每当阳光照射，石梁呈古铜色，故名铜梁。铜梁这个地域概念的形成，在春秋战国时。楚威王灭巴子国，封庶子于涪江之南，号"铜梁侯"，唐朝武周长安四年（704年）建铜梁县沿用至今。同时，根据1976年的考古发现，铜梁境内最早有人类活动的时间是距今21500年+310年的晚更新世纪，该文化遗迹被中科院命名为"铜梁文化"。"铜梁文化"的意义在于它填补了西南重庆第四纪地层研究的空白，同时证明长江流域也是中华民族的主要发源地之一。因此，无论是华夏巴蜀上古神话之"龙祖伏羲"画太极、定八卦及设制"天人合一、龙凤呈祥、一夫一妻"的婚嫁制度，还是民间关于龙生九子——其中九龙之五狻猊与九龙之九螭吻这"九五之尊"一起，化成了铜梁巴岳山巅的雌雄巨石并福佑天下风调雨顺的神话传说，无论是"武王伐纣"实得"巴蜀之师"打败纣王，还是巴人助力刘邦打败项羽后，建立大汉江山而流传在铜梁安居古城"巴渝舞"——铜梁"龙舞"的前生……历史总是在一脉相承，不断演进。

《新唐书》记载，唐朝皇帝李世民（真龙天子？）曾经敕命太使令袁天罡（渝州江津石门镇人）、李淳风回到西南巴蜀之阆中、铜梁、安居等地寻找龙脉，阴差阳错却带来了"大唐盛世"。而宋元之际，蒙哥可汗铁骑踏遍了整个欧州如入无人之境，却因巴蜀铜梁龙脉旺地"龙腾虎跃"民风强悍力保合川钓鱼城，让他在苦战36年后丧命而去，最后化干戈为玉帛，所有铜铁兵器被融化而成就了铜梁安居舞龙之辉煌"火龙"，促成了"天下安居"。历史到了明代，皇太孙朱允炆即位以后，为巩固皇权，与亲信大臣齐泰、黄子澄等密谋削藩，却开罪了诸臣。其皇叔朱棣建议以"清君侧，靖国难"的名义起兵，攻占南京，史称"靖难之役"。后朱棣即位，改元永乐。明惠宗朱允炆急忙逃到了西蜀铜梁巴岳安居一带休养生息，以图再起，幸遇太祖恩师张三丰在此悟道，修城皇庙，建迎龙门……朱棣即派追兵于此准备围猎朱允炆,经祖师张三丰劝解,言明此地乃上古三皇之首伏羲龙脉所在,不能以血光破坏帝王龙脉灵气;于是双方舞龙以祭,同时化兵器为火花,以助阵龙舞效果,此后便有了"天下安居"的"永乐盛世"……

尤其是在新中国成立以后,铜梁龙舞多次荣登国家舞台,甚至代表全球华夏龙族传人登上了国际舞台。中华人民共和国成立35周年国庆活动,邓小平同志点将"铜梁龙舞"参与了北京天安门的龙舞表演,舞出了龙的传人——中华民族的精气神。中华人民共和国成立50周年,依然是铜梁龙舞在北京天安门前博得头彩,更有"龙凤呈祥"的精彩画面:彭丽媛女士身着五彩礼服,端庄典雅地站在美丽的凤凰彩车之上,高歌《好日子》;香港回归,铜梁龙舞现场庆贺,表现了炎黄子孙龙的传人,迎接祖国统一的伟大时代;中法交流,铜梁龙舞在法国一展东方龙族神韵;奥运盛会,"铜梁龙舞"震撼鸟巢,惊艳世人,激励了中华儿女奋力拼搏赛场,勇摘金牌,预示了东方巨龙腾飞世界,继续造福人类。

铜梁安居,人杰地灵。历史上的本土籍或客居者,从传说到有据可查的许多名人志士在此不做列举。而安居、巴岳山、孝子洞(化生洞)、玄天湖、元天宫、玄真洞、罗堘寺、计都寺、巴岳寺、昆仑洞、黄桷门、棋盘石、天灯石、慧广寺、波伦寺、化龙山、飞凤山、冠子山、八卦山(火盆山)等风水宝地,便是这些历代灵魂性人物见证和参与传承"铜梁龙凤"的文化载体。

凡此种种迹象表明:铜梁龙,中华龙。龙凤呈祥,天下安居,铜梁龙舞实乃中华龙图腾——脊梁文化的诠释与传承。

四、铜梁"三龙精神"引领人类安居乐业

为了将重庆铜梁人民世代相传的传统中华龙凤文化发扬光大,更好地引

领并造福于全人类和谐共处，借助于蜚声中外的铜梁"龙舞"品牌文化，铜梁区委、区政府特别提炼出了铜梁的"三龙精神"：

龙腾虎跃拼命干；

龙飞凤舞愉快干；

龙凤呈祥和谐干。

中华龙凤，铜梁龙凤。铜梁"三龙精神"，对"夫妻和美，家庭和谐，民族团结，国家富强"做出了深刻而明了的诠释。二元对应，和谐共生。这也正是当今世界解决各种矛盾纠纷，最具人性魅力的放之四海而皆准的东方智慧，更是解决西方"二元对立而裂""二元对抗而亡"丛林法则的国家战略。

中华铜梁"三龙精神"高度概括了夫妻、家庭、社会和谐发展的内涵关系，与此同时，还完全能够形象有效地改变西方误解东方龙文化内涵的观点，必将成为促进和引领人类走向和谐与可持续发展大同世界的通用中华文化。

女人美，则国美；

女人智，则国智。

凤是女人，

凤是灵魂，

凤为凤、缝、阴、坤、地、母、妻……

男人强，则国强；

男人威，则国威；

龙是男人，

龙是脊梁，

龙为拢、巴、阳、干、天、父、夫……

修身、齐家、治业，人的一生中，

　　最大的成功，莫过于婚姻的成功；

　　最大的幸福，莫过于家庭的幸福；

　　最伟大的亲情，莫过于夫妻之情；

　　最重要的沟通，莫过于夫妻间的沟通；

　　最为重要的理解，是夫妻间的理解；

　　最有价值的宽容，莫过于夫妻间的宽容；

　　最有成效的忍让，是夫妻间的忍让；

　　最不容忽视的关心，是夫妻间的关心。

　　婚姻就是个杯子，提供一个容器，把男人和女人放在一起，依靠相互的渗透，让本来比较辛苦的生活散发出幸福而美妙的香味来。婚姻就像我们铜梁奇彩梦园的"黄桷门"爱情树一样，在天愿作比翼鸟，在地愿为连理枝。

　　事实上，我们每对新婚夫妻在结婚之际，在新房里最显赫的位置，总是要挂上一副"龙凤呈祥"的横联，就是最美的爱情诠释：男人是龙，女人是凤；龙凤呈祥，安居乐业！

　　综上所述，爱情是人类发展永恒的主题，爱情的主题曲就是"龙凤呈祥"。追求爱情甜美幸福一生是每一对恋人家和业兴的终极目标，而幸福婚姻源自于良好的社会道德品质教育。没有好女人，哪来好男人？男人的一生，站得高不高、走得远不远，取决于能否遇到个好女人。即：能否修炼并达到一定境界，关键是要身边有一个贤淑温柔、善解人意的好女人，一定要避免"遇人不淑"，因为好男人是有好女人扶助、关注、欣赏、修剪才能造就的。

　　以人为本，尊重自然，女士优先，反璞归真，和谐共赢。好好地爱惜自己的妻子与丈夫吧，多留一点时间和空闲给自己的妻子与丈夫。爱一旦拥有就一定要相互珍惜，家和业兴，龙凤呈祥，白头偕老。

人生要光彩，百善孝为先！

中华民族八千年文明薪火相传，源于大易而成于孝道，孝道乃是品德的根本。

子曰："用天之道，分地之利，谨身节用，以养父母，此世人之孝也。"是啊，没有祖先血脉的传承，没有父母的养育之恩，哪里有我们的精彩世界？岂能不孝？

孝道是一个人善心、爱心和良心的综合表现，孝敬父母，尊敬长辈，是做人的本分，是天经地义的美德，也是良知品德形成的基础。

回报先祖恩，回报父母恩，回报夫妻恩，回报师长恩，回报百姓恩，回报社稷恩，回报大地恩……

感恩心才是上善心！

感恩心才是人民安居乐业的保障！

感恩心才是国家长治久安的总前提。

孝敬心就是感恩心！

孝道孝道——孝了你就得道了

孝顺孝顺——孝了你就顺利了！

最后，愿此次研讨会圆满成功，硕果累累；愿在座的各位专家及与会人员"龙凤呈祥"幸福满满；愿铜梁的"三龙精神"，成为献给全人类和谐共赢的"中华国礼"第一文化品牌，愿中国第四大古城之《龙凤呈祥·天下安居》真正成为：

人类发展的科学道路，

人类进步的健康模式！

田景和　重庆市酉阳县桃花源书院院长

产业篇

龙文化建设及活动在龙的国度日益兴旺
龙文化基地主题公园旅游景区方兴未艾
经济社会效益凸显造福一方百姓
龙文化产业克难攻坚展现强大生命力

铜梁龙文化资源保护与利用策略

李重华

龙文化之于铜梁，就像子楚之于吕不韦，"此奇货可居"——铜梁由此可能成为中华龙文化圣地。2014年，在给重庆市政府领导的一份报告中我就谈到了铜梁龙保护与利用问题，市里很重视。这次也只是谈一些很实用的想法，供区里参考，并就正于方家。

一、自觉、自信 + 危机感、紧迫感

（一）以打造中华龙文化圣地为目标

有目标，才有动力。几年前，铜梁就计划打造"中国龙文化旅游之都"，目标是远大的，大方向也是正确的。

但是，还是有点问题。第一，"中国龙文化"不止中国有，世界上有华侨华人的地方都有"中国龙文化"。第二，"中国龙文化旅游之都"只强调"旅游"功能，忽视了其他功能。第三，"什么什么之都"已用滥了，既缺乏吸引力，也不够严肃。

而以中华龙文化圣地替代，目标更为清晰、远大，也蒙上了神圣和神秘的色彩。

（二）相信"我们的目的一定能够达到"

铜梁龙舞起于明，盛于清，第一批国家级非物质文化遗产"龙舞"即由铜梁"领舞"。铜梁龙舞三度出席国庆大典，并在北京奥运会开幕式表演，摘得过所有国家级大赛桂冠，其中竞技舞动作、规则曾被国家体委（现国家体育总局）指定为比赛标准套路，用具被指定为比赛标准道具。相应地，铜梁龙舞队作为中国国家舞龙队先后到日本、法国、美国、加拿大以及东南亚等国家和地区演出。

清末便有"大足朝菩萨，铜梁观龙灯"的民谚，"绵长的民俗性与广泛的普及性构成了铜梁龙灯的汪洋大海"，铜梁以其龙灯艺术数度被国家文化部命名为"中国民间艺术（龙灯）之乡"。铜梁龙灯彩扎工艺是市级非物质文化遗产，已成为世界典范之作。

作为铜梁龙文化最深厚基础的安居古城是"中国历史文化名镇"、"中国第四大古城"以及"2014中国最具文化魅力古城"。市规划局原副总工程师李世煜指出，在重庆所有的历史文化名镇里面，安居古城的形态相对完整，未来的安居古城仍将成为一座独特的、有影响力的古城，并有潜力跻身全国知名古城之列。

全国30多个地方争抢桃花源，是时任县委主要领导让酉阳告诉大家，"世界上有两个桃花源，一个在你心里，一个在重庆酉阳"。该领导主政铜梁第二年，铜梁便成为"2014中国最具文化魅力城区"，安居古城为"2014中国最具文化魅力古城"。

（三）知道许多地方都在"抢大龙"

第一批国家级非物质文化遗产"龙舞"除铜梁龙舞，尚有广东湛江龙舞、汕尾滚地金龙，浙江浦江板凳龙、长兴百叶龙和奉化布龙，四川泸州雨坛彩龙，上海三林舞龙也以浦东绕龙灯成为第三批国家级非物质文化遗产。

泸州境内还有龙桥302座，其中泸县179座。泸县龙桥始建于宋，盛于明清，在前六批全国重点文物保护单位中，具有巨型圆雕龙、兽等装饰的桥梁只有泸县龙脑桥。近年来，泸县正着力打造以龙舞、龙桥和龙雕为核心元素的龙文化品牌。今年5月，河南濮阳召开西水坡遗址博物馆暨中华龙文化产业园项目协调会议，西水坡"中华第一龙"遗址也是全国重点文物保护单位。奉化现有200多支舞龙队，已成立奉化布龙协会，奉化布龙国家级传承人陈行国每年制龙收入达到30万~40万元。

浦东国际龙狮文化节是浦东新区三林镇一项传统的民俗活动。浦江民间艺术团参加第62届法国第戎国际民间艺术节，滚地龙表演作为压轴大戏，博得满堂喝彩。奉化高中舞龙队应邀参加伦敦奥运年极具影响力的文化交流活动——2012年纪念莎士比亚诞辰演出活动。

二、以非常之举"成龙"

（一）有龙≠水灵，龙不怕出名，成名具有战略性影响

"铜梁龙，中国龙"的口号有些空洞，可以考虑"奥运国礼龙，重庆铜梁龙""北京奥运龙，中国铜梁龙""奥运铜梁龙，中华第一龙"。

区里正面向全世界征集"铜梁龙歌"，奖金10万元。不妨以10万元直接邀请《龙的传人》作者、祖籍巫山的台湾作曲家侯德健参与创作，并约定如其作品优于其他作品，则自然入选，同等条件下优先采用。演唱也首选唱红《龙的传人》的香港歌手张明敏，歌名可以考虑"龙安曲"。

成龙是功夫明星，名字寓意也好，可以请他代言铜梁龙品牌。

2011年8月，以"典型中国，熊猫故乡"为主题的成都城市形象宣传片登陆纽约时代广场，此后，桂林、张家界、井冈山、青岛、丽江等旅游胜

地和北京、上海、江苏、福建等30多个省市形象片相继亮相纽约时代广场。今年5月，武隆形象图片也亮相纽约时代广场。不妨也让铜梁龙在纽约时代广场"张牙舞爪"。

春节时，主动到华侨华人比较多的世界大城市表演铜梁龙舞，展示铜梁龙灯艺术。

2015年9月，武隆县委书记亲自率团赴西班牙和英国开展旅游营销，今年8月，又到俄国开展旅游营销，铜梁也可以借鉴。

国内对龙已习以为常，"强龙"也多，尝试"墙外开花墙内香"是一个很明智的选择。

（二）创办中华龙学院，致力于中外龙文化研究，并培养专业的"龙的传人"

在中国，龙是神兽，代表吉祥，古代还象征皇权，其影响及于东南亚、东亚以及美洲等地。但在西方，龙却是黑恶势力的象征。在希腊神话中，龙是很凶恶的怪物。在第二次世界大战中，一些反法西斯国家就用龙比喻法西斯国家。"9·11"事件后，美国也有人以龙喻龙恐怖势力。

目前，区内各龙舞队和演出公司各自为政，一些企业甚至没有专业队员和技术，也敢承接商演，实有损铜梁龙美誉度。中国龙狮运动协会青少年发展委员会主任周可吉指出，铜梁龙舞要继续创造辉煌，教练员、运动员培养机制，龙舞运动产业化发展都是亟待解决的问题。

在第八届中国大学生舞龙舞狮锦标赛上，中国地质大学（武汉）留学生队在表演中还穿插了火热的非洲舞蹈，美国布莱恩特大学队在长龙拼接成的船上上演《泰坦尼克号》经典一幕。布莱恩特大学的领队刘孔礼老师说，在国外推广中国文化是件很自豪的事情，但舞龙舞狮在国外发展也有困难，主要是缺乏优秀的教练，这已是其第三次带团到中国比赛。

区里决定"组建龙文化创意产业研究院,深入开展学术研究",但据了解,编制很困难,且只关注"文化创意产业"和"学术研究",思路似乎还没有完全打开。

应当创办中华龙学院,主要任务,一是开展研究工作,研究范围以铜梁龙文化为核心,涵盖整个中华龙文化,并兼及国外龙文化,特别是西方龙文化,研究既包括学术研究,也包括应用研究。二是开展文化交流,市内外、国内外都可以交流。三是开展人才培养,市内外、国内外都可以培养,既传授知识,也传授技艺。四是开展技术和产品开发。五是开展规则和标准制定。六是开展宣传联络工作。

院长由区委书记亲自担任,由一位资深专业学者任执行院长,安排足够的管理人员,专业人员在全国以至世界范围内,从龙舞、龙灯等相关领域国家级和特别优秀的省级非遗传承人,相关行业组织(如中国龙狮运动协会)工作人员以及科研院所、大专院校对龙文化有兴趣、有研究的学者中选聘,不求所有,但求所用。

这是一个大手笔,如果实施有困难,可先与市非物质文化遗产保护中心或重庆社科院进行深度合作,尽快开展相关工作。

(三)设立包括整个安居古城在内的龙文化产业园,并争取成为国家级文化产业示范园区

前面已谈到,今年 5 月,河南濮阳召开西水坡遗址博物馆暨中华龙文化产业园项目协调会议,河北正定也设立了一个龙文化产业园。

区里正在南城街道黄桷门村建设龙文化产业园,占地 600 亩,计划用两年时间新建龙文化产业一条街、龙舞表演馆、龙文化博览馆以及龙文化产品研发中心。这等于"另起炉灶",费力费时,浪费了宝贵的安居古城资源。

可以调整计划,设立包括整个安居古城在内的龙文化产业园,并争取成

为国家级文化产业示范园区，吸引全国各地有关龙文化的企业入驻，中国古城文化研究院院长林鹏也主张安居古城应以龙文化为核心竞争力。市非遗博览园多年"难产"，渝中区和渝北区现正在做方案，积极争取。铜梁也可以积极争取，使其成为龙文化产业园的园中园，进一步增强龙文化产业园的吸引力。

目前，国家级文化产业示范园区只有10家，重庆还没有，南岸已努力多年。西安曲江新区是第一批两个国家级文化产业示范园区之一，核心区51平方公里，并把西安大明宫遗址保护区、西安城墙景区、临潼国家旅游休闲度假区、楼观道文化展示区和法门寺景区纳入发展区域，总发展区域150平方公里。成都青羊绿舟国家级文化产业示范园区即以成都国际非遗博览园为核心区。

（四）举办龙博会，至少让铜梁定期或在一定时段成为中国或世界的"龙庭"

时间选"龙抬头"时节，即农历二月初二开幕，持续三五天。

规模争取国际性，这并非没有可能。2005年4月的一天，"世界龙展"在法国摩泽尔省马尔布鲁克古城堡拉开帷幕，200多件展品来自法国、中国、希腊、瑞士、印度尼西亚、日本和卡塔尔等12个国家，展品包括绘画、雕塑、建筑构件、日用器皿、兵器配件等，既有出土龙纹器皿的幽幽青光，又有史前翼龙的森森白骨，既反映了西方龙的凶猛，又表现了东方龙的威严。中国驻斯特拉斯堡总领事代表中国大使馆出席了此"群龙会"。

主要活动，一是各种龙舞表演和竞赛，二是龙工艺品展销和制作体验，三是龙文物和收藏展览与鉴定，四是不同文化背景的龙主题影视剧、动漫放映，五是龙文化讲座和高峰论坛，六是龙文化产业经贸洽谈。

可视情况决定多长时间举办一届。

（五）开展龙文化公共服务，社会效益与经济效益并重

争取以公共文化服务的形式为每个区县表演一场龙舞。春节时，向每个区县赠送一批龙灯。对市外也可以像《红岩魂形象报告展演》那样有选择地进行展演，这实际上也起到了宣传自己的作用。

三、全力以赴"护驾"

（一）作为"一把手"工程上马

今年5月，市历史文化名城保护委员会成立，市主要领导担任主任。可参照市历史文化名城保护委员会，成立区历史文化名城保护委员会，区委书记担任主任，完善安居古城保护机制和议事程序，研究打造中华龙文化圣地重大事项，协调各部门力量和各方资源（这里要提醒的是，如果龙舞、龙灯协会还没有成立，应督促尽快成立），形成合力，全面推进中华龙文化圣地建设，而且持续推进。

（二）让人家"有钱好办事"

区里已决定建立龙文化产业发展基金，希望能有一定的规模，"多条腿"走路，务必解决好投入问题，"巧妇难为无米之炊"。

（三）让"好汉做事"

优先投入人才，建设高素质的人才队伍。首先，工作队伍应该就是精兵强将，由内行领导内行，要从根本上提高从业人员的文化素养和基本技能，"艺高人胆大"。

（四）有足够与合适的"空间"做事

这里主要指以足够的魄力与眼光重新考虑龙文化产业园选址与规模问题，即把产业园由南城街道黄桷门村移至安居古城，设立包括整个安居古城在内的龙文化产业园，并把市非遗博览园争取进来，中华龙学院也应在安居古城选址。

（五）依法办事

推动市里为安居古城等重要国家历史文化名镇保护立法，制定"安居古城等重要国家历史文化名镇保护条例"。

做好各种专利和商标注册申请，维护知识产权。1999年10月1日，铜梁龙舞进京表演，时任铜梁粮油总公司总经理杨龙德看了电视后，立刻将"铜梁龙"注册为公司商标，此前，大客户不足10家，年均经营粮油7万~8万吨，年均销售收入8000万元左右，此后，与30余家大客户建立了长期稳定的关系，年均经营粮油30万吨以上，年均销售收入3亿元。

李重华　重庆社会科学院、重庆市人民政府发展研究中心文史研究所所长，研究员，博士。

亘古一龙腾

中华龙文化与铜梁文化建设

范建华

文以城载，城因文胜。21世纪的区域竞争，将以文化论输赢。文以载道，文以化人。文化对城市精神和市民文明的提升，久久为功。铜梁，一座历史悠久的渝西名城，源远流长的龙文化，注入了铜梁人的精神内核，由此产生了淳朴正气、重教兴文、创新奋进、求真务实的文化氛围，鼓舞和激励着一代代铜梁人自强不息，奋勇争先，获得了中国人居环境范例奖、国家首批园林县城、国家级卫生县城、最具幸福感城市、中国民间艺术（龙灯）之乡、全国文化先进县、中国最具文化魅力城区等荣誉称号。

伴随长江经济带建设和成渝城市群发展，铜梁深入实施重庆"城市发展新区"战略规划，加快文化建设已经成为铜梁国民经济和社会发展绕不开的重大命题。因此，增强紧迫感、责任感和使命感，大力推动文化创新，塑造"神奇龙都"，实现"天下安居"，应成为铜梁今后一时个期文化建设的重要任务，更好地实现文化与城市发展的互动、互融与互促，使龙文化的"软实力"成为铜梁发展的"硬支撑"。

一、中国龙文化与华夏龙都

1994年，辽宁阜新查海遗址发掘出距今七八千年的兴隆洼文化石块堆塑龙，考古学者们由此推测在中国龙的起源至少在8000年以上。龙文化在中国历久不衰，历朝历代延续不断，可以说是延续时间最长、生命力最强的文化现象之一。经过七八千年的发展、演变和升华，已成为海内外华人普遍认同的中华民族最具象征性的符号——龙图腾。

（一）中国人的世界自然观——龙凤呈祥、阴阳双合、天人合一

龙文化是中华文化的源头之一，炎黄时期就以龙为图腾，《史记·补三皇本纪》谓："炎帝神农氏，姜姓，母曰女登，有娲氏之女，为少典妃。感神龙而生炎帝。"传统民俗中龙具有镇宅、辟邪、祛病、安康、祈福之功能，吉祥俗语有祥龙献瑞，在祥云之间展转升腾，护着宝珠，带着平安吉祥、滚滚财富，送给人间，象征着天下太平，五谷丰登，吉祥如意。汉语中很早便有"龙飞凤舞""龙凤呈祥"之类的词语，龙和凤代表着吉祥如意，龙凤一起使用多表示喜庆之事，寓意阴阳双合，婚恋美满，求吉祈福。

龙的取材对象来自自然界，龙是人天关系的形象化表述，体现着中国圣哲"天人合一"的思想，反映着先民对天道的理解、对身外众生的尊重。宋代人郭若虚提出了"龙有九似"说，即：角似鹿、头似驼（马）、眼似兔（龟）、项似蛇、腹似蜃、鳞似鱼、爪似鹰、掌似虎、耳似牛。而龙的取材对象远远不止这9种，龙作为来自水中的鳄、鲵、蜥蜴，来自陆地的猪、马、熊、象、狗、羊、蚕，来自天空的鸟、云雾、雷电、虹霓、龙卷风等的结合体，将这些动物和天象融合为一体，自然就具备了水中游、地上行、天上飞三种功能，人类产生了心灵的自由与天性的解放的愿望，让龙通天，便是这种愿望的寄托和外化。

（二）中国人的精神价值追求——龙啸九天、寰宇一统、家国情怀

中华龙形象的形成过程与中华民族的融合过程是相一致的，在时间的纵向上，龙贯穿于中华民族形成的始终；在空间的横面上，龙遍及中华民族各成员繁衍生息的所有区域。龙文化见证了诸子蜂起、百家争鸣，集萃了儒、道、佛三家所长，历经了秦文化、楚文化、北方少数民族文化、西域各国文化的融合发展，而得以"博采众长""海纳百川"，继而产生了龙啸九天、寰宇一统的家国情怀，最终形成了中华民族自信心、自豪感、凝聚力的源泉，体现在我国社会主义核心价值观国家层面的基本理念"富强、民主、文明、和谐"中，在社会主义核心价值观中居于最高层次，对其他层次的价值理念具有统领作用。

（三）中华龙文化的具象载体——铜梁

铜梁区文化底蕴深厚，现有不可移动文物506处，馆藏文物1万余件，非物质文化遗产名录48项，其中铜梁龙舞被列入首批国家级"非遗"名录，铜梁龙灯彩扎工艺、彩灯舞、龙灯会等被列入市级"非遗"名录。

随着龙文化在中华大地的广泛传播，铜梁人民与龙灯、龙舞结下了不解之缘，春节耍龙灯，端午赛龙舟，天旱黄荆龙求雨，丰收舞火龙、稻草龙庆贺，铜梁区广泛开展的青少年龙舞健身运动，使得龙舞竞技传承创新，青出于蓝而胜于蓝，特色竞技龙一直保持全国最高水平，铜梁成为竞技龙舞标准的制定者和龙舞道具的指定供应地，"中华第一龙"业已成为铜梁独具特色和艺术魅力的文化名片。先后斩获文化部群星奖金奖、中国民间文艺山花奖、中国国际秧歌节及历届国家级舞龙大赛金奖，三次进京参加国庆游行活动和国庆文艺晚会表演，参加上海世博会、北京奥运会、亚洲艺术节、国际园林博览会等表演，赴美国、澳大利亚、法国、英国、意大利、土耳其、卡塔尔等20多个国家和地区开展文化交流活动，受到到访地华人华侨的喜爱和欢迎。铜梁龙舞不仅成为铜梁、重庆的文化品牌，更使得铜梁成为了中国名副其实的"华夏龙都"。

铜梁龙文化形象，具有鲜明性的特征。"铜梁龙灯始于明，盛于清，繁荣于当代。"铜梁龙的正史最早只在清光绪年间的《铜梁县志·风俗篇》中有过简短描述，"大足朝菩萨，铜梁观龙灯"的民谚也是源于当时。然而，作为中华民族象征的龙，在全国各地都可寻踪迹，铜梁龙又是凭借什么能够成为中国龙文化传承中得以卓尔不群出类拔萃的呢？

其原因在于纯粹的民族印记和地道的工艺技巧以及不断创新的龙舞艺术。

铜梁龙灯的工艺制作历史久远，它将中国龙文化最直观地体现在手扎的龙灯文化之中，其技艺造型逼真、宏大鲜活，构图虚实相间、色彩明快夺目的特色，在全国独树一帜。代表品种有铜梁大蠕龙、彩龙、火龙，其五大工序——造型、裱糊、彩绘、安装、装饰全部为民间手工做成，不但工艺古朴，制作精巧，而且图案清晰，装饰性强，新材料的广泛运用以及现代音乐舞蹈艺术的融入，更使得龙的造型、舞的套路推陈出新，龙舞音乐大气磅礴气势恢弘，"火树银花不夜天"的铜梁龙舞带给人们的现场即视感和极强的震撼力，助推铜梁龙实现了灵巧的嬗变。

铜梁龙文化民俗，具有广泛性的特征。铜梁龙舞传承项目有国家级非遗传承人国家级1名、市级13名、区级54名，老、中、青三代龙舞艺术传承人所带学徒400余人，经他们培训的龙舞队员有上万人之多，"一镇一品"活动的开展使全区舞龙队伍常年保持在400人以上的规模。《铜梁龙舞艺术》和《铜梁龙灯》作为地方教材纳入了全区中小学体育教学，进一步普及初中和小学龙舞技艺，使得龙舞艺术真正"从娃娃抓起"，每两年举办一届中小学生龙舞竞赛，还命名了一批大、中、小学为铜梁龙舞艺术传承实验基地。铜梁中学、铜梁二中被命名为重庆市非物质文化遗产传承教育基地，太平新艺扎龙厂被命名为重庆市非物质文化遗产生产性保护示范基地。目前，铜梁接受龙舞艺术知识普及的大、中、小学生累计达到5万人，基本掌握舞龙技艺的学生近2000人。铜梁以传统龙文化为根脉，构筑了全体铜梁人共同的文化记忆和精神家园,也使得铜梁人获得了有别于他人的特殊品质,战斗英雄邱少云、音乐大师刘雪庵就是其中的杰出代表。传承和保护铜梁龙文化,就是保护和开创铜梁的未来。

铜梁龙文化产业,具有务实性的特征。近年来,在充分发挥铜梁特色文化资源优势的基础上,铜梁区在打造"宜居宜业宜商宜游四位一体城市发展新区"建设中,推动文化事业和文化产业比翼双飞。特别是以"铜梁龙舞"为代表的龙文化品牌已成为铜梁区以及重庆市对外交流的亮丽名片,先后举办了"中国铜梁龙灯艺术节""中华龙温泉旅游节""中国铜梁龙灯文化旅游节",组织了大型龙文化专题晚会、龙文化展览、国际龙舞邀请赛、国际龙文化专家论坛等一系列活动,创造了良好的社会效益和经济效益。已研制出龙灯系列工艺品数十种,龙灯彩扎品、木雕品、石雕品、根雕品等进入国内外市场,龙灯灯组、牌坊等节庆龙灯制品占领了国内的主要市场。2014年,铜梁有文化产业企业440家,实现增加值84743万元,占GDP的比重3.02%,居城市发展新区第3位,较2013年提高了0.68个百分点,较2012年提高了1.28个百分点。全区年产值达100万元以上的文化产业企业有253家,其中1000万以上的有50家,文化产业发展势头喜人。

二、铜梁文化建设

铜梁的文化建设,要充分发挥其位于成渝经济区腹心地带、地处渝西地区中心位置和成渝经济带上的重要节点的区位优势,主动服务和融入"一带一路"、长江经济带、成渝城市群发展战略,借助重庆打造国家重要现代制造业基地、国家重要功能性金融中心、西部创新中心、内陆开放高地、长江经济带西部中心枢纽和长江上游地区经济中心的重大战略发展机遇和铜梁作为重庆城市发展新区、工业化和城镇化主战场集聚效应,围绕

"立足铜梁、辐射渝西、面向重庆、放眼川渝、展望全国"的发展思路,全力打造"龙文化、古城文化和现代农业文化"三张名片,以"神奇龙都,天下安居"为主题,通过"四入、四破、四动"发展思路和战略路径,打造全新的文化市场体系,建设强大的支柱产业体系,成为成渝经济带文化产业发展新高地。

(一)主题:神奇龙都,天下安居

立足"神奇龙都,天下安居"的文化发展总体定位,按照"创造新供给""实现发展动力转换"的文化产业发展新方向,依托和盘活铜梁特色文化资源和传统优势,以规划为基础,以重大文化产业项目为带动,以骨干企业为支撑,突出产业优势,构建铜梁特色文化产业体系。按照文化体制改革方向,发挥市场在文化资源配置中的决定性作用,完善产业政策体系,健全产业发展平台优化公共服务,营造良好的产业发展环境,进一步保障文化产业健康发展。

(二)战略核心:文化植入、活动导入、资本引入、智库介入

1.文化植入:以龙文化和古城文化为核心,盘活全区文化资源,植入主题文化氛围,形成动静相宜、传统与时尚交融的宜居乐业新城区。

整合和盘活现有城市文艺空间和资源,将文学艺术发展环境建设有机融入城市文化建设;加大报刊等传统媒体的支持力度,加强创意科技对文化艺术创作和传播的支持,创新文化艺术创作平台。一是要完善文化艺术基础设施和空间。加大对基层文学艺术创作、展示等基础设施的投入建设和充分利用,通过创意设计进行改造利用,盘活一批城市中心公共空间、老街区、空置商业街区等资源,建设和提升一批特色鲜明的公立、私立主题美术馆、博物馆、艺术馆等,与特色文化街区和城市文化塑造形成互动。二是要积极搭

建文学艺术创作平台。加强铜梁文艺刊物建设,搭建文学艺术创作交流平台,创建一到两个铜梁本土的文学艺术作品和研究类刊物;加强文学艺术创作与现代科技媒体互动,实施网络内容建设工程,丰富网络文化内涵,鼓励推出优秀网络原创作品,大力发展网络文艺,发展积极向上的网络文化。

2. 活动导入:以华夏龙都创意工程为引擎,以全域旅游创意打造为抓手,营造重大城市事件,引爆文化旅游和休闲观光,实现主题活动季季新。

一是要以"龙文化"为铜梁区文化产业重大项目的核心和灵魂,通过博览园的直观、虚拟空间的想象、龙文化旅游节的参与、特色旅游商品的乐购,将虚拟的"龙"具化为鲜活的形象,直观诠释"华夏龙都"的内涵与神韵。在前期博览园、虚拟空间等逐步建成之后,建议按照"主题公园"模式集中打造,汇集区域内龙文化元素,融汇展品展示、影视展、艺术表演、文化体验、创意互动拟现实(VR)展示、3D展厅等多种表现手法,增加文化互动体验,升华龙文化的实景应用。通过文化内涵的衍生、沉淀,与铜梁境内各区域特色有机结合,中国龙文化博览园将作为铜梁境内文化汇集场所,虚拟场景则成为铜梁文化宣传、推广的重要手段,以及提升游览体验、文化交互的重要措施。二是要基于传统的铜梁龙灯旅游文化节,拓展节庆内涵,用"全域龙文化旅游"的理念,打造具有更广泛意义、更具有中国龙都特色的铜梁龙文化艺术节,集中、定期、大规模地展示铜梁作为中国龙文化之乡的民风、民俗,集中推广和销售铜梁的龙文化工艺品产业、龙文化创意产业、火龙表演。为培育铜梁区的旅游文化品牌,在龙文化旅游节期间,设立专门奖金,组织"铜梁6个10大品牌有奖评比活动",即通过广泛的社会宣传,以网络投票和专家投票相结合的方式,评比出铜梁10大旅游景区、10大休闲场所、10大酒店、10大农家乐、10大美食、10大旅游商品,吸引对铜梁文化旅游资源的关注和参与度。此外,还可以通过对接互联网文化创意产业,形成一两个精品项目,扩大铜梁龙文化旅游节在更大地理范围上的影响力。三是要加强龙文化主题旅游商品开发，深入挖掘铜梁龙文化内涵、中国传统龙文化和风水祭祀文化，并充分结合时代潮流进行文化创意内容的生产和创作。除现有的彩扎、雕刻、刺绣、书画等工艺品生产企业，参照故宫旅游商品的开发模式进行多层次创新，亦可引进独立设计师对传统概念进行二次包装，拓展诸如音乐、视频、剧作等多元化的内容生产产业，从而使传统龙灯彩扎设计与生产、龙文化工艺品设计与生产等类型的企业充分结合时代潮流焕发新生。同时亦可以利用网络平台，汇集游客／网络创意，通过互动的方式赋予龙文化以更大的生机和传承。还要注重以本地特色农产品为基础，添加龙文化元素，形成一系列的生态农产品加工行业以及衍生的相关手工艺等。四是要打造铜梁龙文化主题众创空间，由政府主导，充分发挥社会力量作用，有效利用区内各高等院校的智力资源，发挥产学研一体化效应，构建低成本、便利化、全要素、开放式的新型创业服务平台，类似于北京"798艺术创意空间"，打造包容性更强、主题更鲜明的文化创意空间，逐步形成区域内独具"龙文化"特色的文创中心。通过吸引各种形式的社会资本投资，投入具有铜梁文化特色的创意生产行业，实现创新与创业相结合、线上与线下相结合、孵化与投资相结合，为创业者提供良好的工作空间、网络空间、社交空间和资源共享空间。

3. 资本引入：以PPP模式为核心，加强文化产业重大项目、重点工程、特色集群、主导产业的市场运营和社会招商，以社会资本驱动产业发展。

加强文化与金融融合发展。强化政府、市场、社会等多元主体之间的良性互动，鼓励和支持社会资本以公私合营模式（PPP）参与公共文化服务和文化产业，使得政府与社会资本各尽所能，形成多元化、可持续的资金投入机制，推动形成市场化配置公共文化资源新格局。积极探索建立地方政府、文化、金融等多部门沟通协作机制，通过创新地方政府资金投入方式，引导和促进金融机构创新金融产品和服务模式，搭建文化金融服务平台，完善文化金融发展政策环境,探索符合铜梁特点的文化金融创新模式,积极争创文化金融合作试验区。还可探索由政府主导,企业 BOT 运作,即政府在融资、土地等方面为企业提供政策支持,企业经营一定年限后,移交给政府作为低盈利性主题博览园进行运营的模式。

4.智库介入:树立人才资源是文化发展第一资源的观念,建立、健全文化人才培养、引进、选拔和激励机制,加强智库建设,引入人才参与文化产业项目打造和资本运作。

加强优秀人才引进,制定优惠政策,探索柔性引进机制,吸引国内外文化名人和优秀文化经营人才来铜梁创业。通过实施特殊政策,支持民营企业和鼓励社会中介加大文化人才引入力度,坚持"以使用促成长"原则,注重对引进文化人才的科学使用和系统培养,优化其工作和生活环境;坚持突出对引进文化人才的培养的"延伸性",根据文化人才的自身特点和实际表现,科学地进行职位调整,达到"人岗相配、人岗互促"的效果,确保引进人才得到"二次成长",能留得住、用得好。充分发挥文联、文艺协会和文化中介组织的桥梁和纽带作用,聚合民间文化艺术资源,挖掘民间文化人才,调动分散在社会上的文化艺术人才的积极性,发挥民间文化人才的聪明才智。

(三)发展思路:破题、破局、破俗、破立并举

1.破题:以"龙"文化产业为引领,以八大文化产业重点工程、十五项文化产业重点项目为引擎,打造以文化产业为支柱产业的铜梁产业增长和经济发展新命题。

立足于影响力深、带动性强、关联性广、特色鲜明的原则,集中打造、多点发力,以"龙文化"为引领,"安居古城"为重点,依托巴岳山、毓青山、玄天湖和小北海的优质休闲环境,以山的厚重、水的活泼,融龙文化于

铜梁山（巴岳山、毓青山）水（玄天湖、小北海）之间，打造差异化的山水休闲空间；将境内美丽乡村塑造为全域化旅游产品，融观光与体验、休憩与参与、游览与互动为一体。在"华夏龙都"的文化旗帜下，依托"八大工程十五个重点项目"共同发力，推动铜梁区文化、旅游、实业、科技的融合发展，提升文化效益，推动文化产业发展。

重大工程	重大项目	项目推广形象	运营模式	盈利模式
华夏龙都创意工程	中国龙文化博览园	龙文化大观园	政府主导企业BOT运作	门票、活动策划、品牌使用
	中华龙文化虚拟空间	新技术、新体验、新世界	政府引导企业运作	门票、活动策划、特色商品销售
	中国·铜梁龙文化旅游节	龙的世界龙的狂欢	政府主导、社会参与、市场运作	旅游、餐饮、住宿、交通、娱乐、零售等
	龙文化主题旅游商品开发	龙乡之礼	公司＋农户、公司经营、个体经营	旅游商品设计专利使用费、生产利润、销售利润
	铜梁龙文化主题众创空间	龙文化孵化器	政府引导市场化运作	扩大就业，打造经济发展新的"发动机"
安居古城文化涵养与提升工程	安居古城新风貌	中国第四大古城	政府主导、市场化运作	食宿接待、旅游商品、零售业、体验性项目收费
美丽乡村旅游全域化工程	奇彩芳香梦园	成人童话世界	企业运作	门票、旅游商品、食宿接待、活动策划
	黄桷门	爱情树	特许经营模式	特许经营费、商品销售、餐饮销售、婚庆典礼
	侣俸三色乡下时光景区	乡下慵懒时光	企业运作	食宿接待、商品销售、婚宴、活动策划
	其他类型的乡村旅游	处处皆景	公司＋农户、公司经营、个体经营	

亘古一龙腾

续表

重大工程	重大项目	项目推广形象	运营模式	盈利模式
淮远河城市休闲走廊提升工程	淮远河城市休闲走廊提升	铜梁新天地	市场化招商+公益化服务	物业租赁、店铺经营、体验性项目收费、食宿接待、零售、大型活动策划
巴山玄水休憩之旅打造工程	巴岳山玄天湖旅游度假区	山水铜梁 巴岳玄天	特许经营+公益化服务	
小北海生态湿地度假区创新工程	小北海生态湿地度假区	铜梁后花园	特许经营+公益化服务	
毓青山避暑度假工程	毓青山避暑胜地建设	铜梁之夏宫	公司+农户、公司经营、个体经营	食宿接待、旅游商品、体验性项目收费、活动策划
城市形象营销工程	城市品牌定位和视觉识别系统	神奇龙都 天下安居	政府投入	全社会受益

2.破局：以"中国龙文化之都"为主线，以成渝经济带全域旅游示范区和成渝城市群文化创意实验区为两翼，形成立足铜梁、综观天下的全域文化产业发展棋局。以资源整合、突出特色、聚集发展为导向，构筑"一都两区五基地"的文化产业发展布局。

（1）一都

深入发掘"铜梁火龙""铜梁龙舞""华夏龙都"等历史文化资源，依托华夏龙都创意工程以及博览园、虚拟空间、旅游节、创意空间等五个重点项目，从研究、创意、设计、制作、体验等各个环节，以创新性思路、实业化手段、多业态整合的方式，打造"中国龙文化之都"。

（2）两区

——成渝经济带全域旅游示范区

依托丰富的龙文化资源和绿色生态自然资源,以重庆市十大文化品牌之一——铜梁火龙表演为核心,以乡村生态文化和龙都历史文化为两翼,进一步整合全区旅游文化资源,发挥"龙、山、湖、村"四大优势,制定优惠政策和灵活措施,将龙文化、滨水空间、美丽乡村和生态旅游等文化元素充分融合,打造文化旅游特色优势项目,建设文化、旅游、生态、创意、农业"五位一体"联动发展的成渝经济带全域旅游示范区。

——成渝城市群文化创意实验区

"中国龙文化之都"的打造,需要依托历史传说,引入最新科技手段和创新思维,将历史文化形象创造性地具象化呈现。借助对龙文化的挖掘,制定扶持和引导政策,营造宽松环境,积极扶持和引进文化创意企业在创意园区的落地,引进高端创新型人才,从龙文化延伸到古城文化、生态文化等铜梁历史文化和活态文化的创意,逐步将铜梁打造为成渝城市群文化创意实验区。

(3) 五基地

——乡村旅游产业基地

立足铜梁丰富的乡村旅游资源,依托奇彩梦园、黄桷门、三色乡下时光、玫瑰园等,设计体验性强、乡趣乡愁相得益彰的休闲旅游线路,针对成都、重庆的百万都市人口,提供一日、两日类短途休憩线路,探索乡村旅游全域化发展方式,促进乡村旅游特色文化产业的形成。

——龙文化创意设计产业基地

围绕"华夏龙都创意工程",大力扶持和发展与龙元素紧密相关的工艺品开发、动漫影视创意设计、旅游商品创新开发等业态,逐步将铜梁打造成为中华龙文化创意设计产业基地。

——龙文化工艺美术产业基地

在创意园区设置研发车间、生产车间,在海内外各型各样中华龙文化工艺、绘画、雕塑、书法、摄影制品的基础上开展再创作,同时承接各种中华龙主题的工艺美术作品的设计、制作、安装，使龙文化有更多具象化的承载和体现。

——滨水空间休闲开发产业基地

依托玄天湖、小北湖、淮远河的文化产业开发项目，针对不同消费群体和消费水平，开展差异化、个性化的产品开发和服务提供，探索滨水空间休闲产业的发展模式，成为成渝城市群探索滨水空间产业开发的基地。

——中国龙舞产业基地

依托高楼镇的"火龙"、安溪镇的"竹笋龙"、侣俸镇的"十八学士"、东城街道的"抬杠龙"、太平镇的"二龙戏珠"、永嘉镇的"竹梆龙"、土桥镇的"小彩龙"、蒲吕镇的"黄荆龙"、围龙镇的"荷花龙"等各具特色的20多个龙舞品种，组建"铜梁龙舞演出有限公司"，参照云南省"云南映象"的操作模式，统一规划、整合、营销铜梁龙舞，编排具有国家水准、铜梁特色的以龙文化为主题的大型演出，为铜梁打造"中国龙文化之都"增添色彩。同时，以这20多个龙舞品种为原型，大胆创新，主动对接，打造中国龙舞输出基地，积极争取举办以龙舞为主的竞技体育赛事，不断提高文化产业的增加值，扩大文化产业的内涵与外延。

3. 破俗：以"神奇龙都、天下安居"为主题，以独特的地域语言和广谱的世界语言讲述铜梁故事，以国际思维为引领，跳出铜梁，面向全球消费者提供文化精品和优质服务，打破文化产业千篇一律的同质化模式。

扶持原创性作品、本土创作人，深入挖掘铜梁龙文化、英雄文化、传统文化和古城文化，着力打造一批体现铜梁文化特色兼具普遍社会价值（社会主义核心价值观）和文化价值的文学艺术作品，培育一批在铜梁、重庆和全国范围内具有一定知名度的铜梁文化名人和名品，提升铜梁文化软实力，建构铜梁人民的精神家园。

——全面提升铜梁音乐精品的知名度和影响力。加强对以刘雪庵、金砂等音乐创作名人为代表的铜梁音乐文化资源的挖掘、展示和利用，建立刘雪庵音乐厅及音乐家工作社区，吸引本土和外来的音乐创作、制作人和团队入驻铜梁，与安居古城特色文化街区建设形成互动，创作和培育一批铜梁精品音乐作品和音乐家，开展"刘雪庵音乐节""音悦龙都——铜梁新年音乐会"等活动。

——推动铜梁书画艺术精品创作。建立铜梁书画文化研习基地，聘请铜梁当地书画家、文人学者作为基地导师，为铜梁居民搭建书画文化交流、学习、研究的公共平台；深入挖掘铜梁传统匾额文化，将书画艺术作为铜梁文化品牌打造；结合龙文化品牌，搜集整理历史及当今与"龙"相关的书画艺术作品，结合龙文化博览园的建设，设置专题美术馆展示；启动"墨韵龙都——铜梁龙文化书画艺术大赛"等活动，在全社会营造全民热爱书画艺术创作和文化消费的氛围。

——充分利用广播影视、互联网络、移动终端等现代信息传播技术和手段。加强对铜梁本土文艺作品和以铜梁文化、铜梁故事为主要内容的文艺作品的传播，利用"微铜梁"等铜梁人最受关注的微信公号，设计《铜梁故事》专栏，及时发布铜梁文艺作品信息，同时鼓励民众积极参与"铜梁人写铜梁"，包括铜梁的文化、景区景点介绍、游记等内容。

4.破立并举：以"华夏龙都创意工程"为引领，加强文化产业供给侧改革，发挥市场的积极作用，以骨干企业为支撑，加强企业整合与行业融合，表现破立并举的发展气魄。

以"华夏龙都创意工程"为引领，以产品、企业、基地为支撑，构建以"龙文化"为灵魂的文化产业品牌体系，扩大资本聚集、消费导向、产业示范和利润增长等多重文化产业品牌效应。以休闲文化与乡村旅游结合为导向，有效盘活美丽乡村建设资源，塑造一批具有良好体验性和美誉度，能够占有较高市场份额的特色文化旅游产品，推动铜梁全域化、无景点旅游时代的开创，积极顺应重庆、成都两个百万人口大都市及周边十几个城市群日常休憩旅游的需求；以安居古城、龙文化产业园区、淮远河特色街区为重点，打造一批具有产业示范效应和聚集效应，对城市经济具有带动作用的品牌园区。

（四）行动指南：文化悦动——扩消费，项目拉动——强市场，产业驱动——广延展，产城互动——深经营

1. 文化悦动——扩消费

以文化产业八大工程带动全区文化设施不断完善，创新文化产业发展模式，开发特色文化体验消费，拓展大众文化消费市场，提供个性化、分众化的文化产品和服务，进一步丰富文化消费市场，培育文化消费理念，引导文化消费意愿，激励文化消费行为，进一步培育和繁荣城乡文化消费市场。要始终将促进文化消费贯穿于文化建设的各个领域，从扶持创作生产、扩大有效供给、激发市场活力、提高公共文化服务水平和效能等多方面着手，进一步完善政策环境，夯实文化消费基础，改善文化消费条件，培育文化消费习惯，提高文化消费的便利性，加速释放城乡居民的文化消费需求。积极争创西部地区"拉动城乡居民文化消费试点"，依托铜梁地方丰富的文化资源、良好的地理区位优势，着力构建完善的文化旅游、休闲娱乐、康体运动等现代城乡文化消费设施和服务，满足现代人的文化消费需求，扩大城乡文化消费。

2. 项目拉动——强市场

按照铜梁区对产业结构调整的方向，以市场为导向，从供给侧发力，鼓励和引导非公有制文化企业创新发展。通过创新生产思路，创造新的文化消费增长点，以更多更高品质的文化产品供给释放市场活力。不断完善文化产业配套政策，扶持本地骨干企业，引进区内外、市内外知名企业和机构，培育一批特色鲜明、创新能力强的文化企业，提高全区文化产业市场主体的数量和质量。

3. 产业驱动——广延展

发挥乡村旅游资源丰富、古城旅游特色鲜明、龙文化旅游吸引力巨大的优势，以文化与旅游融合为主导，延展文化产业链条，打造文化旅游新的增长点，形成"处处有新意，各地均留人"的全域化文化旅游新态势。充分发挥市场对资源配置的主导作用，全力推动文化旅游与文化休闲娱乐发展成为铜梁文化产业的主导业态；积极推动比较优势突出、引领性较强的文化创意与设计服务、会展、文化信息服务与康体运动，发展成为铜梁文化产业结构调整、转型升级的带动型业态；继续推动新闻出版、广播影视等基础型业态发展，着力构建特色明显、竞争力突出、稳步发展、不断创新优化的文化产业体系。

（1）主导业态

——文化旅游业

积极主动融入和服务长江经济带、成渝经济区等国家战略，依托铜梁良好的区位优势、丰富的地方文化资源，以及成渝两大文化旅游消费市场，着力实施安居古城文化涵养工程与提升工程重大项目，加强文化和旅游深度融合，着力培育和开发一批特色文化旅游产品及服务，创新和升级现代文化旅游产品体系；依托铜梁良好的自然生态环境、特色农业资源、乡村文化等，开发和创新系列乡村文化旅游产品和服务，加快构建覆盖全区的全域乡村文化旅游，拓展铜梁文化旅游发展空间。

——文化休闲娱乐业

依托良好的自然生态、丰富的地方文化资源等优势和较成熟的消费市场等基础，以淮远河城市休闲走廊提升工程、巴山玄水休憩之旅打造工程、小北海生态湿地度假区创新工程、毓青山避暑度假工程等重大项目为支撑，加强创意创新，丰富提升休闲娱乐业的形式和内容，积极构建与未来多样化市场需求相适应的休闲、度假、娱乐产品体系。合理优化休闲娱乐业空间布局，实现竞合、联动互补发展，依托主城区人口集聚优势，加快构建和完善现代文化消费体系，打造休闲娱乐核心区；围绕蒲吕副中心未来发展，加快规划建设电影院、剧院、音乐厅、书吧、咖啡吧、酒吧、KTV3.0、游乐园、公园等现代休闲娱乐设施，满足未来集聚人口的休闲娱乐需求；结合铜梁区人口相对分散的实际情况，在人口相对集中的中心集镇，规划布置相关休闲娱乐服务设施，满足城乡居民日益增长的精神文化需求。

（2）带动型业态

——文化创意和设计服务业

结合新型城镇化、工业转型升级和特色生态农业，着力发展文化创意、城市规划设计、工业设计、园林设计和文化生活设计等业态，加快华夏龙都创意工程、城市形象营销工程等重大项目建设；依托IT技术和CG技术，加强信息技术与文化创意融合发展，着力发展以数字游戏、互动娱乐、影视动漫、数字动漫、游戏设计制作、数字表演、网络服务、内容软件等为代表的数字创意产业；加快推进文化创意服务体系建设，加快建设文化创意服务平台、文化资源展示平台、产品交易平台、文化互动交流平台、艺术创意展示和征集平台等文化信息综合服务平台，规划建设文创主题"众创空间"，积极营造良好的文化创意氛围，吸纳国内外创意机构和人才，推动文化创意和设计服务业发展。

——文化信息服务业

加快推进覆盖全区的数字电视网络建设，为铜梁新媒体产业、文化创意产业、现代信息服务业等新型产业提供基础网络和应用支撑。推动"互联网+"、数字技术与文化及相关产业的深度融合，重点推动电商、APP开发设计等为主要内容的文化信息传输服务业；创新发展理念，探索宽带通信网、数字电视网、下一代互联网的"三网融合",积极发展移动电视、网络电视、手机报等新媒体产业,加强数字内容产品和文化服务供给;充分整合、挖掘、利用信息技术与信息资源,进一步推动构建现代化的产业发展体系,完善智能化的基础设施体系,构建公共服务体系,提升城市的科技信息化水平,建设"智慧铜梁",促进文化信息服务业的发展。

——康体运动业

依托铜梁良好的自然环境、较好的群众体育运动基础和相对完善的体育设施,大力发展康体运动业;通过举办国际、全国、区域的舞龙、马拉松等竞技体育赛事活动,培育、引进一批国际水平的体育项目和赛事品牌,提升铜梁竞技运动的水平和国际影响力,带动相关康体运动业的发展;推动康体运动与安居古城、安居黄家坝国家湿地公园、巴岳山—玄天湖、西海国家湿地公园等旅游景区相融合发展,发展户外骑行、徒步、攀岩等运动和举办相关赛事;加强体育与文化、旅游等融合发展,着力推动康体休闲、康体旅游、休闲健身、康体疗养、健康养老等产业发展。

(3)基础型业态

——新闻出版业

推动传统媒体与新兴媒体融合发展,推进新闻宣传手段创新,加快广播电视全媒体发展,不断增强新闻宣传的吸引力和感染力,不断扩大新闻宣传的主阵地;推进报纸期刊业立体化发展,坚持正确舆论导向,提升报刊的影响力、公信力和传播力;坚持内容建设为根本,发挥专业采编和信息资源优势,把传统媒体的内容原创、权威报道、深度解读、言论评论等优势向新兴媒体延伸;推进传统报刊业转型发展,积极借鉴吸收新媒体、新技术、新业态,抢占新兴媒体阵地,保持主流媒体的引领地位;鼓励报刊业创新发展,强化"互联网+"思维,实现报网、刊网深度融合发展,积极推动传统媒体与电子、数字、微信等新兴媒体的融合。重点支持铜梁日报平面媒体、数字媒体及出版发行等相关业态和产业的发展，推进出版发行业渐进式发展，建立多渠道图书发行网点，重点推进城乡发行网点和新华书店校园店建设，支持实体书店与电子商务合作，在主城区、蒲吕副中心、安居古城等人口相对集中的地区探索建立24小时书店或零点书店。

——广播影视业

鼓励和支持广播电视全媒体业务发展，加强广播影视新媒体建设，积极发展移动多媒体广播电视、网络广播电视、公共视听载体等新兴媒体业务，实现城乡有线电视网络双向化，地面数字电视全面覆盖全区，建成下一代广播电视网；加强中心城区以及蒲吕副中心和安居古城影院建设，扶持中心镇多厅数字影院建设，构建覆盖全区城乡的数字影院体系。依托地方人文历史资源，重点创作和推出一批优秀电影、电视剧、纪录片、微电影和文艺作品；积极改进和加强广播影视经济、文艺、社教类节目制作，促进专题、专栏、综艺等节目制作，不断丰富节目形态，提高节目质量，培育和打造一批地方知名品牌节目以及有影响力的节目、栏目制作机构和企业。

4. 产城互动——深经营

优化城市发展环境和产业发展生态，融入"长江经济带""成渝经济区"发展战略，加强城市经营、产业经营和产品经营，推动无形文化资产的开发权、使用权、经营权、冠名权、广告权经营，形成产业特色鲜明、文化功能各异、区域错位发展的文化产业空间发展新格局。

依据铜梁"十三五"国民经济和社会发展规划布局，按照铜梁"六个一体化"的城乡规划布局，围绕"立足铜梁、辐射渝西、放眼川渝、展望全国"的发展理念，充分利用和整合多种资源、多个市场，全面统筹城乡一体化协调发展新模式，推动形成全区文化产业"双核驱动、三极支撑、多点延展"的产业梯度发展格局。

（1）加强重点文化产业区域建设，实现"双核驱动，集聚发展"

充分发挥以渝蓉高速、渝遂高速等为主线的廊道经济，以及未来规划建设的城际铁路等交通，重点优化以新城商圈——淮远河风光带、巴岳山玄天湖度假区、小北海度假区为核心的文化休闲娱乐集聚区，引导太平、土桥、水口、二坪、庆隆、石鱼多点延展，打造文化产业与城市融合发展的产城文一体化发展的中心区；重点提升以安居镇为核心的文化旅游集聚区，整合高楼、维新、少云、白羊互补性发展，打造文化与旅游融合发展的聚合区，成为推动铜梁文化产业跨越发展的两大动力。

（2）加快资源整合与产业融合互动，实现"三极支撑，创新发展"

以"东拓、西进、南扩"为发展思路，以特色文化富集区块为发展极，突出文化资源开发、产业要素集聚、产业融合发展，重点打造以蒲吕——旧县为主体的文化创意与现代工业融合互动增长极；打造以平滩为核心，带动双山、小林的现代农业观光体验增长极；打造以大庙为核心，辐射虎峰、福果、围龙、华兴、西河、永嘉、安溪的文化生态与乡村文化旅游增长极，形成铜梁区文化产业发展的"三极"，拓展文化产业发展空间。

（3）推动重点项目建设促进区域协调发展，实现"多点延展，全域发展"

依托铜梁良好的自然生态环境、良好的交通区位优势、丰富的文化资源，重点推动中国龙文化博览园、巴岳山—玄天湖文化旅游度假区、安居古城文化涵养与提升工程、西海国家湿地公园、淮远河城市休闲走廊提升工程等重要项目建设，着力构建覆盖全域的文化旅游服务综合体；依托铜梁丰富的乡村文化资源，重点推进黄桷门—奇彩梦园、侣俸三色乡下时光等乡村文化休闲、文化旅游项目建设，着力打造全域乡村文化旅游，形成多点支撑、全域发展的文化产业发展格局。

综上所述，铜梁的文化建设，应紧密结合"神奇龙都，天下安居"的城市文化形象定位，按照"创造新供给""实现发展动力转换"的文化产业发展新方向，依托和盘活铜梁特色文化资源和传统优势，深入推进文化体制改革，大力推进文化产业快速发展，着力培育市场主体，加强培育重点优势行业，繁荣城乡文化市场，将文化产业打造成为铜梁区经济新的增长点和支柱产业，基本建成"中国龙文化之都""成渝经济带全域旅游示范区"，努力打造具有较强竞争力的"成渝城市群文化创意实验区"，使之成为铜梁新的经济增长点、经济结构战略性调整的重要支点，转变经济发展方式的重要着力点，为铜梁发挥成渝经济带重要节点城市功能，重庆城市发展新区集聚效应，以及打造西部文化产业发展新高地提供重要支撑。

经过十年乃至更长时间的持续打造，铜梁龙文化，将是中国龙文化的浓缩和精彩；铜梁龙，将成为中国龙的写照；铜梁龙走向世界，就是中华龙文化走向世界！

范建华　云南省社科联原主席，研究员，博士生导师，华中师范大学特聘教授，云南大学特聘教授

论铜梁龙文化资源的旅游经济价值及其利用

黎 荔

龙舞是华夏精神的象征，是中国人在吉庆和祝福时节最常见的娱乐方式，气氛热烈，催人振奋，是中华民族极为珍贵的文化遗产。重庆铜梁龙文化就其价值体系而言，主要有文物价值、民俗价值和旅游经济价值，三者构成其价值体系不可缺少的部分。当前，当务之急是如何挖掘铜梁龙文化的经济价值，为渝西地区的经济建设服务。因此，本文着重探讨铜梁龙文化资源的旅游经济价值及其利用问题，仅供参考。

一、铜梁龙文化的界定

铜梁龙是渝西地区具有地方特色的民间传统体育娱乐活动，近几十年通过在全国乃至国外部分地区进行展示和表演，其部分技艺得到挖掘和发展，但铜梁龙还有许多潜在的文化特征和技艺尚待挖掘和保护。当前，有关铜梁龙文化概念使用不够规范，有的过于宽泛，有的又太狭窄，这种情况直接影响到对铜梁龙文化的价值体系认识，及对其深度开发和利用。因此，有必要对铜梁龙文化内涵做一番探讨。

龙舞，也称"舞龙"，民间又叫"耍龙""耍龙灯"或"舞龙灯"，是中国传统民间舞蹈之一，在全国各地广泛分布，其形式品种的多样，是任何其他民间舞都无法比拟的。早在商代的甲骨文中，已出现以数人集体祭龙求雨的文字。据汉代学者董仲舒的《春秋繁露》记载，汉代已经有了形式比较完整的龙舞：在祈雨雪的祭祀活动中，春季舞青龙，夏季舞赤龙或黄龙，秋季舞白龙，冬季舞墨龙，此后历朝历代的诗文中记录宫廷或民间舞龙的文字屡见不鲜，直至现在，龙舞仍是民间喜庆节令场合普遍存在的舞蹈形式之一。千百年来，一代又一代的铜梁人扎龙、玩龙，渐渐自成体系，形成了独特的铜梁龙和铜梁龙文化。铜梁龙舞包括龙灯舞和彩灯舞两大系列：龙灯舞主要包括大蠕龙、火龙、稻草龙、笋壳龙、黄荆龙、板凳龙、正龙、小彩龙、竹梆龙、荷花龙十个品种，其中以大蠕龙最有特色。彩灯舞主要包括鱼跃龙门、泥鳅吃汤圆、三条、十八学士、亮狮、开山虎、蚌壳精、犀牛望月、猪啃南瓜、高台龙狮舞、雁塔题名、南瓜棚十二个品种。2006年5月20日，铜梁龙舞经国务院批准列入第一批国家级非物质文化遗产名录。

毋庸置疑，铜梁龙文化不属于宗教文化，而是民俗文化范畴，因此，自"耍龙灯"的习俗诞生以后，产生的一系列文化现象和约定俗成的民间节庆习俗都是铜梁龙文化的民俗范畴，包括有关龙舞龙灯的历代官府典志，官方组织的祭祀活动记录，典籍文献上关于龙舞的道具造型、构图变化和动作套路的记载等等；民间方面，祭祀活动中的龙舞、龙灯的扎制工艺、表演形式，包括烟火工艺及施放方法，有关龙祭中的舞龙服饰、伴奏的锣鼓与唢呐、相关食品等，有关舞龙的传说、赋诗、剪纸、刺绣、绘画、书法、戏剧等等，以及交融于上述民俗活动之中的祭龙意识和情结，即把龙当作祖先前辈来崇拜的深层潜意识。综上所述，我们认为，铜梁龙文化是我国南方民族以龙舞活动为核心的民俗文化，它包括了与龙舞相关的历代官府和民间的典志、传说、赋诗、美术、工艺、祭祀活动等，以及包含其中对龙图腾的崇拜意识和情感。应该说，铜梁龙文化是中华民族传统美德的一部分，体现了中华民族团结合力、奋发开拓的精神面貌，包含了天人和谐、造福人类的文化内涵，是中华民族极为珍贵的文化遗产和值得传扬的精神。

二、铜梁龙文化的旅游经济价值

渝西地区铜梁龙文化的经济价值受其文化特性所制约,铜梁龙文化的性质规定了其经济价值的性质。因此,铜梁龙文化不能作为通常满足人们的物质生活需求的具有使用价值的商品,只能作为满足人们游览名胜古迹、祭奠祖先、寻根究源、体验独特民俗的精神需求的产品,即近现代兴起的旅游商品,这也就是铜梁龙文化在当代社会生活中其经济价值之所在。铜梁龙文化是渝西地区特色旅游产品,是不可替代的、原汁原味的特色旅游体验活动。如果将铜梁龙文化作为渝西地区特色旅游业的品牌来开发,深度开发、挖掘、包装、宣传,必将对渝西地区社会经济发展起到很大的推动作用。

特色旅游就是以旅游者为对象,为旅游活动创造便利条件,并为旅游者提供某一地域特有的所需商品和服务的综合性产业。旅游业对国民经济和社会发展有很强的关联带动作用,有很多相关产业和行业可以借助旅游业的繁荣带动自身的发展。这种乘数效应是以一个产业发展的同时刺激和带动其他产业的发展,从而带动一、二、三产业的发展为特征的。它与经济、文化、外交有综合的特性,和交通、城建园林、文化文物、商业金融、对外经贸、轻工纺织、特色农业、邮电通讯、环境保护、房地产业、扶贫开发、科技教育等行业有密切的关系。从重庆铜梁区旅游资源总体上看,具有优美的自然山水旅游资源,自古有"铜梁八景":龙堤春跃、仙楼望远、崆峒传书、金钟送曙、炉峰残雪、木莲呈瑞、圣灯夜照、悬崖千佛。今有省级风景名胜区——巴岳山、玄天湖,同时历史文化、名人文化资源也较为丰富,且颇具特色,其中铜梁龙文化旅游资源就是最具特色的旅游产品。作为铜梁龙舞(铜梁龙灯)的发祥地,铜梁可以通过举办龙文化产品博览会、招商会、洽谈会,构成龙文化产业资源圈,逐步形成独具特色的龙文化旅游景观和龙文化旅游产业,撬动其他产业发展,使龙文化产业在推进经济社会发展的过程中，与其他高精尖项目的引进双轮驱动，攘袂引领，率先突破。

三、发展铜梁龙文化旅游的构想和建议

1. 优化铜梁龙文化旅游节和招商引资活动

文化搭台经济唱戏是近年来各地发展经济走出的一条新路子，远的有山东潍坊的风筝节、天津的妈祖节，近的有云南的世博园、南宁的国际民歌节，等等，都是同类性质的文化旅游节。此类文化节其目的即扩大知名度，增进了解，联系感情，最终目的当然就是招商引资。当前，举办铜梁龙文化旅游节应该主要为政府搭台、企业唱戏的形式，将提供企业与客商联系的场所、服务、咨询和营造良好的亲情氛围作为工作重点，把招商引资的具体事务交由企事业单位自主承办运营。目前，重要的是优化铜梁龙文化与招商引资活动。通过举办铜梁龙文化旅游节扩大渝西地区在国内、港、澳、台乃至世界的影响力，增加人们对铜梁的了解，从而更有效地招商引资。把铜梁龙文化旅游节作为发展经济的一个契机，坚持每年开办一次。每届铜梁龙文化旅游节，要把渝西地区当年或中、长期的招商引资开发合作项目，系统地汇编成优势产业开发目录提交给与会的国内外客商。铜梁龙文化旅游节可以通过会展经济的方式运营，"政府推动型""市场主导型""协会推动型""政府市场结合型"多种模式共同推进，让龙文化主题的节庆赛事、各种形式的会议和展览、展销，全年不断，永不落幕。主题内容包括铜梁龙舞表演邀请赛、铜梁龙灯设计大赛、中国龙文化与龙舞学术研讨会、中华铜梁龙灯会、龙灯街头大游乐、中国功夫搏击大赛、中国书画作品大赛，全国知名画家艺术交流、中国中医高峰论坛、中华奇门绝技汇演、民俗艺术博览会、民族服饰及选美大赛、中华印象龙之韵大型综艺晚会，等等，通过四季不断的龙文化旅游节，打造面向全体华人具有中华民族主旋律的文化旅游盛宴。同时，

打造好铜梁经贸洽谈会，弘扬龙文化，发展龙产业，必须走文经结合、文商联姻之路，大力招商引资，研究、制定一整套龙文化发展优惠政策，策划多种招商引资项目，大力吸引外资和更多的企业与业主来铜梁投入文化旅游业。

2. 发展铜梁龙文化旅游与产业结构调整相结合

发展以铜梁龙文化品牌为龙头的特色旅游产业，还必须在宏观与微观上，考虑文化旅游产业结构调整相结合。首先，在工业结构调整中，充分利用渝西地区现有的技术、设备和人员，寻找旅游商品市场需求，开发与旅游商品密切相关的工业产品。扎龙灯也是铜梁龙经济的重要来源，铜梁人扎龙灯除自己表演需要外，还对外销售、订做，竞技龙道具被国家体育总局指定为体育经济道具。除了大力发展作为龙经济的核心层的扎龙等龙产业，为全域旅游作配套的"吃住行游购娱"等产业要素都要发展起来。从产业供给出发，结合旅游产业结构转型升级，围绕旅游业生产力六要素的改善，即吃（旅游餐饮）、住（宾馆住宿）、行（交通）、游（景观旅游）、购（旅游商品）、娱（娱乐休闲）进行产业聚集和供给侧改革。例如，渝西地区大批食品加工的企业应主动出击寻找旅游市场，制出味道可口、包装小巧、卫生方便、适合旅游活动特点的旅游食品，点染龙文化主题，以日常快消品这种轻便灵动的载体，配合龙产业链各环节各产品，共同构筑"华夏龙都"的铜梁城市文化形象。开发铜梁龙文化纪念品方面，要形成充满想象力、创造力、趣味性、时尚化的复合产品体系，除了扎制龙灯外，大力开发各类龙灯工艺品、竞技龙道具、龙文化故事人物、场景组合等，选用石膏、彩陶、大理石、铜、铝等各种质地产品均可，国画、素描、剪纸、刺绣、麦秆画等工艺形态均可成为载体。尺寸大小有别，大的可放置园林庭院，小的可放在厅堂中、柜子里，扣在衣服上，挂在墙壁上。可印制有舞龙像的纺织壁挂毯、T恤衫衣、帽子、鞋包等等。

其次，将龙文化的因素融入旅游景区、景点，以达到文化景观和自然景观的完美结合。例如，"中华龙文化博览园"项目，建成集龙文化研究、艺术博览、会务会展、民俗体验等功能于一体的生态旅游度假区，构建全国最大龙文化博览会，建设中华龙文化博物馆、中华第一龙街、龙文化主题乐园、龙文化创意产业园等等。可以打造铜梁旅游的夜间演艺产品，营造留住过夜旅客的"龙灯之夜"，将龙文化融入到演艺产品中，不仅可以大大提高节目的观赏性，而且极大地丰富了节目的艺术性，包括通过节目中与龙文化有关的场景营造，体现龙之形、龙之韵、龙之味！同时，不仅仅是做景区景点的思维，还可以拓展到以龙文化点睛旅游综合体。例如，海南"大龙门项目"立足海南中北部琼北组团地区，开发海南内陆绿色旅游资源，挖掘中国传统吉祥文化，以建设国际级的中国文化品牌主题公园为目标，与海南蓝色滨海旅游形成互补。利用中国龙文化理念打造世界级旅游度假养生目的地的超大型区域综合开发项目，着眼于将项目开发与当地民生发展相结合，积极探索以镇域为单位的社会主义新农村整体建设的新模式。通过五大重点景区的引导与带动，促进镇域经济的快速健康发展，辅以原生态热带富硒种植业、国家级富硒农产品加工基地等特色产业，同时加大对物质文明与精神文明方面的投入，最终创造海南城乡一体化的城镇典范。这才是未来铜梁大力发展龙经济、龙产业要走的康庄大道。

作为"铜梁龙舞（铜梁龙灯）发祥地""华夏龙都"，铜梁在城市设计、规划和建设中要深深地融入龙文化因素，将龙文化贯穿到城市形象的设计、规划和城市建设中。在渝西地区郊区和旅游景点周边等条件成熟的地方，依托铜梁作为重庆"西部菜都"四个核心基地县之一的优势，大力发展农业旅游、生态旅游、度假休闲基地和农业科教基地。只要在发展现代化农业的同时赋予其旅游新的内涵和理念，发展本地特色，形成规模的现代化农业旅游和生态旅游，即可取得诱人的回报。还要因地制宜地发展渝西地区特色蔬果种植园、特色养殖场，以及花草、竹子、林木等经济林木种植场。在发展农业的同时，发展特色旅游，将农业和旅游业引上现代社会经济可持续发展轨道。

3.优化组合以铜梁龙文化为品牌的特色旅游产品

在深度开发铜梁龙舞、铜梁龙灯为品牌的特色旅游产品的同时，要注意把历史文化遗址进一步修缮、整理，使之成为打得响的旅游产品，并对这些产品进行优化组合。例如，可以把铜梁龙舞与作为中国四大古城之一的安居古城，组合为一个产品，推出龙乡古城游，可留住游客在铜梁过夜消费，增加旅游收入。又可把铜梁龙文化与铜梁区博物馆、邱少云纪念馆等旅游线路捆绑销售，推出铜梁龙文化与名人文化游，即可大大增加游客在铜梁的逗留时间，增加消费。还可将历史文化名人活动遗址配之于乡村文体活动等，构成名人文化与民间文体游产品。上述产品的组合也可与农业旅游、生态旅游搭配销售。如铜梁的蔬菜基地、腊梅等观赏花木远近闻名，当然可以把蔬菜节、蜡梅节与龙舞发祥地祈福游捆绑一起推出，甚至可以将铜梁现代农业示范区与上述旅游产品搭配，如此等等，各种设计都是为了满足商务旅游、探亲旅游、观光旅游、购物旅游、休闲度假旅游、怀旧旅游、祭祀旅游等各种不同需求的游客，繁荣渝西地区旅游市场。

此外，铜梁有关部门，应有计划地逐步开展铜梁龙文化宣传活动，通过影视、报刊、戏剧、音乐等艺术形式，以及现代互联网来宣传铜梁龙文化。尽快建立铜梁龙文化旅游电子信息网页，宣传、介绍铜梁龙文化及其他特色旅游产品、旅游线路和价格，与国家、省区直辖市联网。通过旅游网络信息，开展旅游企业间的合作。每年铜梁龙文化旅游节前后的其他季节，还可单独举办铜梁龙戏剧节、铜梁龙美食节、铜梁龙竞技节等等。一年四季好戏连台，人气财气两旺。通过龙文化的指引力、感染力，推动铜梁各项事业都焕发新颜、蓬勃发展。

总而言之，当前，铜梁龙文化繁荣兴旺，可喜可赞。但是，辉煌的背后也隐藏着不容忽视的问题。例如，通过龙灯来表现龙文化，表现的方式太单一，所传达的内涵也是有限的；铜梁龙文化具有悠久的历史，是铜梁的一大特色，同时具有很深的文化内涵，却没有得到很好的挖掘，也还没有形成一个特色产业，产生良好的经济效益；铜梁龙文化现在仅仅依靠一些民俗活动在支撑，而其中的主要力量更多的是依靠民间力量，没有完整的战略发展思路，更没有一套完整的开发策略，缺乏统一的市场化运作。目下全国的龙文化遗迹和与龙文化相关的非遗技艺举不胜举，可谓群龙共舞，异彩纷呈。"乱花迷人眼"的龙文化产业呈无序竞争状态，面对全国蜂起的龙舞开发竞争，铜梁龙灯原生态的元素传承还是不够，由于缺乏文化创意创新及产品服务体系性开发，铜梁龙灯舞蹈艺术的绝对优势正渐渐不复存在，龙文化宣传的系统性也不够。铜梁须猛起直追，整合挖潜龙文化资源，创意运作，丰富内涵，提升品位，彰显龙文化的生命力、吸引力以及核心竞争力，精心打造和强力推进以龙文化为主题的龙文化产业品牌。要持续用力，久久为功，加快龙文化产业的发展。在文化产业发展思路上，要尽可能地体现前瞻性、科学性、引领性，充分利用好宝贵的龙文化资源，积极开拓视野，尽可能多地探索、借鉴、吸收发达地区成熟的文化产业发展的经验，在继承传统产业的同时，更多地融入现代高科技的元素，打造出属于渝西本土、属于铜梁自身的品牌和产品。

黎荔　西安交通大学人文学院硕士生导师，文学博士，北京大学文化产业研究院陕西产学研基地副主任

让龙文化舞动铜梁旅游

王明凯

我发言的题目是:让龙文化舞动铜梁旅游。

之所以这样提出问题,是因为铜梁龙不仅是铜梁的文化符号,也是整个重庆乃至泱泱中华的文化符号。这些年来,铜梁人在龙文化建设上走了两大步,获取了两块金质招牌,一是龙"文"融合,使铜梁龙成了中国文化的国家品牌,二是龙"体"融合,使铜梁龙成了中国体育的国家品牌。但是,龙"旅"融合的文章才刚刚起步,需要全新破题、全面聚焦、全力助推,才能整体性地推进龙文化的产业化建设,让龙文化舞动铜梁旅游,使铜梁龙成为中国旅游的国家品牌。

那么,怎样构思铜梁龙"旅"融合这篇大文章呢?个人见解,应该构筑高屋建瓴的文化创新战略和落地生根的旅游发展规划,并切实有效地付诸实施,让龙之魂舞动铜梁的文化旅游。

一、确定一个目标,这就是:把铜梁建设成为中国高举"龙"头的文化旅游城,在已经获取中国文化和中国体育两张国家名片的基础上,再创一张中国旅游的国家名片,三张名片,三足鼎立,支撑起"中国龙城"的文化称号,让铜梁龙、中国龙、民族龙的文化形象在铜梁大地上冉冉升起,在山城人民和国内外游客的心中永久性定格生根。

二、启动四大抓手。一是"龙城"融合,把铜梁龙的文化符号植入城市建设之中,城市雕塑、大型建筑、道路设置、桥梁街道、宾馆酒店、广场公园、路标路灯、亭台楼榭等等,都有龙之名、龙之形、龙之音,让龙魂龙韵浸润在城市形象和灵魂之中。二是"龙文"融合,把龙文化元素融进城市文化、农村文化、街头文化、社区文化、企业文化、校园文化、机关文化、军营文化等文化品种和演出、展览、比赛、体育竞技和电影电视等舞台艺术、广场艺术和影视艺术之中,让铜梁龙成为这方水土公共文化高扬的龙头。三是"龙农"融合,大力发展乡村旅游,让农村成为龙文化的生长空间,让农业成为龙文化的观光产业,让农民成为龙文化的参与者、建设者和受惠者,让龙文化建设成为解决"三农问题"新的突破点和脱贫致富新的增长点。四是"龙商"融合,把商业布点和龙文化商品的开发结合起来,设计龙文化旅游吉祥物,大力开发龙具龙灯、摆件挂件、帽子汗衫、笔筒纸扇、唱片光碟等旅游纪念品、工艺美术品、养生食品和旅游用品,实现研发—生产—销售一条龙,用龙文化形象创造两个效益。

三、布局一心四区。一心,即以铜梁城区为中心,它既是铜梁旅游的领航中枢,又是龙文化内容的集中展示区,增加布局游客集散中心、龙文化主题公园、龙都大剧院、龙城滨河景观长廊和开展各种主题性的龙文化活动。四区,一是安居古城休闲度假旅游区,把铜梁龙与"中国四大古城"的品牌有机嫁接起来,使龙文化成为安居古城旅游文化闪闪发光的亮点和特色。二是巴岳山—毓青山生态旅游区,在高山流水中舞起龙之风、龙之韵,让龙文化在大山深处的寺庙、道观、亭台楼阁和青山绿水中轻歌曼舞,精彩亮相。三是城市旅游拓展区,用一乡一品的方式把铜梁龙的风采从城区拓展到新区,让铜梁龙在旧县、蒲吕等城市延伸区摇头摆尾,翩翩起舞。四是乡村休闲旅游区,让民间的舞龙活动扎根星罗棋布乡村旅游景点,引导游客走进美丽乡村,观龙舞,享美食,看山水,寄乡情。同时,把铜梁龙城旅游与东翼的合川钓鱼城和西翼的大足石刻连接起来,形成独具魅力的大都市郊区文化旅游线。

四、创新五大平台。一是"中华第一龙"城市雕塑,让它在高速路口、景观大道和城区广场高高耸立,熠熠闪光,给广大市民和外地游客以先声夺人的震撼之感。二是"中华龙韵"实景演出,把龙灯龙舞、龙魂龙韵与铜梁的民俗文化和当地的真山真水融为一体,借助声光电等高科技手段,给人以强烈的艺术冲击力与感染力。三是"龙文化创意产业园",形成研发—生产—销售—教习—传播一条龙服务产业链,闯出一条龙文化产业化的发展之路。四是"国际龙舞锦标赛",首届"国际舞龙争霸赛"后,创造条件,总结经验,进一步完善硬件设施和加强软件建设,让"国际龙舞锦标赛"作为固定项目落户铜梁,让铜梁成为享誉中外的龙文化家园。五是"中国·铜梁龙文化旅游节",把文化创造、体育建设、商贸活动嫁接在方兴未艾的旅游平台上,形成具有届别机制的文化盛会和旅游节日,让铜梁龙舞动巴渝风,成为中国文化、中国体育和中国旅游的国家名片,扎实有效地推动经济和社会发展,让铜梁龙在巴渝大地上舞起熠熠生辉的中国梦、民族魂。

王明凯　中国作协全委会委员,中国民协理事,重庆民协副主席,重庆作协原党组书记

对铜梁龙文化产业发展的思考

刘德奉

近年来,铜梁区委区政府不仅高度重视非物质文化遗产保护工作,把铜梁龙舞、铜梁龙制扎工艺推向全国,而且在保护中创新,在生产性保护中发展,并取得了很好的成果。今天,区委区政府又专门邀请了全国各地的专家学者,专题讨论铜梁龙文化的保护与发展问题,说明把这一问题提到了更高的程度。下面,我就如何把铜梁龙这一非物质文化遗产保护项目在加大保护力度的基础上,通过整体性保护、生产性保护等保护方式、措施,最终产生更好的社会效应和经济效应问题,谈一点粗浅意见。

一、适应非遗保护的新理念,把铜梁龙文化产业推向世界

2004 年,中国加入联合国教科文组织《保护非物质文化遗产公约》,在全国范围内开展非物质文化遗产保护以来,做了大量的工作,取得了可喜的成果,在全世界有着良好的影响。同时,也总结出了一些较为科学的保护与发展规律,特别是从纯粹性的保护,转变到发展中的保护、生产性的保护、衍生产品的保护上来,为更好地开展非遗保护工作扩展了新的思路,提供了新的空间,寻找到了新的保护路径。同时,又为项目所在地区利用非遗资源提升社会效益、经济效益找到了新的平台,特别是国家"十三五"发展规划把"振兴传统工艺"作为发展性非遗保护的重要措施,作为文化发展的重大项目之一。还有国家文化部已经正在积极努力推进生产性保护工作,目前已

经设立了生产性保护示范基地100个,并从去年开始在50多所高校开展全国性非遗传承人培训,让更多的传承人吸收现代文化,让非遗产品更好融入现代生活。世界性、全国性、地区性非遗博览会,都高度重视非遗衍生产品开发,列专展予以推进。对此,我们应当看到,当前和今后很长一个时期,国家将会大力支持非遗保护项目的生产性保护工作。

从当前世界各国的传统文化保护来看,通过生产性保护也是一种良好的保护方式。同时,我们也可以看到,有的国家已经取得了很好成绩,如日本、韩国,他们把传统文化赋予现代理念,通过高科技手段传播出去。尤其是近20来年旅游在全国各地的突破性发展,旅游产品的突破性生产,为丰富旅游市场做出了重大贡献。据统计,近年来旅游产品在旅游行列的收入占比越来越高,2015年的旅游产品收入达到3.2万亿元,占旅游产业发展的80%,可以说旅游产品已经成了旅游发展的重要资源,并且将成为今后发展的重要增长点。

铜梁龙舞,是国家级非遗保护项目,在全国拥有重大的影响力和知名度,特别是与其他一些传统舞蹈类的国家级项目相比,拥有较高的社会价值和市场开发价值。铜梁龙文化是中华民族龙文化的组成部分,它可以借用龙文化在全世界的影响,以龙文化为主题,把铜梁龙文化产业开发到极致。可以肯定地说,铜梁龙文化产业发展,既是铜梁区文化资源的积极利用,也是铜梁文化产业发展的重要机遇。对此,只要利用好国家的非遗保护发展政策,借鉴好世界各国、全国各地保护发展经验,以铜梁龙为核心的龙文化产业必将迎来新的发展空间,也必将在全国主题性文化产业发展上产生重大影响。

二、铜梁龙文化产业发展的空间分析

一是龙文化形象的知名度空间。龙是中华民族的图腾,龙文化是中华民族的重要文化符号。3000多年来,通过典籍、实物、图案、民俗、音乐、舞蹈、美术等一切文化形态,龙文化已经深深扎根于中国人民的心里、世界华人的心里,而且传播到世界各国,成为华人家喻户晓的文化符号,成为世界人民认识中国的文化记忆。更重要的是,以龙文化为表现形式的文化形态,通过各种载体,代代相传,代代延伸。过去的3000年,一直绵延发展,今后的3000年、一万年,甚至无穷的时间里,仍将继续发展。它将是中华民族永远发展的重要文化主题,如爱情是文学创作的重要主题一样,永生不灭。

二是龙文化产品的基础空间。3000多年来,无数的艺术家、劳动者,把龙文化通过不同形式的文化样式,附加在不同的文化载体之上,传播了数千年,传播到世界各地,传播到不同的文化形态地区,可谓其产品应有尽有,内容丰富多彩,得到全世界人民的文化认同。但是,任何文化产品都有其时代性。而今,世界信息一键化,文化观念多元化,现代科技日新月异,可以说今天的龙文化产品已经不同于昨天的龙文化产品,明天的龙文化产品肯定不同于今天的龙文化产品。工业化时代的龙文化产品已经不同于农耕文化时代的龙文化产品,信息化时代的龙文化产品已经不同于工业化时代的龙文化产品。按规律讲,有些产品、某些文化,将会有一个创造、发展、提升、消亡过程,但龙文化主题的产品、龙文化的发展,数千年了仍然得到认同,要么它的发展周期更长,要么它将永生。对此,今天的时代为铜梁龙文化产品发展留下了无限的空间。

三是龙文化产业发展的铜梁空间。铜梁是一个具有悠久历史文化传统的现代化地区,近年来经济社会的快速发展,特别是工业经济、交通环境的突破性提升,为铜梁龙文化产业奠定了良好的物质基础;重庆大学城的邻近,西永园区的优势,人才资源、现代工业资源为铜梁龙文化产业发展奠定了良好的人才、科技基础;重庆的改革开放,尤其是一带一路的发展战略、渝新欧的产品直达,为铜梁龙文化产业发展奠定了良好的国际交流基础。近年来，铜梁已经加大龙文化产业发展力度，形成了年产值近5亿元的龙文化产业，无论是政府，还是企业，或者经营者，都已经有了丰富的发展经验和强烈的发展愿望，为铜梁龙文化产业发展奠定了良好的实践基础。

三、铜梁龙文化产业发展的战略定位

一是理念定位。如果说，数千年来龙文化产业发展取得了巨大进步，那么，我觉得那都是在自然状态下产生和绵延的，仍处于发展的基础阶段，仍不能提升到积极发展的意识，更上升不到系统、产业、集约化程度，包括铜梁龙文化产业发展，虽然取得了一定成绩，但仍处于单一、分散、粗放的层面。对此，应当革命性的改变发展观念，把单一的发展提升到全方面融合，如把一般性的工业产品融合到现代科技里去，把静态的产品融合到动态产品里去，把艺术性的产品融合到生活性产品里去，把地域性的产品融合到世界性的普世价值里去，把少数人需求的产品融合到全体人需求的产品里去，把为我的产品发展融合到他人的需求产品里去。总之，要有强烈的需求空间寻求意识、创意空间寻求意识、技术空间寻求意识、推广空间寻求意识。

二是辐射定位。所谓辐射，即产品的供求关系。首先，这是一个世界性产品，应当把生产的产品推向世界，让全世界的人民认同；其次，这是一个华人区产品，应当根据华人特有的情感需求，把产品注入他的生活；再次，这是一个独特群体性产品。可以根据不同的群体，如知识分子群体、一般消费大众、少年儿童……最后是地域性产品，如南方、北方不同文化认同的差别，东方、西方不同文化的认同差别，中国、外国的不同文化的认同差别。总之，文化需求是多元的，文化产品也应当随之多元。

三是路径定位。核心思想就是集约化，包括企业入住的集约化、产品生产的集约化、创意设计的集约化、营销空间的集约；还有一个核心思想，就是要"无中生有",要下决心在铜梁造就一个龙文化产业生产、设计、销售的世界唯一的核心基地。如海南的南海观音,西永的电脑产业,武隆的仙女山旅游。

四、政策倾向与服务力度

一是设立龙文化产业园区,成立相应的管理服务机构,提供发展的土地空间;二是给予大力度的政策优惠,为企业落地提供条件;三是成立专业性的招商服务机构,大力引进生产企业、研究机构、创意机构、运营机构;四是计划性地召开学术会议,营造国际性影响,提供产业推进智力支持。

刘德奉　重庆市艺术研究院院长,一级文学创作

"铜梁龙"品牌再培育的思考

宗和云

从20世纪80年代至今的30余年里,"铜梁龙"逐步从全球众多的龙文化品牌中脱颖而出,成为中华龙的杰出代表。"铜梁龙"品牌到底指什么呢?我们有必要作一下解析。铜梁并没有证据证明是中华龙文化的发源地,那么铜梁龙为什么常常代表中华龙呢?通过比较研究,我们认为至少有八个方面的依据:一是自改革开放以来,铜梁发掘整理龙文化艺术成果最为显著,其中龙灯舞蹈品种近30个,龙灯彩扎工艺得到有效保护和良好传承。二是铜梁恢复并坚持开展的春节龙灯会,层次越来越高,规模越来越大,从2000年开始,主办单位晋级为重庆市人民政府、国家文化部、文化部民族民间文艺发展中心、中国非物质文化遗产保护协会等,逐步成为国家级品牌活动。三是"民间文化艺术之乡"创建工作卓有成效,"铜梁龙舞"基本实现了全民普及,其普及率稳居全国之首。四是"铜梁龙舞艺术"列为首批国家级"非遗"名录,是专家们公认的全国最应列入龙舞类"非遗"名录的品种之一。五是"铜梁龙"的舞蹈套路丰富、系统、新颖、优美、流畅,夺得过民间舞龙和竞技舞龙两大领域所有国家级以上品牌赛事的最高奖项,至今仍然引领着全球舞龙艺术的发展方向。六是"铜梁龙"舞蹈道具和工艺品的扎制工艺成为全球典范,每年销售8000件以上,产值5000万元。七是铜梁竞技舞龙队是唯一一支被国家体育主管部门授予"中国国家舞龙队"称号的舞龙队伍,至今仍保持着全球领先水平。八是铜梁的"大蠕龙""竞技龙""火龙"等龙舞品种成为全球最爱,每年参加国内外展演达到500场以上,产值

5000万元，可见，"铜梁龙"虽不一定是中华民族最早的龙，但一定是中华民族最耀眼的龙。人们通常称呼的"铜梁龙"，大多指"铜梁龙舞"，有时也专指铜梁龙舞的道具，但从上述领先全国的八大要素上看，"铜梁龙"品牌目前至少包含了民俗活动、舞蹈艺术、彩扎工艺和文化产业四个方面的内容。

一、"铜梁龙"品牌再培育的重要意义

（一）"铜梁龙"品牌还有较大的提升空间

当下，"铜梁龙"虽然成了铜梁和铜梁人的代名词，而且也成了重庆和中国的一张文化名片。但是，"铜梁龙"品牌并非做到了极致。一个有影响力的文化品牌，至少应该在学术上有所建树；要体现一个文化品牌的价值，必须依靠强大的文化产业做支撑。客观讲，"铜梁龙"在这两个方面相对薄弱。首先是"铜梁龙"在学术研究上目前还缺乏全国有影响力的人物，也缺乏有影响力的成果。"铜梁龙"产业发展遭遇瓶颈：一是生产方式落后，停留在小而散的作坊式生产，成本难以降低，缺乏价格竞争力；二是生产品种单一，基本限于龙舞道具，工艺品的开发生产几乎是空白；三是缺乏有规模的项目，且未能与旅游有机融合，产业远未做大做强，产业总值偏低。不仅如此，"铜梁龙"过去凸显的优势也面临挑战，突出表现在艺术品创作生产上，要么缺乏创新，跟不上消费者的需求；要么弱化传统，逐步丧失自身特色。就龙文化工艺品生产而言，一方面仍处于作坊式加工层次，缺乏科技与时尚元素的融入，龙舞道具很难与行业其他品牌拉开差距，工艺品几乎是空白；另一方面，铜梁龙虽然在造型上保持着既有优势，但在色彩搭配上明显有弱化传统的倾向，"铜梁龙"的符号特征没有得到很好的固化和传承（浙江长兴的百叶龙、四川泸州的雨坛彩龙等给人的印象更为深刻）。就舞蹈作

品而言，一方面，"二龙戏珠""龙凤呈祥""火龙"等品牌节目表演了几十年，几乎没有创新，其他优秀品牌又尚未形成，铜梁龙舞也在经历着审美疲劳；另一方面，很多版本的"板凳龙""黄荆龙""正龙""稻草龙""竹梆龙"等虽然加大了创新力度，但又丧失了舞蹈固有的文化内涵，成了无源之水。其次是队伍建设问题，优秀舞龙队员老化，青年队伍跟不上，稳不了，"国家舞龙队"整体实力有所下滑。最后是市场发展问题，演出、教习、培训、营销市场发展不够成熟，市场监管机制尚未完善，存在品牌滥用和价值低估的现象。可见，"铜梁龙"还有做大、做靓、做强的广阔空间。

（二）"铜梁龙"品牌再培育是时代赋予我们的责任

俗话说，船到中流勤使桨，山行半腰莫歇脚。面对"铜梁龙"品牌发展现状，我们应当选择急流勇进而不是激流勇退，不应把铜梁龙品牌创建成果看作当初为之奋斗的终点，而应当把它看作继续为之奋斗新的起点，因为未来的目标更加宏伟，任务更加光荣。

1. "铜梁龙"品牌再培育是传承和弘扬中华龙文化的务实之举

"龙"作为中华民族世代崇拜的图腾，集中了中华儿女最美好的情感愿望，是中华民族团结统一、爱好和平、勤劳勇敢、自强不息精神的象征，龙文化贯穿了中华民族发展的整个历史，是联系全球华人情感的精神纽带。传承和弘扬优秀的中华龙文化，为全面建成小康社会、实现中华民族伟大复兴的"中国梦"凝聚起强大的精神力量，是中华儿女共同的责任。

2. "铜梁龙"应当勇于承担引领中华龙文化发展的重任

从改革开放至今，铜梁在龙文化艺术发掘整理、龙文化生态保护、龙舞及彩扎工艺保护与传承、全民龙舞艺术普及、龙舞品牌创建、龙舞节会赛活动开展、龙文化理论研究、龙舞精品剧目打造、龙舞对外展赛与交流、龙舞产业化发展等各方面取得巨大成就，是业界公认的中华龙文化发扬光大最为卓越之地，理当主动积极地团结国内外力量，整合各种资源，打造全球龙文化学术研究、民俗展示、艺术保护传承、产业发展等高地，为进一步传承、弘扬和发展中华龙文化做出应有的贡献。

3. "铜梁龙"品牌再培育是经济社会发展的需要

客观讲，时至今日，"铜梁龙"社会效益可谓相当突出了，铜梁当初打造文化品牌的目标已经实现，甚至超额完成了计划，但当初"文化搭台、经济唱戏"的目标还没有完全实现。当前应该继续高举品牌培育的大旗，一鼓作气，继续前进，在进一步做大做靓"铜梁龙"品牌的同时发展壮大文化旅游产业，大幅度增强区域经济实力，促进城市文明进步和社会和谐发展。

（三）"铜梁龙"品牌再培育是抓住机遇提升自我的明智之举

1. "铜梁龙"品牌再培育有坚实的基础支撑

"铜梁龙"目前拥有一系列含金量较高的品牌，包括"中国民间艺术（龙灯）之乡""铜梁龙灯"等人文地理品牌，"重庆·中国铜梁龙灯艺术节""'安居古城杯'国际舞龙争霸赛""巴岳山·中国龙文化研讨会"等节会赛品牌，"铜梁龙舞艺术""铜梁春节龙灯会""铜梁龙灯彩扎工艺""铜梁彩灯舞""铜梁龙舞传承实验基地"等非物质文化遗产品牌，"二龙戏珠""龙凤呈祥""铜梁火龙""铜梁竞技龙"等舞蹈品牌，"高楼火龙""文化产业示范基地"等产业品牌，它们在国内外有着广泛的影响力，发展龙文化品牌只需百尺竿头，更进一步。

2. "铜梁龙"品牌再培育有广泛的政策支持

党的"十八大"以来，从中央到地方，出台了一系列关于促进文化大发展大繁荣的政策，把保护和弘扬优秀的民族传统文化提高到一个前所未有的高度。2017年1月，中共中央办公厅和国务院办公厅印发了《关于实施中华优秀传统文化传承发展工程的意见》，对非物质文化遗产的保护、传承、展示和交流等提出了更高、更实和更具体的要求。"铜梁龙"品牌再培育工程就是保护和弘扬中华优秀民族传统文化的工程,理应得到各级政府和部门的大力支持。

3."铜梁龙"品牌再培育有多元的经济支撑

近年来,从中央到地方,经济发展继续保持较高的增速,经济实力不断增强,政府对文化的投入大幅增加,"铜梁龙"品牌再培育经费有望纳入财政预算并逐年增长;龙舞表演团体、工艺品生产企业等民间资本对"铜梁龙"文化、艺术及其产业的投入显著增加;国家和市级财政加大了非物质文化遗产保护经费投入,同时设立了艺术创作基金、品牌展示活动经费等专项资金,"铜梁龙"有了更多的资金资助渠道。有了经费保障,"铜梁龙"品牌向"高、大、靓、上"发展成为可能,也使得我们加强学术研究、艺术创新、产业发展等薄弱环节,打造更多有影响力的品牌成为可能。

二、"铜梁龙"品牌再培育的主要措施

(一)坚持正确的思想导向

中共中央总书记习近平同志在中国共产党成立95周年庆祝大会上对全党同志做了关于"不忘初心,继续前进"的重要讲话,讲话精神对"铜梁龙"品牌再培育具有重要的指导意义。近30多年来,"铜梁龙"品牌培育取得一系列成果和经验,对经济社会的发展起到重要的推动作用,实践证明这些年的决策是正确的,措施是有效的,这坚定了我们继续走这条路的信心和决心。同时,"铜梁龙"品牌迎来更大的发展空间,应当与时俱进,努力朝着"引领全球""影响全球"的宏伟目标奋斗。

2016年3月29日,国务院总理李克强同志在第二届中国质量奖颁奖大

会上关于"弘扬工匠精神"的重要讲话精神,是培育"铜梁龙"品牌的各项实际工作必须遵循的基本方针,也是"铜梁龙"成就全球文化艺术经典的根本保证。

2016年11月1日,中央全面深化改革领导小组第二十九次会议通过的《关于进一步加强和改进中华文化走出去工作的指导意见》指出,加强和改进中华文化走出去工作,要增强中华文化亲和力、感染力、吸引力、竞争力,向世界阐释推介更多具有中国特色、体现中国精神、蕴藏中国智慧的优秀文化,提高国家文化软实力。《意见》精神更加坚定了"铜梁龙"走出去并引领全球龙文化进而影响全球文化的信心和决心,因为中华龙文化是中华民族精神的载体和智慧的结晶,是中国最优秀也最应该走出去的传统文化。

(二)制定科学的发展目标

根据"铜梁龙"品牌发展现状、前期培育经验、未来发展的空间和机遇,可以制定如下目标:坚持发挥政府主导作用,整合资源,形成合力,全面恢复和繁荣龙文化生态环境,在全民普及龙文化艺术的基础上,巩固和发展一批学术的、文学的、艺术的、活动的、产业的龙文化品牌,引领全球龙文化及其艺术与产业发展方向,努力建成全球龙文化理论研究的核心基地,艺术品生产、展示和输出的重要基地,龙文化产业集聚地和龙文化旅游目的地。

(三)明确主要的工作任务

1. 深入开展"铜梁龙舞艺术"保护工程

(1)充分发挥相关机构职能作用。充实"非遗"保护机构、"铜梁龙"品牌发展研究机构人才队伍,落实工作经费,大力开展保护、传承、研究、创意、展示、交流等工作。

（2）充分发挥代表性传承人作用。加大扶助力度，夯实工作平台，强化目标考核，进一步发挥"铜梁龙"传承人传承、展示铜梁龙舞艺术的作用。

（3）实施全民龙舞艺术普及。深入开展"九进""三出"活动，有效提高普及率。"九进"即进机关、进事业、进企业、进社区、进村社、进校园、进军营、进广场、进景区，进校园是铜梁龙舞艺术普及活动的重中之重。积极组织专家编写"铜梁龙舞艺术"和"铜梁龙灯彩扎工艺"的各级校本教材，纳入大、中、小学和幼儿艺术教学，命名一批龙舞艺术传承实验基地，培养一批数量可观质量优良的舞龙队员。区行政机关和部委办局带头分类组建舞龙队伍，公、检、法各自组建警察舞龙队，规模较大的医院、学校等事业单位以及大型企业组建职工舞龙队伍，文化类企业组建专业舞龙队伍，条件成熟的社区组建居民舞龙队，驻地军队和武警部队组建官兵舞龙队。进村社、进广场、进景区是普及的必要路径，舞龙已成习俗的镇街、村社，政府可通过购买演出、寻找市场等措施引导当地农民组建舞龙队伍。将"小彩龙""小金龙""板凳龙""竹梆龙"等创编成广场舞蹈，通过培训领舞骨干普及到每个广场舞爱好者，从而组建广场舞龙队。在安居古城、奇彩梦园等景区组建以当地居民和农民为主体的舞龙队伍，实现景区常态化舞龙表演。政府行政主管部门要加强各级舞龙队伍建设的指导，定期举办专项或单项舞龙竞赛活动，促进上述各项工作的开展。"三出"即出铜梁、出重庆、出中国。始终保持铜梁龙舞艺术全球领先的水平，不断满足市场需求和文化交流需要，鼓励和支持"铜梁龙"教练奔赴全球各地教习铜梁龙舞，进一步弘扬"铜梁龙"品牌，引领全球龙舞发展方向。

（4）实施"铜梁龙舞艺术"提升工程。聘请专家团队，融入时代的、科技的、舞台的等元素，在服装、道具、音乐、舞蹈情节以及舞美等方面创新发展，不断丰富作品内涵和表现形式，提升其艺术性和观赏性。

（5）实施"中华龙舞艺术"大数据建设工程。通过采集、购买、交换等方式，建立起全球最大的龙舞艺术数据库，推动中华龙舞艺术的保护、传承、研究、展示和交流。

2.巩固和发展一批在国内外有影响力的龙文化品牌

（1）地理品牌

争创"铜梁龙""铜梁龙灯""铜梁火龙"等地理商标。

（2）人文品牌

巩固"中国民间艺术之乡"创建成果，创建"中国龙乡""中国龙舞之乡""华夏龙都"等品牌。

（3）学术品牌

创办一个龙文化研究机构，一个论坛，一个专题网站，一本主题刊物，推出一批学术成果。

（4）艺术品牌

巩固"铜梁龙舞艺术""铜梁龙灯彩扎工艺"等品牌，将"铜梁火龙""铜梁竞技龙"创建为国家级"非遗"品牌，创作一批文学、音乐、舞蹈、书法、美术、摄影、演艺、影视、微电影、动漫、游戏等优秀作品。

（5）活动品牌

坚持举办"铜梁中国龙灯艺术节""铜梁国际舞龙争霸赛"等节会赛品牌活动，不断提升规模和档次，创建"国际龙舟赛""国际龙文化风筝节"等品牌活动。

（6）技术品牌

创建"铜梁龙舞艺术表演规范""铜梁龙舞道具制作规范"等地方标准和国家标准，积极参与创建全球竞技龙舞竞赛规范和传统龙舞表演规范。

3.发展壮大"铜梁龙"文化产业

（1）四项措施发展壮大艺术品生产业

①规范、整合铜梁龙舞演出业，不断创新形式，提升品位，扩大其海内

外演出市场。

②做大做强"铜梁龙"彩扎业，形成规模化、集约化、科技化的龙灯制品生产业。

③扶持壮大一批"铜梁龙"雕刻、刺绣、编织等工艺品生产企业，鼓励采用新材料、新技术，开发新产品，增强市场竞争力。

④培育扶持一批以龙文化为主题的新兴艺术产业，加强音乐、影视、微电影、动漫、游戏等作品的创作生产，挤占国内外市场份额。

（2）"三位一体"打造龙文化旅游品牌

①"华夏龙都"打造工程。依托铜梁城市建设，强化城市龙文化元素，在建筑外观、形象雕塑、店招商标、绿化景观、灯饰工程等凸显龙文化特色；依托广场、公园，打造"铜梁龙"主题文化广场和主题文化公园，集中展示"铜梁龙"悠久的历史与灿烂的文化艺术；进一步提升"铜梁龙"博物馆展览水平，发挥窗口作用，彰显龙文化底蕴。

②中华龙文化博览园建设工程。按照大规模、高档次、现代化、国际化的要求，整合全球龙文化资源，建成"龙文化百科全书"式的博览园。通过宫殿庙宇、建筑装饰、雕塑雕刻、博物展览、影视歌舞、工艺展示、竞技游乐、生态体验等形式彰显龙文化魅力，打造全球龙文化艺术品生产基地、龙文化产业集聚地以及龙文化旅游目的地。

③安居古城龙文化生态恢复工程。加快修复城隍庙、火神庙、妈祖庙、下紫云宫、湖广会馆、齐安公所、万寿宫等文物古建，再造圣水寺、龙王庙、龙宫、斩龙垭、水码头、船工一条街等人文景观，再现农耕、商贸文明，恢复传统龙灯会、龙舟会、城隍庙会、龙王庙会等民俗活动，打造"印象"模式表演，新建体验娱乐项目，使其成为"铜梁龙"文化旅游的重要节点。

（3）四条路径加大市场拓展力度。

①强化质量，降低成本，保障服务，巩固传统销售网络。

②加强中介机构建设，培养高素质人才队伍，提升营销水平。

③发展电子商务，打通电子销售渠道。

④加强宣传推介，通过政府外事机构、侨联、侨办，涉外协会、商会等机构将"铜梁龙"文化艺术品和旅游产品推向国际市场。

三、"铜梁龙"品牌再培育的保障措施

（一）坚持规划引领，实施政策导向

1. 坚持科学规划，明确战略定位

按照可持续发展要求，制订"铜梁龙"品牌再培育"五年计划"和中长期规划，明确各阶段发展目标和任务，并做到与重庆市级、文化部级以及国家级相关发展规划相对接。

2. 加强可研工作，促进项目落地

重视规划的可行性研究，特别是重点工程项目的决策，要认真开展投入与产出分析，社会效益与经济效益分析，短期效益与可持续发展分析，确保项目能落地、生根、开花、结果。

3. 加强政策研究，把握发展方向

认真研究中央和地方关于促进文化大发展、大繁荣以及发展文化产业的方针政策，研究党的十八大以来中央关于保护和弘扬中华优秀传统文化、关于文艺创作与文化交流等政策，明确方向，抓住重点，用好政策。

4. 落实扶助政策，发挥杠杆作用

研究制定鼓励和扶持发展"铜梁龙"品牌的政策措施，在资金、税收、工商、土地、人才、技术等方面落实一批具体的奖励扶持办法，四两拨千斤，吸引全球优质的资金、技术、人才、企业等融入品牌培育工程。

(二)促进资源整合，形成发展合力

1. 形成领导合力，提升战略高度

分两个层面：一是成立"铜梁龙"品牌再培育领导机构，由区域党委和政府分管领导挂帅，宣传、文化、财政、发改委、建委等相关部门为成员单位，负责审定规划和研究制定政策，解决重大问题。二是争取上级党委和政府及有关职能部门重视和支持，争取国家文化部及其下属相关部门支持，力争把"铜梁龙"品牌再培育工程上升为重庆市级甚至国家级文化发展战略。

2. 整合学术力量，打造全球龙文化学术研究的核心基地

引进、培养和扶持区域龙文化研究人才，通过聘请、合作、购买等形式整合国内外研究力量，坚持开展龙文化及其艺术与产业的研究，为促进人民和谐、产业发展、社会进步发挥重要作用。

3. 整合技术力量，抢占制高点，掌握话语权

一要建设三支队伍：一支拥有国际顶级水准、占据业界制高点的舞龙队伍，夺取重大展演赛最高荣誉，参与中外文化交流；一支100人以上的龙舞教练员队伍，深入机关、企事业单位建设舞龙队伍，同时满足国内外龙舞教习需要，传承和弘扬"铜梁龙"；一支在国内外有影响力的裁判员队伍，掌握龙舞展演和比赛的话语权。二要引入机械加工技术和科技手段，实现龙灯彩扎制品规模化生产，降低生产成本，提升科技含量，扩大销售市场。三要借助质量技术标准编制力量，发布一批龙文化艺术表演和艺术品制作的规范，为保护知识产权提供支持。

4. 整合艺术力量，打造全球龙文化艺术品生产、展示和输出的重要基地

引进、培育和扶持一批区域文学、音乐、舞蹈、书法、美术创作人才，摄影、演艺、影视、微电影、动漫、游戏制作人才以及舞台艺术的编导人才等，通过聘请、合作、购买等形式整合国内外资源，集聚艺术智慧。

5. 整合资金力量，打造全球龙文化产业集聚地和旅游目的地

充分利用各类融资政策，整合地方财政、上级财政、社会捐赠、银行信贷、股权转让、民营企业以及其他社会资金，为我所用。

6. 整合宣传力量，打造全球龙文化影响高地

充分利用各级各类报刊、广播、电视等传统媒体，积极依托电影、微电影、动漫、游戏、互联网站、手机APP、微信群、QQ群等新媒体和平台，推介"铜梁龙"品牌。

（三）弘扬工匠精神，铸造全球经典

要实现"铜梁龙"品牌引领全球的宏伟目标，党委、政府及部门领导，企事业单位干部职工以及社会各界参与者，都应弘扬工匠精神，树立五大意识：

1. 树立全球意识，以开放的态度迎接挑战

一方面，要正确认识自身发展的优势，增强文化自信、理论自信、制度自信和道路自信，当仁不让；另一方面，要正视自己的薄弱环节，敢于示弱，勇于借鉴，锐意进取，勇争一流。

2. 树立创新意识，把握时代和市场发展的脉搏

时代在发展，市场在变化，我们的工作思路和方法必须以需求为导向不断调整，只有跟上时代和市场变化的脚步才能勇立潮头，免于淘汰。

3. 树立精品意识，以匠人之心铸造品牌

弘扬工匠精雕细琢、精益求精、追求完美的精神理念，打造同行无法匹敌的卓越产品。

4. 树立市场意识，通过市场树立产品形象

要按市场需求谋划生产，按市场经济规律谋求发展，通过市场检验保证产品质量，通过市场运作达到促进与交流，同时通过市场交易获得经济效益。

5. 树立产权意识,重视文化品牌保护

"铜梁龙"已经形成的关于龙文化活动、龙文化艺术等品牌,是历代众多艺术家和社会活动家智慧、心血和汗水的结晶,不容随意侵犯,应当抓紧开展核心技术的固化和商标注册工作,从而获得法律保护。另外,在产品进行市场输出时,应当制定合理的价格,防止品牌价值被低估。

"乘风破浪应有时,直挂云帆济苍海"。我们期待一批高瞻远瞩的领导干部、一批勤勉务实的工作人员、一批真知灼见的研究人员、一批才华横溢的艺术人才、一批独具慧眼的金牌企业,心系"铜梁龙"品牌培育工程,与龙共舞,携手奋进,共同造就全球龙文化的展示中心、研究中心、艺术中心和产业中心,为中华优秀传统文化的保护、弘扬以及影响和改造世界文化做出应有的贡献。

宗和云　重庆市铜梁区文化馆馆长、群文副研究馆员,铜梁区非物质文化遗产保护中心、铜梁区龙文化发展研究中心负责人

保护篇

老祖宗留给华夏子孙一笔独特遗产
有效保护是民族和时代赋予我们的神圣职责
保持核心是传承的根本要求
坚持创新是发展的必由之路

传统龙舞的生存困境与创新发展

梁力生

龙舞,作为广大民众熟悉的传统民间舞蹈,长期流传于我国众多民族和广大地区。在中国社会进入 21 世纪,趁 30 余年改革开放之势腾飞的今天,传统龙舞也和大多数民间舞蹈一样,面临着如何顺应社会发展的潮流,尽快科学定位,摆脱生存困境,以新的风貌服务于社会和广大民众的迫切问题。在诸多问题中,"传承危机""功能变异"和"创新发展"是探索解决存在问题的关键。

一、农村社会变革引发的传承危机

在人类绵长悠久的历史发展进程中,萌生出形形色色、各具风韵的生活习俗和祭祀活动,这些习俗和祭祀活动蕴涵着丰厚的观念、信仰、审美和愿景,表达着人们的希冀与追求。而传统龙舞和其他民间舞蹈形式,正是人们在诸多的民间祭祀和习俗活动中最为常见的表达方式,正如恩格斯所说:"各部落各有其正规的节日和一定的崇拜形式,即舞蹈和竞技,舞蹈尤其是一切宗教祭典的主要组成部分。"

在人们亘古不变的传统观念中,"龙神"是掌控"风调雨顺"的神祇,因此成为农耕时代芸芸众生祭祀祈祷的主要对象,成为人们维系生产、生活的必须,也自然就与种群、宗族、家庭乃至个人的最大利益紧密相连。在这种"核心价值观"的支配下,传统龙舞能否得以顺利传承延续,就成为决定人们生存、命运的头等大事。在这种弥漫于社会群体的浓厚氛围中，在强烈的传承责任感的驱动下，继承发扬祖宗历代相传的龙舞，就成为每个传承者完全自觉的行为。这种行为丝毫不受外力的影响，更不为他人的力量所左右，这是因为每个传者与承者把"传承"与自身命运紧紧联系在一起，与民族、种群的"核心利益"交融在一起。正是这种历代相传的对传统龙舞的"价值认定"，才产生出民众不可动摇的自觉意识和坚定信念，产生出强烈的"文化自觉"行为，才使得传统龙舞在人们近乎神圣的自觉传承中，绵延数千年而不衰。

　　自20世纪70年代开始的中国社会现代化的改革开放大潮，极大地改变了中国社会各阶层人们的命运，而受到这场变革最为深刻、最大影响的，莫过于中国广大农村的数亿农民。在这场一波强过一波的大潮冲击下，农村数千年的社会格局被打破，传统的生产理念被颠覆，现代化、规模化的生产经营方式替代了陈旧落后的生产手段，城镇化、工业化的生活环境替代了原来平静、散漫的人生节奏。这些社会、环境的根本变化，迅速卷裹着广大农民进入一个他们完全陌生又充满吸引力的生存空间。原来靠粮食丰收而生存的生产生活方式，祈望老天风调雨顺的舞龙习俗活动，已经与他们现时所面临的工作生活毫不相干。他们个人的命运与族群、宗族乃至家庭的传统关系，正在发生着令人惊愕的变化，这种变化的最显著之处，就是他们个人的命运前途，已经不可能依赖于族群、家庭的兴衰，这条传统的"纽带"正在不可逆转地断裂、分离，而要改变自身命运，只能指望个人去拼争、奋斗，而这种"个人奋斗"的过程，也必然会深刻地改变着他们的价值取向和对事物的评判标准。所以，远离广大"进城农民"的传统农村生产和生活，以及那些诸如龙舞等传统农耕生活的产物，已经与他们所处的城市现代生活，所追求的个人前途、梦想没有任何切身利害关系，传统龙舞所表现的内容与形式，以及其蕴涵的深刻思想内涵，都与他们所处的现实环境格格不入，又怎么可能引起他们的关注和共鸣呢？在"现代价值取向"支配下的广大进城打工和积极创业的广大农村青壮年，在当代社会生存环境的重压下，积极聚敛资金，尽快脱贫致富，才是他们最为实际的功利追求和人生目标。

以上状况是形成大量传统龙舞"后继乏人"或"有人无继"的深层社会原因。

二、社会功能变异带来的生存困境

除了在传承上出现令人忧虑的危机外，"社会功能变异"是传统龙舞面临困境的又一重大因素。

中国现代化的快速进程，带领中华民族从几千年传统的农业社会飞跃进入工业化信息化的先进社会，也使广大民众的思想观念、生活方式、习俗信仰、审美追求发生了颠覆性的变化。传统龙舞所承袭的传统表现内容和陈旧的表演形式，必然与现代受众的精神文化需求相悖，自然很难得到人们的青睐。但传统龙舞与其他传统民间舞蹈的不同之处，在于它是中华民族血脉传承的"龙观念"在民间艺术上的形象代表，在于它体现了人们潜意识中"去邪魔，求吉祥"的心理认同，更在一定意义上代表了"龙的传人"们希冀强大、奋进、无畏、腾飞的愿望诉求。因此，在传统节日和一些庆典活动中，在很多人为因素的推动下，人们还会不断见到龙舞翻腾的身影。虽然如此，我们也不无忧虑地发现，贫乏陈旧的表现内容，很难激起观众欢悦的心情，千篇一律的动作套路，带给人们视觉上的疲劳，一成不变的色彩造型，又送给人们毫无新意的审美感受，长此以往，龙舞艺术的道路只会越走越窄，龙舞的发展前景将越来越暗淡。鉴于此，如何使龙舞由传统的"以祭祀神祇为核心内容的信仰性社会功能"，转化、拓展成"满足民众审美愉悦精神需求的社会功能"，是关系到龙舞艺术能否健康发展的迫切问题。

传统龙舞作为农耕文明的产物，承载着中华民族几千年积累的理想与追求，在漫长的历史进程中发挥了它不可低估的社会作用。在人类社会已进入信息化时代的今天，传统龙舞原有的"人、神沟通""传民愿达上天"的社会功能，显然与当今人们对自然的认知已经发生了"质"的变化。人们正在由盲目走向自信，以更科学、客观的态度去认识自然、探索世界。对传统龙舞等民间舞蹈所表现、宣扬的虚无缥缈、不切实际的内容，已经产生出越来越淡漠的态度，转而表现为"你能给我带来什么好处"的务实要求。这种要求集中反映在传统舞蹈社会功能的变异上，那就是以祭祀鬼神为核心内容、凝聚民众祈祷愿望的表达方式，正在代之以满足民众精神、生理需求的基本目的。因此，民间舞蹈只有很好地满足当代民众情感宣泄、强身健体、审美愉悦、理想诉求等需要，才能在当今的社会拓展一片天地，争得一个生存发展的环境空间。

三、龙舞创新是发展的必由之路

创新，是当代的大势所趋，是一切旧事物顺应时代发展、获得新生的正确途径。依据现代受众的实际需求，传统龙舞应该在"表现内容""造型结构""动作套路"上大胆创新，并在坚守各民族、各地域传统龙舞原有风格、神韵原则基础上，变革、拓宽龙舞的龙具形象、形式特色、技巧手段等表现方式，以争取使龙舞的表演更能引人入胜，送给观众理想的审美愉悦。

1. 表现内容的创新

纵观全国各地的龙舞表演，在表现的内容中呈现出一种题材匮乏，大都注重于龙舞动作套路变化的现象，真正关注题材表现、深入挖掘龙舞自身所承载的厚重文化内涵，以及这些内涵所蕴藏的丰富的百姓理想愿望、神奇美妙的传说故事的却鲜未展现。龙舞作为中华民族龙文化在艺术作品上以动态的形象予以诠释,绝不仅仅局限于呈现它的外在形象和动态特征,而更需要我们告诉人们的,是它外在形象中所蕴涵的深刻内涵,告诉人们中华民族理想的象征物所承载的伟大人文精神。在民间,例如重庆铜梁高楼"火龙"的表演之所以令人血脉偾张,令人情不自禁地引吭高呼,除了铁花飞溅、红散夜空的壮观场景外,恐怕舞火龙人那种跌宕腾挪、迎火而舞的无畏精神,才是人们发自心底敬佩激奋的原因所在。

各地区各民族有关神龙疾恶如仇、造福乡里的美好传说比比皆是;龙女向往人间,叛逆天庭追求爱情的故事为人们津津乐道。这些体现百姓美好理想追求的民间文学作品,是我们拓展龙舞表现的题材内容、摆脱陈旧形式桎梏的圣药良方。例如浙江长兴的"百叶龙",将流传于当地民间的神话传说进行大胆的拓展创新,为观众送上一幅充满江南水乡那种清新秀美、浪漫神奇的风景画卷,所演之处,人们无不交口赞叹。

传统龙舞要发展,"题材"的挖掘、创新是必须的前提和基础。

2. 龙具造型及结构的创新

中国龙舞的种类极为丰富多样,龙具的造型更是各领风骚,特色纷呈。千姿百态的龙具形象,既是各民族、各地区文化传统在审美追求上的一定体现,更反映出各地龙舞艺人历代相传、不断创新的智慧积累。很多龙具在造型和结构上的奇思妙想,引发人们对这些民间能工巧匠由衷地敬佩。今天,人类科学技术已经发展到前所未有的高度,大量新材料、新技术的出现,为龙具的创新变革提供了良好的条件。龙舞是"道具舞蹈",道具的优劣决定了舞蹈的风格体现和运用手段的多寡。在龙具的创新方向上,"造型"应努力与现代人的审美追求契合,根据表现内容,塑造出威猛、暴烈、和善、稚趣等性格特征鲜明、展现内容贴切的各种"龙"的形象。"结构"上应追求"巧妙灵动、奇特多变",增加和丰富龙舞的表现手段,使表演产生出观众意想不到的出奇效果。在庆祝中华人民共和国成立60周年的国庆晚会上,铜梁参演的两条百米长龙，刹那间从艳红变成金黄色，引发天安门城楼上下一片"啧啧"称奇之声，形象地演绎了"神龙百变"的古老传说。

"材料"是制约龙舞表演又长期无法很好解决的问题，新材料的出现，为人们在龙具的"轻便、耐用、精巧"上提供更大的选择余地，也必然会为舞龙者拓展更大的表演空间。

3. 表演动作套路的创新

龙舞表演中的动作和套路，是由龙具的造型结构特点决定的。在动作套路如何创新问题上，有两个原则应作为创新的前提：一是动作套路的创新必须为更好地展现内容，"内容"是"主"，"动作套路"是"从"。一味强调动作的高难度和技巧性，就有可能"本末倒置"；根据作品所要表现的内容，创作新的形象化的动作去展现，用新动作组合成新套路去强化内容，才是动作套路创新的正确思路。二是动作套路为塑造生动鲜明的"龙形象"服务，不同的龙具造型为各种龙舞奠定了风格和形象基础，而要展现各种龙舞鲜活生动的独有风格特色，必须创新发展基于各种龙舞造型基础上的动作套路，才能传承和发展各种龙舞的风格神韵，体现出各地龙舞的文化血脉传承。

梁力生　中国艺术研究院舞蹈研究所研究员，硕士生导师，文化部民族民间文艺发展特约研究员，国家非遗专家委员会委员

亘古一龙腾

新农村建设中的铜梁龙舞文化传承和发展

谭 宏

新农村建设离不开文化的支撑,也离不开优秀传统文化的支撑。2006年,中共中央和国务院就提出了"推动实施农民体育健身工程,积极开展多种形式的群众喜闻乐见、寓教于乐的文体活动,保护和发展有地方和民族特色的优秀传统文化,创新农村文化生活的载体和手段"[1]的繁荣农村文化事业的方针。铜梁龙舞文化的优势资源,使得铜梁的新农村建设与非物质文化遗产保护的有力互动具备了良好的条件。一方面,龙文化资源为新农村建设提供了文化资源;另一方面,新农村建设为龙舞文化的保护和传承提供了机会条件。龙文化是中国农业文明的重要发明,也是中华民族文化鲜明的特色。在龙文化的不断演进中,中华大地各民族人民把虚构和想象的具有神物形象的龙,尤其是把想象中的龙进一步具象和实体化,演化出舞龙的形式。具有"中华第一龙"的巴渝铜梁龙舞,起于明,盛于清,繁荣于当代,是中华民族龙文化的杰出代表,也是铜梁人民世代相传的民间娱乐和竞技的重要生活方式,清光绪年间的《铜梁县志·风俗》中说:"上元张灯,自初八九至十事日,辉煌达旦,并扮演龙灯、狮灯以其他杂剧,喧阗街市,有月逐人、尘随马之观。"在新农村建设中,让更多的农民参与到具有传统性、民族性、娱乐性、健身性的龙舞活动中是可行的,是有利于农村文化娱乐生活,有利于农民身心健康发展,更有利于社会主义新农村建设以及铜梁龙舞文化的保护和传承。

一、龙舞文化对新农村建设的推动和促进

地方文化是一个地方或族群千百年来的生产和生活智慧凝聚而成的，承载和包含着一个地方或族群的历史和传统，也适应于当地人的认知方式和审美情趣。这些地方传统文化是由当地人创造的，根植于群众之中，对于维系一个地方的社会生活和文化生活有着具有极其重要的作用。新农村文化建设是中国式的，必须具有中国特色和农村特色。我们要树立中国文化的强大自信心，立足于中国国情和地方实际，在保持民族性和地方性的基础上，面向世界，面向未来。因此，中国式社会主义新农村建设不能离开一个地方千百年来所形成的传统文化，去建立所谓的"新文化"，而应该在优秀的传统文化中吸取营养，寻找元素，把它作为新农村文化建设的重要组成部分。继承传统，面对现实，展望未来，才是我们符合历史和现实的选择。在新农村文化建设中，我们应当重视传统文化的保护和传承，加强对当地文化的关照，努力产生和发展于本地的乡土文化与新农村文化建设相融合，使之成为新农村文化建设的有机部分，来丰富新农村文化建设的内涵和外延，使得新农村文化建设不断得到创新，形成一种新的新文化和产生活，这样才能更为农民群众所喜爱和接受，使新农村文化建设更易出成效。

铜梁龙舞文化是铜梁人民在世代的生产和生活中形成的一种民间习俗，与当地民众有着天然的相通性，与当地的民风民俗、道德观念紧密地联系在一起，它深刻而又集中地反映了和审美情趣和价值取向。铜梁龙舞不仅是作为铜梁地区人民农耕文明的重要祈福和节仪式，更是作为铜梁人民的文化娱乐方式而世代传承了下来，形成了铜梁特有的龙文化最重要、最鲜明的表现形式。因此，龙舞在健身性、观赏性、娱乐性和审美性等方面有着其他体育项目、文娱项目不可替代的地方性特征。龙舞中所包含的自我修养、团队合作、自娱自乐的更符合和贴近当地的生活方式和文化行为，更为本地域内的

民众所接受。作为农耕文明的产物，铜梁龙舞文化蕴涵了极重的乡土情怀。在新农村建设过程中，原汁原味具有浓郁乡土气息的铜梁龙舞文化，是新农村建设中宝贵的财富和资源，它的充分开发和利用，对于铜梁农村来说，完全可以成为丰富新农村文化和体育活动的载体和手段，满足农民群众多层次、多方面的精神文化需求。广大农村地区的民众参加具有本土特色的龙舞活动，不仅能达到强身健体的生理健康要求，还能达到心情愉悦的心理健康要求，从而使新农村建中的铜梁人民真正提高自己的生活水平和生活质量。

二、新农村建设对龙舞文化的保护和传承

活态传承是非物质文化遗产的最为重要的环节。产生于农耕文明的铜梁龙舞，其主要地域就是铜梁的广大乡村，"非物质文化遗产保护的内需力必须是发源于直接的主体自身。"②而当下，非物质文化化正面临着各种"新文化"的挑战，其传承和发展的空间正在一点点地被挤压，脱胎于传统农业社会的非物质文化正面临着从传统到现代的转型，急需在新的文化生态中找到自己生存和发展的机会。非物质文化遗产的保护不能仅仅停留在口号上，也不能仅把重点建立在政策、法律等制度层面上，而更重要的是要落实在具体的经济社会活态环境之中，获得保护—传承—创新—发展的可持续良性循环状态。新农村建设是中国特色的新农村建设，新农村建中对保护和发展有地方和民族特色的优秀传统文化的强调，为非物质文化遗产的活态传承和发展提供了新的机会。"推进文化建设，基础在继承，关键在创新……既延续着传统艺术的特点和优势，又创造着新颖鲜活的内容和形式。"③文化遗产的保护和传承要以新农村建设为契机，寻找到传统文化与现代文化相互交融的路径，建设出新农村的新文化。

具有浓厚乡土气息的铜梁龙舞在铜梁农村具有深厚的基础和最大的参与

人群，他们才是龙舞得到保护、传承和发展的最基本力量。因此，乡村是龙舞传承和发展的最佳土壤，让龙舞回到乡村，在乡村的活态环境中得到生存和发展的契机，是其必然的选择。铜梁龙舞文化是铜梁地域文化和民间文化的结晶，其内涵就蕴藏在龙舞的一招一式之中，在民众中有极大的影响力和感召力。龙舞文化的价值超越了活动的本身，有着广泛的社会功能和鲜明的时代内涵，起着传习和教化当地人团结合作、增强凝聚力的重要作用。在新农村建设中，通过开展龙舞活动，可以逐步恢复和建立起铜梁当地人民的文化自觉和文化自信，增强对自己龙文化的认同感和自豪感，使受到全球化、城市化和市场化冲击的龙舞生存的文化空间得到恢复，使龙舞文化在真正的活态空间中得到保护和传承。新农村建设的不断推进，可以使龙舞在铜梁乡村中得以顺利开展，必然促进龙舞文化的交流和传播、创新和发展，激活铜梁龙舞文化的当代价值。同时，一些重要的龙舞表演方式还保留在农村，通过对它们的进一步整理、挖掘、传承、创新，也会更增添和丰富铜梁龙舞文化的形式和内容。

三、龙舞文化与新农村文化建设相结合的讨论

将龙舞文化的保护和传承与新农村建设相结合，可以使新农村文化建设出现新的亮点。

1. 农民可以找到自己的文化方式

在传统农耕文明中，人类在辛苦的农作条件下，仍然创造了丰富多彩的适合自己族群的文化体育活动形式。这些活动方式成为了各地各族群精神生活的重要组成部分，它们不仅是一个地方的重要文化标志，而且使地方族群中的人们通过参与这些活动，养育了身、心和精神，并千百年来一代一代地传承了下来，成为了他们自己特有的文化，成为了维系地方族群的文化之

根。在当代，传统与现代的激烈碰撞不断地使乡村传统被边缘化，不少当地人世代喜欢的传统文化和娱乐方式逐渐被萎缩，一些优秀的传统文化正在被"现代化""全球化"等标志潜移默化地溶蚀和淹没，在建设新农村文化的过程中，不能不引起我们的高度重视。随着中国农村经济社会的不断发展和进步，农村居民已基本解决了温饱问题，其闲暇时间越来越多，由此，他们的文化需求和健康需求愿望开始增长。但是，由于当下农村的文化娱乐内容和样式相对较少，人们不得不把闲暇时间消费在了扑克、麻将等形式上，更有甚者消费在了封建迷信上面。所以，在农村急需向广大农民提供高质量和高水平的文化娱乐活动。铜梁龙舞作为传统龙文化的一个重要组成部分，为满足农村人们文化需求提供了一种可供选择的文化活动方式。生存于铜梁本地的铜梁龙舞，无疑在此具有重要的作用和地位。农民们在自己的龙文化传统中，从事自己喜欢的龙舞活动，在不断的参与中，获取身心的愉悦，从而提高生活质量和水平。

在中国现代化进程中，一直呈现出城市文化向农村"倾销"的情况，城市的消费主义、享乐主义等文化已经严重地冲击着农村的传统文化体系，这种情况已引起了全社会的重视。多年来，不仅加大了对农村文化建设支持和投入的力度，而且还动员各方面的社会力量采取了"送文化下乡"的各种活动，但是，这种"输血式"的方式还是很难解决农村文化生活匮乏的问题。在新农村文化建设中，不断推出农民喜闻乐见的文化内容和样式是促进其文化建设的关键。农民有文化需求，但供应却没有跟上。我们不仅要开展各种各样的文化下乡的"输血"活动，还更要探索新农村文化建设的新内容和新样式，增强农村文化的"造血"功能，这其中的一条重要路径就是要广泛开展农民群众喜闻乐见、亲历亲为的文化娱乐活动。在此，本地生长的优秀传统文化为新农村文化建设提供了更多的选择。把当地的优秀传统文化作为建设新农村文化建设的重要源泉，是解决新农村建设中农村文化缺失的重要手段和途径。这方面，铜梁这几年已取得了成功的经验，各乡镇都建立了一些龙舞队伍，但还需要发展和完善，对传统的龙文化进行改革和创新，使之更适应当代农民群众的需求。新农村文化建设就是要从各地的实际出发，对传统文化进行必要的改革和创新，使之转化为现代农村文化的一部分，这样才能建设起适合本地的文化娱乐内容和样式，显现出新农村文化建设的不同特色。

2. 农民可以找到自己的文化空间

在中国，由于比较严重的"城乡二元结构"的影响，城市优越的精神生活和文化生活空间，对于富裕起来的农民具有极大的吸引力。自改革开放以来，大量的年轻一代农民作为城市建设急需的农民工，大量地涌入城市，他们在为城市建设做贡献的同时，也急于想融入城市的文化生活之中。这种"以进城为荣，留乡为耻"的非理性的"进城"热并没有达到预期的效果，在短暂的新奇和兴奋之后，他们发现很难融入城市的生活，原因就在于城市中并没有完全具备自己的文化生活内容和样式，无奈之下，他们只能定期或不定期地回到乡下，去短暂地回味和体验属于自己的文化娱乐方式。对于一个地方来说，正是"共同的迎神赛会、共同的节日习俗、共同的娱乐方式形成了共同的生活空间及生活方式"。④大量的农民工进城，造成了农村的"空心化"，使农村的文化空间中的人大量离去，这一方面使得农村的文化空间遭到了破坏，另一方面，去新的文化空间的人们又很难找到自己的文化空间。新农村建设就是要让广大的农民回到自己的文化空间之中，在自己的精神文化家园中，在自己的日常生活中感受自己的文化、体验自己的文化，使社会主义新农村成为有文化、有生活感的新农村。"通过空间转换和发展了的各种文化传统可以为当代文化生态的良性发展做出贡献。"⑤当下，就农村的情况来看，精神文化建设相对滞后，农民的文化生活比较贫乏，一些深受群众喜爱的传统文化娱乐资源并没有得到充分的整理和挖掘，更没有进行

亘古一龙腾

发展和创新，铜梁龙舞文化在这方面应该是大有所为的。在新农村文化建设中，进一步挖掘铜梁龙舞的样式和套路，并在此基础上进行创新和发展，使之更适合于当下人们的文化需求，以丰富人们的文化娱乐生活，充实农民的精神生活，增加自己的幸福感。

回到农村，还可以充分利用自己空间内的优秀传统文化资源，发展相应的文化产业，打造农民自己的文化空间。在农村，利用自己优秀的传统文化是农村经济社会发展的一条重要途径，只要我们设计合理，是能够达到遗产保护和经济收获的双赢的。对于每个乡村来说，一旦农民认识到，自己祖先留下来的文化传统，不仅能丰富自己的生活，提高自己的精神和文化需求水平，而且还可以进入市场，获得现实的经济回报，其保护优秀传统文化的意识和热情自然会得到加强和提高，这种现实的效益自然会比抽象地宣传教育更有利于农民们接受。在实践中，农民们在获得经济回报的同时，自然会主动和自觉地保护自己的文化，保护自己的文化空间。铜梁龙文化的产业化推广在这方面还有许多值得挖掘的空间的，目前，已做了一些，如龙米业、龙挂面、龙之韵酒、龙崽皮蛋等。更为重要的是，在更多的产业中融入龙文化，拓展龙文化产业链，建设和完善龙文化产品、龙文化景观、龙文化展演。如在安居古镇、黄桷门花海等旅游景区中都可以融合龙舞的表演和展示。据田野调查，安居地域的先民多为古巴渝人的后裔，传承了巴人以龙（蛇）为图腾的原始宗教观，在唐代，安居舞龙开始形成习俗，清时，舞龙已形成规模，并出现了扎龙和舞龙的行业分工。通过在相关的产业中，融入铜梁龙文化资源，在吸引游客体验龙文化产品的同时，也使龙文化得到传播，把铜梁龙的品牌打得更响，从而使铜梁的龙文化真正成为铜梁地域文化的标志。

在新农村建设过程中，把当地优秀传统文化作为重要的文化资源，进行挖掘、整理，进行适当的创新，融合到新农村文化建设之中，实现农业文明与现代文明的有机融合，把新农村文化建设工程与非物质文化遗产保护工程结合起来，实现优秀传统文化与现代文化的融合与重构，会使新农村的文化建设表现出各地的鲜明特色，这样既保护了传统优秀文化，又促进了新农村的文化建设。

参考文献：

①中共中央国务院《关于推进社会主义新农村建设的若干意见》，中发〔2006〕1号。

②胡悦、韦晓康、王新《论民族传统体育与民族地区和谐社会建设》，《体育文化导刊》2009年第12期，第127页。

③胡锦涛《在中国文联第八次全国代表大会、中国作协第七次全国代表大会上的讲话》2006年11月10日。

④冯萌《民族传统节日中民俗、民间体育的价值》，《中国体育科学》2006年第5期，第35页。

⑤高小康《非物质文化遗产保护是否只能临终关怀》，《探索与争鸣》2007年第7期，第61—65页。

谭宏　重庆文理学院副院长，博士，教授

亘古一龙腾

龙行天下　传承创新

毕富纯

铜梁龙舞是重庆的一张重要的文化名片，多年来闻名海内外，被誉为"中华第一龙"。铜梁龙舞被列入首批国家级非物质文化遗产名录，多次参加国庆大典、北京奥运会等全国重大文化活动。铜梁舞龙队被中国龙狮协会冠名为"中国国家舞龙队"，铜梁龙舞和龙具被国家体委指定为全国舞龙竞技比赛的标准套路和标准道具，铜梁被国家文化部命名为"中国龙灯之乡"，铜梁龙灯成为最具中国龙文化的杰出代表。

由于笔者长期从事舞蹈和群众文化工作，自上世纪80年代至今，见证了铜梁龙灯在这一关键历史时期的发展和变化，目睹了铜梁龙舞在全市、全国重大活动中所取得的优异成绩。在多项有关铜梁龙舞的重大活动中，本人还参与了策划、执行、编导、艺术指导等工作，一起为铜梁龙灯艺术的传承发展出谋划策，一起为这份执着的追求给民间艺术赋予新的生命力而欣喜鼓舞，一起为铜梁龙舞取得的丰硕成果扬名海内外而感到无比自豪。同时，也清醒地认识到，这是祖先留给我们厚重的文化遗产，是几千年中华民族文化积淀下来的宝贵财富，我们挖掘整理、传承创新、发扬光大责无旁贷！

龙在中国文化史上，是一种延续了至少七八千年之久的特殊现象。早期的龙，在中华民族中具有统一信仰、凝聚力量的功能，随着时间的推移与时代的发展，它已经从根本上超越了原始图腾文化内涵，形成了与民族精神相适应的龙文化。翻开厚厚的历史典籍，我们在商代的甲骨卜辞中就有"龙"字和十五人舞龙求雨的线索，在汉代记录的祭祀文献中就有"龙舞"求雨的记载和表演，在盛唐的历史典故里也能看到"舞龙求雨"祈求风调雨顺、五谷丰登的民风民俗，明清两代的龙舞表演更是初具规模，形式多样、技艺高超了。可以说，龙的形象——龙舞贯穿在整个中华民族的历史发展过程中，它作为整个中华民族图腾不可撼动的精神象征，一直丰富着中国人民的精神世界，它磅礴的气势、雄伟壮丽的形象震撼着人们的心灵。

龙舞几千年来一直是我们中华民族的文化符号，它闪耀着智慧与光辉，欢乐与吉祥，力量与追求的光芒。诠释着中华民族文化多元合一，开拓创新的精神。龙舞，全国各地甚至世界凡是有华人的地方都非常盛行，形式多种多样，套路丰富多彩，种类纷繁复杂。各地因其所处的地理环境、经济社会、文化习俗的差异，形成了自己特有的风格，重庆铜梁龙舞就因其大气恢弘、精致灵动、欢愉喜庆成为了巴渝大地上的一颗璀璨的明珠，在早期人民群众中就有"大足朝佛（石刻）、铜梁观灯（龙灯）、合川看春（春会）"一说，川渝地区皆知铜梁龙灯之名。后经几十年的不断传承发展、推陈出新，现在更是声震全国，扬名海内外。

铜梁龙灯的发展植根于博大精深的中华文化，浸润着巴渝文化的血脉，始于唐，盛于明清，闻名遐迩。由于历史原因，一度中断。1982年，全国性的民族民间文艺集成的工作全面铺开，重庆成立了相应的"民族民间文艺集成办公室"，抽调了部分在这一领域的相关专家，从事民族民间文艺挖掘整理等工作。铜梁龙舞精美华丽的外部造型，震慑心灵的气势，独特的地域特点，引起了专家的高度重视，成为了当时"民族民间文艺集成"舞蹈部分的重要内容，给予了具体的指导和采风，挖掘整理。由此开始，铜梁龙舞便有了这几十年迅速发展并取得可喜成绩的契机和经历。1983年底，铜梁龙舞参加了重庆市广场文艺调演；1984年国庆，9条铜梁大蠕龙参加了中华人民共和国35周年国庆盛大庆典的大游行；1988年9月，在北京举办的全国舞龙大赛上，铜梁蠕龙舞获第一名金奖；1992年，获第二届沈阳国际秧歌节最高奖；1995年5月，获国家体委举办的全国第一届舞龙比赛第一名；铜梁龙具被国家体委指定为比赛标准道具，铜梁龙舞套路被国家体委指定为比赛标准；1999年10月，450人的铜梁龙灯代表团进京参加中华人民共和国50周年庆典；2000年荣获国家文化部广场舞大赛"群星奖金奖"；2008年8月，铜梁龙舞作为北京奥运会开幕式暖场节目进行表演；2009年10月，再次受邀参加在天安门广场举行的国庆60周年文艺晚会；2010年8月，在上海世博会重庆文化周活动期间进行表演，等等。这些成绩的取得，是当地党和政府的高度重视和支持，国家级、市级比赛活动提供了很好的展示平台，铜梁龙灯从业者们不懈努力和开拓进取的结果。"九州方圆皆龙舞"，因为龙是中华民族的图腾象征，龙舞也是一种在全国甚至海内外都普遍盛行的民间舞蹈形式，那为什么"中华第一龙""中国国家舞龙队"等美誉会是铜梁龙而不是其他省市呢？我认为，铜梁在弘扬中华民族优秀的传统文化，推进中国龙文化的深入研究，挖掘整理、传承发展、兼收并蓄、开拓创新，促进铜梁龙灯的全面发展等方面做出了不懈的努力和贡献。

铜梁龙灯参加中华人民共和国成立50周年进京表演，是铜梁龙灯发展史上最为亮丽的一笔。当时铜梁接受了国庆游行、联欢晚会、国庆游园几大任务，市、县领导高度重视，组织了包括驻军在内的450人的庞大阵容，安排包括笔者在内的几位编导和铜梁龙灯的相关人士一起，在总指挥和分场导演的指导下，完成我们的既光荣又艰苦的工作。三位著名歌唱家彭丽媛、宋祖英、阎维文分别演唱三首不同风格的曲目，表演道具用雍容华美的牡丹、龙凤呈祥来展现磅礴的气势和祖国的国泰民安，还有一辆由指挥部统一制作的彩车，笔者也分配在里面担任现场指挥。表演设主表演区和副表演区，我们要在三首曲目、几分钟的时间里，完美演绎这些主题鲜明、元素众多的综合节目，而且是在天安门城楼前50米见方的表演场地里，任务的困难艰巨是可想而知的。一是表演场地50米，对铜梁龙凤来说，是非常好的表演场地，但对 160 名手拿牡丹花的女演员来说，太大了，队型流动不方便。二是三首歌曲风格不一，这规定的几样民间艺术的元素怎么有机地调动安排。三是用的铜梁大蠕龙、大凤凰，160 人，彩车在中间，场地调度非常困难。四是龙凤呈祥的创意很好，但全国还没有哪个地方舞过凤凰，没有借鉴和参考。经过多次的试验和攻关，在各方的努力下，终于创新研发出前所未有、蔚为壮观的"中国第一凤"。经过几个月在重庆铜梁的紧张排练，时值重庆盛夏的七八月份，训练场上队员挥汗如雨，9 月份在北京加紧排练合成。参加国庆 50 周年庆典活动的重庆代表团，出发前在重庆大田湾体育场，时任重庆市委书记的贺国强看望了大家。10 月 1 日晚，在隆重盛大的天安门广场国庆联欢会上，重庆铜梁的龙凤呈祥、牡丹盛开，伴着激越的歌声，展现一幅幅国泰民安、中华腾飞的宏伟画面，受到党和国家领导人以及广大人民群众的称赞。

古往今来，正是不断的创新驱动着人类在各个领域中的发展，铜梁龙灯正是在这条路上不断地探索前进。2007 年 5 月 1 日，在中央电视台《奥运城市行》暨"龙凤呈祥"之夜——重庆市第二届运动会开幕式中，铜梁又以 10 条大龙、40 只凤凰，超大型阵容参与了这台全程直播的开幕式活动中，再次带给奥体中心现场 8 万观众、全国电视机前亿万观众震撼和惊喜！当年，重庆刚好直辖 10 周年，直辖市下设 40 个区县，为此，我们专门设计了 10 条铜梁大龙、40 条凤凰，这一重要板块的名称就是"龙凤呈祥"，寓意新重庆直辖 10 年，40 个区县你追我赶，奋起直追，共同腾飞追逐重庆美好未来的主题。铜梁的 10 条大龙、40 只凤凰，色彩缤纷，刚柔相济，10 条大龙同时腾飞，上下翻滚，气势恢弘，在表演到高潮的时候，通过特殊的灯光处理，龙的通体一片金黄，在宇宙空间腾云驾雾，在神州大地翻腾起舞，场面十分亮丽壮观！40 只凤凰，寓意着重庆 40 个区县，共同追逐、翱翔。在党和国家的领导下，在巴渝大地上朝着共同的梦想，飞翔飞翔！在高潮结尾处，40

亘古一龙腾

只凤凰组成了一支巨大的凤凰队,朝着太阳飞去。铜梁当地党和政府一如既往地高度重视,集中了 500 多人的演出队伍,10 条大龙、40 只凤凰,组织难度、工作难度、排练难度可想而知,但铜梁办到了!铜梁人办到了!

  在社会发展过程中,那些中华民族的优秀传统文化是能顺应社会生活的变化,不断满足人们日益增长的精神需求,对社会与经济的发展起到了积极作用。取其精华、去其糟粕,批判继承、古为今用,铜梁龙灯的发展正是选择了这样一条正确的道路。其一,彩扎造型特色。它既是彩扎的龙和灯,又是以龙和灯为道具的舞蹈,是综合性的带着泥土芬芳精湛的民间艺术。全部为手工彩扎,工艺古朴、制作精美、灵活自如、美感突出,传承了中华民族"龙"图腾的基本形态和吸取了南北龙舞的风格特征和审美习惯,一般由 24 洞组成,条条可点灯透亮,观赏效果极佳。在实际发展过程中,又继承、发展、变化,在长度上也有超过 100 米的,也有短到 1~2 米的,创新开发出来的竞技龙则是 18 米,人数上也有相应的增加和减少,也有根据文化产业和商家市场的需求而特殊定制。在龙衣的选择上更加经久耐磨,彩绘更加鲜艳亮丽,龙身里面的灯光发展成"满天星"、LED 灯等,使用方便,效果更好。其二,铜梁龙舞丰富多彩的舞蹈套路。每次参加有铜梁龙舞的活动,都被龙舞特有的动作套路,表演中展示出来的灵活多变的队形所吸引。铜梁龙舞总的来说追求大气、灵动之风,以大的龙具、套路变化来体现大的气势。常用的有"龙出洞""之字拐""三点头""拜四方""绕 8 字""大盘龙"等。资料显示,随着参与重大活动的增多和人民群众审美的进一步需求,大龙的套路就有过四次大的丰富和完善,使龙舞的各个环节紧紧相扣,千变万化,高潮迭起,同时还采用游、滚、翻、穿、绕、盘等多种手法。慢舞时行云流水、雍容大度、优美抒情;快舞时激情澎湃、上下翻腾、气势恢弘。通过不断总结和探索,铜梁龙舞从形式的设计、套路的编排、色彩的调配等各方面得到进一步的提高。套路复杂多样,技术含量更高,动作难度更大,表演效果更好而具有非同寻常的观赏和审美价值。其三，创新推进一镇一品。铜梁龙灯是巴渝十大民间艺术之首，国家第一批非物质文化遗产，国家文化部命名的"中国龙灯之乡"，铜梁龙灯成为最具中国龙文化象征的代表。重庆有3000年历史文化的积淀，每个地方都有自己独特的个性文化，本土的历史文化积淀，就是很好的创新发展的源泉和灵感。笔者因为长期从事舞蹈编导的原因，和铜梁龙舞打交道比较多，今年受邀参加铜梁新春片区乡镇龙舞大赛和相关活动，深感各个乡镇和单位非常重视，道具服装年味十足，编排表演精彩纷呈，台上的演员一会儿又是台下的观众，台下的观众一会儿又是舞龙的队员，场上竞争激烈，场下热闹非凡。铜梁从1995年开始，就开展了"一乡一品"特色文化品牌创新活动，每个乡镇根据自身的资源优势，发掘整理出一至二个龙灯品种，每年组队参加区里统一组织的龙灯展演，坚持数年，就形成了现在的乡镇特色和保留节目。为了推广传承这项国家非遗的品牌文化活动，"铜梁龙舞"还进入了铜梁区从小学到高中的体育课程。经过多年的推动和活动的开展，收效非常明显，创新推出了"荷花龙""竹梆龙""稻草龙"等，丰富完善了铜梁龙灯的品种，龙舞表演队伍遍及全区各乡镇。其四，利用传统节目，丰富百姓生活。传统节目是我们中华民族共用共享的精神财富，如春节、元宵节、清明节、端午节、中秋节、重阳节等等，是人与自然共同相处、人与人和社会长期认同最后约定俗成的。中国文联副主席、中国民协主席冯骥才说："节日的本质是精神的，看似民俗形式实则是人们在高扬心中的生活情感与理想。"在铜梁的传统节日文化中，龙灯文化的氛围很浓，每逢新春佳节，龙灯会是民间的重大文化活动，"节时挂龙灯，到处玩龙舞"，就连现在每年春节期间四川、重庆的市民都蜂拥而至，一睹铜梁龙舞的风采。铜梁相关部门也顺应了社会经济的发展和民众的精神文化需求，利用传统节假日，激发更多的民众对优秀传统节日文化内涵的了解和热爱，同时让他们积极地参与其中，置身于民族传统精神的熏陶以及对美好生活的追求。他们还承办了一系列国家级、市级、当地的龙灯艺术节,如"重庆中国铜梁龙灯艺术节""铜梁首届舞龙大赛""中华龙温泉旅游节""中国铜梁龙灯文化旅游节"等。制定了铜梁龙灯保护、传承、发展的规划,按照国家级非遗项目的程序开展了一系列务实的工作,一镇一品特色文化品牌的进一步打造,引导文艺社团参与传承、推进龙灯艺术学校普及,与相关院校建立铜梁龙舞传承实验基地,等等。总之,铜梁龙灯通过传统节目活动,把我们民族精神以及对美好生活的憧憬都融汇在其中了。

我们从中华民族的重要标志"龙图腾"中,读到了产生、发展、凝聚形成的民族文化,我们因此有了共同的追求、共同的理想和共同的价值观,使它成为了民族团结合力的精神支柱。铜梁龙灯的发展,正是在这样一个博大精深的精神家园里,在前人的基础上,创新发展起来的。正是"铜梁龙"这样的一个群体,有民族的精神与自豪感,有创新的信念和感召力,敢于走前人没有走过的路,不断为铜梁龙灯的传承、创新、发展打下良好的基础。我们从铜梁大龙翻滚腾飞、气势恢弘的雄姿中,看到了民族的精神与力量;我们从铜梁火龙铁水流星、火树银花的璀璨夜空里,感受到了巴渝这片土地的神奇;我们从小彩龙、荷花龙、板凳龙多个龙灯品种中,感受到了生活的多姿多彩;从铜梁龙气贯长虹昂首的腾飞中,我们看到了中华民族的传统文化,道德规范,审美标准的彰显与弘扬。我们不是去重温和模仿前人的形式,而是去高扬民族文化的传统与精神!

文化的力量在此!文化创新的力量更在于此!

毕富纯　重庆市文联副主席、重庆市舞蹈家协会主席、重庆市群众艺术馆艺术总监、研究员

铜梁龙的山海经

李明忠

铜梁龙在龙的国度独领风骚，不在道具美，不在机遇好，而在具有山的高度、海的胸怀。

中华龙图腾已有8000年历史，耍龙灯也已两千多年相沿成习。九州方圆万龙舞，华人何处不知龙。铜梁龙在这样的背景下，在短短20余年中，在国家大典、全国赛事和对外交流中占尽风情，得益于铜梁人的眼力和胆识。在20世纪80年代之初，北京刚刚吹起抢救民间文化的春风，铜梁就恢复了传统的春节龙灯会，一批风烛残年的民间艺人得到保护，濒临灭绝的技艺抢救及时，铜梁龙在新的起跑线上捷足先登，由此而得到更多爱的阳光。它先是随重庆杂剧团出访法国，继而闯进中华人民共和国成立三十五周年北京庆典，得以雄视渝州，翘首华夏，名播海外。有此高度，铜梁人更上层楼，请来重庆舞蹈家提炼龙舞，把传统的"鸡渣步""之字拐"升华为"霸王鞭""连环套"等20多种舞蹈套路，将自娱自乐的民族民间文化打造为精英典籍文化。铜梁龙舞由广场杂耍进入舞蹈艺术殿堂，迅速抢占了中华龙文化的制高点。

百尺竿头的欢呼奠定了高屋建瓴的气势，更上层楼的举措凝结了黄钟大吕的气韵。铜梁人把目光投向了体育竞技，以列席的身份，喧宾夺主，在厦门鼓浪屿鼓起了连天雪浪：铜梁竞技龙具、铜梁竞技龙舞规范，都被国家体委确定为全国标准，得以广泛推广运用，铜梁舞龙队获得国家龙舞队冠名权，铜梁龙跃登新高度，一览群龙小。

亘古一龙腾

身居高位的铜梁龙,没有在荣誉的春风中沉醉,看准机遇,再度出发。1999年,北京庆祝中华人民共和国成立五十周年工作刚起步,铜梁龙就进京请缨,感动京华,再次获得举世瞩目的重大成功。主动出击,敢为人先,始终保持巅峰地位,铜梁龙成长为中华第一龙。

山高在于不舍篑土,海深在于积累涓滴,铜梁龙的成功还在于虚心学习。一届龙灯艺术节,汇集了海内外龙舞精英;一场龙文化研讨会,借来了八方聪明头脑。铜梁放出眼光,伸手拿来,丰富了龙灯品类,提高了理论素养。信息交流,观点碰撞,眼界提升,居于渝西僻地的铜梁人,足不出户,观尽中华精品龙舞,闻遍专家至理名言。观千剑而识器,操千曲而晓声。此后的铜梁龙更是声震华夏,长城内外,大江南北,哪里有盛大庆典,哪里有喜庆锣鼓,哪里就有铜梁龙舒爪亮鳞、尽兴欢腾的勃勃英姿。如果铜梁龙缺席,那就礼花失色,味儿寡淡。澳门回归时,中国文联在天安门举办了海内外龙舞活动,只因铜梁龙没有参与,举办方深感遗憾,这,就是明证。

铜梁龙成功的意义不仅在于推动了中华龙文化的发展,更在于它昭示了铜梁的城市精神:拼搏进取,创新腾飞。这是龙的精神,也是时代的精神。

铜梁龙的成功,提供了一个生动案例:一种艺术或一个人要取得成功,应该有厚德载物的大家风范,有不断超越的紧迫心怀,有深水愈静、涵容万汇的泱泱大度。这是一种高度,一种境界,一种浅薄者难以企及的大境界。

人们仰望山高,是因为难以达到山的高度;赞叹海的宽广,是因为没有海的胸怀。

辉煌属于昨日,未来需要开拓。我们期待铜梁龙,驾着五彩祥云,飞向更加壮阔的海天。

李明忠　中国作家协会会员,主任记者,原重庆市铜梁区作家协会主席

政府主导初心不改　工匠精神终铸辉煌
——"铜梁龙舞艺术"保护工作经验交流

宗和云

"铜梁龙舞艺术"2006年列入首批国家级非物质文化遗产名录，铜梁区人民政府在上级文化行政主管部门的关心支持下，在上级业务主管部门的指导帮助下，集全区之力，扎实开展"铜梁龙舞艺术"保护工程，在龙舞艺术发掘整理、龙舞档案及数据库建设、龙舞生态保护、龙舞传承人保护与扶助、全民龙舞艺术普及、龙舞品牌打造、龙舞节会赛活动的开展、龙文化理论研究、龙舞精品剧目打造、龙舞对外展赛与交流、龙舞产业化发展等各方面取得了巨大成就。

10年来，铜梁先后发掘、整理、创编出龙灯舞蹈品种30多个，打造出"二龙戏珠"等5个全球瞩目的龙舞品牌；公布各级代表性传承人近100名，组建舞龙队伍250多支，常年保持龙舞演员2000余名；大力实施全民龙舞艺术普及活动，开展龙舞艺术进机关、进校园和出铜梁、出重庆、出中国等"九进三出"活动，累计普及15万余人；坚持开展龙文化理论研讨，举办论坛或研讨会10余次，收集整理理论文章150余篇；积极开展龙舞展演赛活动，坚持举办"春节龙灯会""中华龙灯文化旅游节""国际舞龙争霸赛"等节、会、赛系列品牌活动，群众受益率达到95%以上，全面恢复龙舞生态；积极开展龙舞艺术交流活动，每年组织参加国内外展演赛活动20余次；积极推进龙舞进市场，培育民间龙舞艺术表演团队30余支，每年组织商业演出800多场次，年收入达3000万元；积极开展龙舞精品节目打造，先后打造《龙乡放歌》等3个龙文化主题剧目，实现景区定点演出，年受益游客20余万人。

经过各方努力，"铜梁龙舞艺术"十年保护规划目标全面实现，摆脱了濒危状态并走上了健康发展道路，继明清两代的繁荣后，再次书写了铜梁龙文化历史上光辉的篇章。

铜梁区龙舞传承可以归纳为两个方面：一是政府数十年初心不改，持之以恒发挥主导作用，实现了铜梁龙舞艺术的全民普及；二是以工匠精神打造艺术品牌，引领全球龙舞艺术的普及与提高，实现了龙舞的产业化发展。

一、政府主导初心不改，全面实现保护目标

（一）建立组织机构

1. 成立局际联系会议。随着《国务院办公厅关于加强我国非物质文化遗产保护工作的意见》（国办发〔2005〕18号）的出台，铜梁区紧跟时代节奏，于2006年成立了"铜梁县非物质文化遗产保护工作局际联系会议"，整合相关部门资源，统筹推进全区"非遗"保护工作。

2. 成立"非遗"保护中心。铜梁区于2011年7月成立了非物质文化遗产保护中心，与区文化馆实行一套班子两块牌子，进一步明确了全区"非遗"保护工作机构及其职能职责。

3. 成立研究机构。2014年，铜梁区成立了"铜梁区龙文化发展研究中心"，与区文化馆、区"非遗"保护中心实行一套班子、三块牌子工作机制；同时，政府推动在"奇彩梦园"成立"铜梁龙文化产业创意研究院"，将铜

梁龙文化的研究和产业实体培育同步推进,从此"铜梁龙舞艺术"保护有了纵深发展。

(二)健全法规体系

铜梁区在认真贯彻落实《中华人民共和国非物质文化遗产法》《国务院办公厅关于加强我国非物质文化遗产保护工作的意见》《重庆市非物质文化遗产条例》《重庆市人民政府办公厅关于加强我市非物质文化遗产保护工作的实施意见》《重庆市非物质文化遗产代表性传承人管理办法》等上级法律法规及政策精神的基础上,结合本区实际,制定了一系列实施意见,对开展保护工作提供了强有力的政策保障。

2006—2015年,先后出台了《铜梁县人民政府办公室关于加强我区非物质文化遗产保护工作的实施意见》(铜府办发〔2006〕48号)、《中共铜梁县委、铜梁县人民政府关于加快龙文化产业发展的意见》(铜梁委〔2007〕49号)、《铜梁县非物质文化遗产代表性传承人扶助办法》(铜府办发〔2011〕29号)、《重庆市铜梁区人民政府办公室关于印发铜梁区以龙文化为魂加快文化旅游业发展工作方案的通知》(铜府办发〔2014〕19号)等4个文件,明确了我区非物质文化遗产保护工作的目标、方针、重点、体制、方法。

(三)落实保护经费

1. 落实了"非遗"保护中心和龙文化发展研究中心工作经费。2012年,铜梁区"非遗"保护中心成立后即由财政每年预算工作经费10万元,至2016年,工作经费达到30万元。

2. 落实了传承人扶助经费。从2011年开始,铜梁区对各级"非遗"代表性传承人落实了资金扶持,对区级代表性传承人予以每人每年2000元的传承扶助,省级和国家级传承人再享受区财政每人每年1000元的补贴,调动了传承人开展传承活动的积极性。

3. 落实项目保护经费。按规划和计划配套落实"铜梁龙舞艺术"保护工程项目经费，2006—2016年，中央财政共拨付我区国家级非物质文化遗产保护专项经费141万元，我区配套经费约3000万元，专项经费全部用于铜梁龙舞的普查建档、节会赛活动、宣传展示活动、培训传习等，确保非物质文化遗产工程顺利实施。

（四）实施全民普及

铜梁区对"铜梁龙舞艺术"的普及可以用"全民参与、如火如荼"来概括，措施上有"九进三出"。

1. 开展"九进"。即进机关、进事业、进企业、进社区、进村社、进校园、进军营、进广场、进景区。

铜梁28个镇街均成立了机关干部舞龙队伍，区级部委办局分党群、政府、宣传、政法、农林、财贸、发改、经商"八大口"分别组建舞龙队伍，公、检、法还各自组建了警察舞龙队，全区共组建机关干部队伍共39支；规模较大的医院、学校等事业单位共组建职工舞龙队25支，文化类企业以及普通大型企业组建职工舞龙队伍15支，条件成熟的社区组建居民舞龙队35支，驻铜部队、武警中队组建官兵舞龙队2支。

进村社、进广场、进景区是铜梁普及龙舞艺术的三大亮点。铜梁的巴川街道、东城街道、南城街道以及高楼镇的村社自古以来爱玩火龙，政府通过购买演出、寻找市场等措施引导当地农民共组建了20余支舞龙队，他们除了能玩火龙，还学会了大蠕龙甚至竞技龙等多个品种。为普及龙舞艺术，铜梁有关文化部门创编了"小彩龙""小金龙""板凳龙""竹梆龙"等广场舞蹈，通过培训领舞骨干普及到每个广场舞爱好者，铜梁的广场舞龙队共有18支，队员上千人。铜梁在安居古城、奇彩梦园两大景区都有龙舞表演项目，白天有街头和广场龙舞,晚上有龙舞主题晚会,所有演员均来自当地的居民和农民。

进校园是铜梁龙舞艺术普及成效最为显著的措施。2006年以来,铜梁组织专家先后编写了《铜梁龙舞艺术》和《铜梁龙灯》校本教材,纳入了全区中小学体育教学,从2008年开始,铜梁政府又命名了一批大、中、小学为铜梁龙舞艺术传承实验基地,由此培养了一批数量可观质量优良的舞龙队员。2006—2016年,铜梁接受龙舞艺术知识普及的中小学生累计达到10万人,基本掌握舞龙技艺的中小学生近5000人,常年保持学生舞龙队50支左右,诞生了5支全国竞技舞龙冠军队伍。

2. 实现"三出"。即出铜梁、出重庆、出中国。铜梁龙舞艺术由于始终保持着全球领先,拥有上百人的教练员队伍,凡经铜梁教练教习的队伍,水平都是出类拔萃的,参加本地区比赛总能取得优异成绩,因此,邀请铜梁龙教练便成了家常便饭,每年均有20多名龙舞传承人奔赴区外、市外甚至国外教习龙舞。重庆市大部分区县以及国内的四川、贵州、云南、湖北、新疆、西藏等省,都活跃着铜梁龙舞艺术传承人的身影,泰国、土耳其、澳大利亚等国家也有了铜梁人教习的舞龙队伍。

(五)重视宣传展示

铜梁区重视重点非遗项目的宣传与展示,在国内外取得较高的影响力。

1. 利用多媒体宣传。自2006年实施保护工程以来,为扩大、宣传铜梁龙舞的杰出艺术价值,通过互联网、电视台、出版物等多种媒体动态,持续地宣传铜梁龙舞艺术。同时,通过"文化遗产日"等纪念日,开展了丰富多彩、贴近群众的"铜梁龙舞艺术"宣传活动,使铜梁龙舞在国内外有了较高的知名度。

2. 实施工程。从2006年开始,铜梁区深入实施了以铜梁龙为主题的

"一首县歌、一部小说、一部电影或电视剧、一部理论文集、一台精品节目。"已完成县歌一首：《铜梁龙，中国龙》，小说2部：《灯火阑珊处》和《铜梁龙舞·巴岳玄机》，理论文集2部：《铜梁龙舞集成》和《2016'巴岳山·中国龙文化研讨会论文集》，精品节目2台：《龙乡放歌》和《中华第一龙舞》，微电影《铜梁龙》与电视剧《大龙舞》尚在拍摄中。

3.参加展演赛交流。2006年以来，随着国家级文化品牌地位的确立，铜梁龙舞对外交流展示的频率日益增强，常年活跃在国际国内重要庆典活动的舞台，先后参加第29届北京奥运会开幕式前暖场表演、中华人民共和国成立60周年首都国庆文艺晚会演出、第十二届亚洲艺术节开幕式迎宾表演等；参加各种龙舞大赛屡创佳绩，先后获第六届全国农民运动会舞龙比赛2金4银、首届浙江·中国非物质文化遗产节民间舞大赛金奖、第二届中国秧歌节最佳表演风采奖、奉化国际舞龙邀请赛展示组金奖、第十届中国民间文艺山花奖舞龙展演金奖（第一名）、第十届中国民间文艺（表演类）山花奖；对外交流日益频繁，屡受官方派遣或民间邀请赴亚洲、欧美、大洋洲等30余个国家开展文化交流。

二、工匠精神铸造品牌，引领全球龙舞发展

（一）铜梁龙舞道具成为全球典范

全球华人热爱舞龙，各地自有扎龙人，龙具形态各异，价格高低不一。相比之下，铜梁龙造价不菲，但世界各地每年购买铜梁龙道具超过千条，自然是奔着铜梁龙的精美好用而来。铜梁龙有五个方面的优点：

1.龙头威严大气。这是铜梁龙造型最成功之处，一改传统的"哭龙""恶龙"造型，改鳄鱼头、巨蟒头等为雄狮大张口，龙角高耸，面阔嘴

短,口含宝珠,再加上曲唇翘颚,鼓目扬腮,长髯飞鬃,神态既威严而又不失慈祥,极具亲和力。

2.龙身浑圆壮实。其造型采用硬栋支撑,软冻连结,显得丰满圆润,伸缩自如,舞起来活灵活现。

3.龙尾美感突出。铜梁龙尾造型为五或七分叉的金鱼尾,而非单一的蛇形尾和多分叉的毛虫尾,遒劲高翘,极具美感。

4.彩绘鲜艳夺目。铜梁龙做工极为细致,用亮片镶嵌龙身,龙鳞金光闪烁;主用红、黄、蓝三原色彩绘龙身,色泽鲜艳,借以彰显其富丽堂皇、气势磅礴之态。

5.整体轻巧耐用。铜梁龙骨架采用竹篾、细钢丝等造型,竹篾削得极薄,以绵纸搓绳捆扎固定,龙身使用化纤布料,因此整体质量控制得很低,舞起来非常轻巧;竹篾韧性极强,所以龙具既轻巧又耐用。

正是铜梁龙上述特点,契合了中华民族心目中最美的龙的造型,因而广受欢迎。1994年,铜梁的中型蠕龙被国家体育总局确定为全国竞技舞龙的标准道具。

当然,铜梁龙的造型并非与生俱来,它历经了30多年的不断改进,倾注了一大批民间艺术家和美术专业人士的心血。

(二)铜梁龙舞套路成为全球经典

铜梁龙舞动作优美,快慢结合,起承转合,套路丰富,舞起来既有雍容华贵的闲庭散步,更有翻江倒海的惊人心魄。但早期的铜梁龙与各地龙舞一样质朴简单,较常使用的套路只有"龙出行""横8字""螺丝绞""龙抱柱""之字拐"等。20世纪80年代以后,经过民间艺人和龙舞专家们的多次加工整理,使其艺术性、观赏性和娱乐性得到很大提高,主要经历了四个阶段:

亘古一龙腾

1. 传统的恢复。20世纪80年代，铜梁文化部门对铜梁龙灯进行了历史上的第一次大普查，初步整理出"龙出洞""之字拐""三点头""拜四方""龙舔项""下钻洞""上翻身""横8字""大盘龙"等大龙的旧式玩法，在重庆首次区县龙灯会演中一举夺得冠军。

2. 关键的提升。1988年，铜梁应邀参加北京国际旅游年全国舞龙大赛，决定以具有代表性的龙舞节目《蠕龙戏珠》参赛。文化部门组织民间老艺人、文艺骨干以及重庆艺术馆舞蹈干部研究创编，把戏剧舞蹈的基本功熔铸在龙舞中，增加了"三环套""龙摆尾""舞天花""双起塔""马步回宫"等新套路，同时借用戏曲台步，要求舞龙队员讲身段，带感情，尽可能抒发出人与龙所共有的神态与情感。比赛力挫群雄，一举夺冠，捧回铜梁龙舞历史上的第一座金杯。

3. 精彩的定型。1991年，铜梁以《双龙戏珠》参加重庆市广场民间舞表演大赛，舞蹈艺术家们又创编了"双龙出洞""双拜四方""双龙戏珠"以及"二龙抢宝""黄龙滚浪""双龙献瑞"等10多个套路，再加上20个云牌姑娘的配合，舞式更趋完善，气势更为宏大，一举夺得赛前并未设立的"特等奖"，同年该节目参加第二届沈阳国际秧歌节全国民间舞蹈大赛获得最高奖。

4. 极致的发挥。1994年是中华竞技龙在铜梁诞生之年，铜梁龙为跻身体育竞技场，将大蠕龙龙身适当缩减，以适应竞技性舞龙；同时在龙舞竞技自选套路的技巧上大进一步，新增了"高低步""矮子步""太极行""侧身翻"等20余个套路，夺得福州"佐海杯"、北京全国体育大会舞龙比赛和广州增城国际龙狮赛冠军。1999年，铜梁龙以新创的多人组合玩舞技巧，出现了"挂腰式"（Y式）、"悬背式"（反Y式）、"撑伞式"（K式）等高难动作，在群英荟萃中独占鳌头，一举夺得"国家舞龙队"头衔。

5. 系列的升华。在大龙和竞技龙舞蹈艺术登峰造极之时，铜梁的艺术家对火龙舞进行了艺术提升，编创了"金龙吐火""火龙现形""吞吐云雾""火阵飞龙""火龙升天"等18个套路，成为了铜梁龙舞的经典作品。

由于铜梁舞蹈艺术家们坚持不懈地创新发展，铜梁龙舞始终保持着全球领先水平，获得过民间舞龙和竞技舞龙两大领域所有类别赛事的最高奖项，成为全球经典之作。

（三）铜梁龙舞品牌成为全球最爱

铜梁在龙舞艺术的发掘整理和传承发展工作中，先后打造了一批全球瞩目的龙舞品牌，常年活跃在国内外重要展演赛活动的舞台上，主要有四个品种：

1."二龙戏珠"。这是铜梁大龙的经典作品，由两条各长50米的大蠕龙配合云牌、牡丹等对称性玩舞，包含"双龙出海""龙菊开屏""龙起双塔""双涌龙门""单侧舞龙""双龙回宫"等数十个套路，以酣畅的动作、精美的造型、磅礴的气势和铿锵的音乐将龙的生活习性完美演绎出来，给人以极大的震撼，是广场舞蹈的上品。该节目获得过包括文化部群星奖、中国民间文艺山花奖、国际秧歌节等所有民间广场舞蹈比赛的最高奖项。

2."龙凤呈祥"。此舞蹈系铜梁参加中华人民共和国成立50周年首都国庆文艺晚会创编的节目，以龙、凤、牡丹组合舞蹈，龙飞凤舞、雍容华贵，在《中国新世纪》的音乐中演绎着"龙凤呈祥、国泰民安"的主题，得到了首都观众和海内外嘉宾的赞赏。此后，该舞蹈多次应邀参加各种庆典活动，均获好评。

3."铜梁竞技龙"。是民间龙舞与竞技体育结合的龙舞品种，既要快节奏、高难度，又有起伏跌宕、连贯流畅的舞龙韵味，很难把握。铜梁舞龙人凭借天赋与刻苦，把竞技龙演绎得尽善尽美，不仅被国家体育总局确定为竞技舞龙标准套路，在历次的实战比赛中，一直保持着全球领先水平，金牌从未旁落，铜梁竞技舞龙队多次受文化部派遣参加中外文化交流。

4."铜梁火龙"。铜梁龙舞中最具特色、最受欢迎的品种之一。舞蹈过程中始终伴随着打钢花、喷焰火,舞龙人赤裸上身,奔走于炽热的钢花、焰火中,人在火中舞,龙在火中飞,气氛极其热烈火爆,场面蔚为壮观,是百看不厌的舞蹈极品,铜梁火龙每年应邀在国内外演出达数百场。

(四)铜梁龙舞文化产业茁壮成长

近年来,铜梁龙舞四个品牌并驾齐驱,催生了广阔的龙文化市场,龙文化产业在积极探索中逐步发展,逐步形成了一定的产业规模和基础,为进一步发展积蓄了巨大力量。主要有三个方面的特点:

1.两大门类基本形成。全区龙文化产业已形成表演和彩扎两大门类,彩扎业产品除表演用的道具外,还有用于营造庆典氛围的大型灯组以及作为礼品或装饰品的工艺品。表演业最受欢迎的热门节目有大蠕龙、竞技龙、荷花龙、火龙、猪啃南瓜、鲤鱼跳龙门等,共约10个品种。目前,全区有注册从事龙灯制品生产销售的厂家及商家6家,常年从事龙灯制品生产和销售的师傅、工人、中介等约100人;有注册从事龙舞培训和展演的团体和企业共有10家,常年从事龙舞展演的教练、导演和演员约500人;注册资金达500万元,有训练场所、办公用房、生产厂房等建筑10000多平方米。铜梁龙文化产业直接经济效益年产值近6000万元,其中龙灯产业和龙舞产业年产值都在3000万元以上,成为铜梁文化产业的一股重要力量。

2.骨干企业初步形成。铜梁从事龙文化产业的企业均属民营企业,从事彩扎的太平新艺扎龙厂、铜梁龙灯制作中心、安居彩扎工艺厂以及重点从事表演的重庆铜梁龙文化发展有限公司、重庆高楼火龙文化传播有限公司、重庆市祥瑞龙舞艺术演出有限公司等已成铜梁龙文化产业的骨干企业。这些企业有较强的管理和技术人员,有较为固定的生产和训练基地,在业界享有较好声誉。

3. 实作能力突出。铜梁的艺术家对龙文化的理解很透彻，艺术品创作很有灵性。龙具彩扎方面，拥有老艺人中国民间文化（铜梁龙灯彩扎）杰出传承人1人，有省级工艺美术大师5人，有省级非物质文化遗产代表性传承人5名，他们的作品遍布大江南北，多次走出国门为国争光。舞蹈方面，有国家级"非遗"代表性传承人1名，省级8名，他们创编铜梁龙舞作品众多，教习学生无数，业绩一片辉煌。铜梁龙灯彩扎和龙舞作品进入市场很受欢迎，市场占有率在全球遥遥领先。

"乘风破浪会有时，直挂云帆济沧海"。志存高远的铜梁人下一个目标更加宏伟，他们决心借助各方力量，打造全球龙文化理论研究、艺术品创作、行业标准的创建、龙文化产业的发展等核心基地，把铜梁打造成全球华人寻根问祖的旅游目的地，为弘扬中华龙文化做出更大的贡献。

宗和云　重庆市铜梁区文化馆馆长，群文副研究馆员，铜梁区非物质文化遗产保护中心、铜梁龙文化发展研究中心负责人

图书在版编目（CIP）数据

亘古一龙腾：2016首届巴岳山·中国龙文化研讨会文集/宗和云，蒲克玲主编；重庆市铜梁区文化委员会，重庆市铜梁区龙文化发展研究中心，重庆市铜梁区巴岳山文化研究会编.—北京：学苑出版社，2017.8

ISBN 978-7-5077-5310-3

Ⅰ.①亘… Ⅱ.①宗… ②蒲… ③重… ④重… ⑤重… Ⅲ.①龙—文化—重庆—学术会议—文集 Ⅳ.① B933-53

中国版本图书馆 CIP 数据核字（2017）第 239756 号

责任编辑：刘 丰 乔素娟
封面设计：汪 华
出版发行：学苑出版社
社　　址：北京市丰台区南方庄 2 号院 1 号楼
邮政编码：100079
网　　址：www.book001.com
电子邮箱：xueyuanpress@163.com
销售电话：010-67601101（销售部）、67603091（总编室）
印 刷 厂：北京京华虎彩印刷有限公司
开本尺寸：787mm×1092mm　1/16
印　　张：17.5
字　　数：230 千字
版　　次：2017 年 10 月北京第 1 版
印　　次：2017 年 10 月北京第 1 次印刷
定　　价：58.00 元